PMI-ACP℠考试教材

[美] 丽萨·阿金斯 著
(Lyssa Adkins)
徐蓓蓓 白云峰 刘江华 译
阎小兵 审校

创建敏捷团队

ScrumMaster、敏捷教练与项目经理的实用指南

Coaching Agile Teams

A Companion for ScrumMasters, Agile Coaches, and Project Managers in Transition

電子工業出版社
Publishing House of Electronics Industry
北京·BEIJING

版权贸易合同登记号　图字：01-2011-5767

图书在版编目（CIP）数据

创建敏捷团队：ScrumMaster、敏捷教练与项目经理的实用指南 /（美）丽萨•阿金斯（Lyssa Adkins）著；徐蓓蓓，白云峰，刘江华译. —北京：电子工业出版社，2019.3

书名原文：Coaching Agile Teams: A Companion for ScrumMasters, Agile Coaches, and Project Managers in Transition

ISBN 978-7-121-36036-7

Ⅰ. ①创… Ⅱ. ①丽… ②徐… ③白… ④刘… Ⅲ.①项目管理－组织管理 Ⅳ. ①F224.5

中国版本图书馆 CIP 数据核字(2019)第 026582 号

策划编辑：刘露明

责任编辑：刘淑敏

印　　刷：三河市鑫金马印装有限公司

装　　订：三河市鑫金马印装有限公司

出版发行：电子工业出版社

北京市海淀区万寿路 173 信箱　邮编 100036

开　　本：720×1000　1/16　印张：20.5　字数：386 千字

版　　次：2019 年 3 月第 1 版

印　　次：2022 年 1 月第 4 次印刷

定　　价：88.00 元

凡所购买电子工业出版社图书有缺损问题，请向购买书店调换。若书店售缺，请与本社发行部联系，联系及邮购电话：（010）88254888，88258888。

质量投诉请发邮件至 zlts@phei.com.cn，盗版侵权举报请发邮件至 dbqq@phei.com.cn。

本书咨询联系方式：（010）88254199，sjb@phei.com.cn。

致将要或已经成为敏捷教练的人：

愿你能从本书中获益，以利未来发展。

序 1

2008 年在芝加哥举办的一次 Scrum 专题会议上，一位新来的演讲者的演讲引起了不小的反响。在周一下午，她做了一个名为“从项目经理到敏捷教练”的主题演讲。到周二时，这个演讲已经变成了所有人谈论的话题。丽萨·阿金斯（Lyssa Adkins）作为演讲者，也正是本书的作者，用她饱满的热情、扎实的知识基础及丰富的经验，进一步阐明了敏捷开发指导中一些非常关键的要点，并造成了不小的轰动。在开始探索敏捷开发之前，丽萨作为一名传统培训体系出身的专业项目经理，一直担任一家大型公司的项目管理办公室负责人的职务，这些经验使她能够很好地帮助敏捷教练不断自我成长。

观察一个杰出的敏捷教练就像观察一个魔术师，无论你离得有多近，观察得有多仔细，你都无法解释她是如何做到诸多神奇的事情的。在这本书中，魔术师/敏捷教练丽萨·阿金斯把我们带到幕布之后，并且向我们演示她所用到的各种技巧；更神奇的是，她的袖筒里并没有扑克牌，你也看不到障眼法；你在书中能看到的都是足以引领团队获得前所未有的成功的绝妙技巧。

丽萨把整个神奇过程分解为几个定义明确的阶段。她不仅明确解释了教授、指导和建议之间的区别，也向我们展示了何时、用何方法在几者之间切换。在选择是应该指导一个人还是整个团队的问题上，丽萨也提供了一些指引。她还告诉我们该如何确定指导的时机——一个对团队施加有力影响的机会。

在引导我们看清一些基本定义之后，丽萨向我们展示了如何使用经过设计的略显强势的提问方式来与组员进行一些艰难但富有建设性的谈话。这是本书中我最喜欢的一部分。丽萨还与我们分享了很多关于团队合作的实用建议，这在同类书籍中是非常少见的，因为很多其他书籍虽然也提到了团队合作的必要性，但鲜有介绍到底该如何实践的。与丽萨介绍的其他工具同等重要的是，她提醒所有的教练，他们工作中很重要的一部分是要了解自己何时应该退居幕后，观察并让团队独立解决问题。

作为敏捷教练的我们，同样可能面临失败，丽萨精辟地阐述了八种常见的错误的工作模式。在我职业生涯的初期，经常会犯“以专家自居和以自我为中心”（Expert and Hub）类型的错误。现在的我，目前仍然按照“专挑别人毛病”（Opinionator）的模式行动；或许现在的你也处在丽萨所描述的多种错误的工作模式中。但幸运的是，丽萨也为我们呈现了八种正确的工作模式。你可以详细阅读第 11 章，就能发现自己的工作模式是否正好落入其中的一种。

杰出的敏捷教练和 ScrumMaster 总会带领并帮助团队获得前所未有的成绩，而这些成绩是团队无法只依靠自身就能获得的。要成为一名熟练的敏捷教练，其过程和成为一名魔术师的过程类似，都是始于学习一系列技巧。入门之后，就只能通过不断的实践练习来积累知识和经验。虽然后期实践的过程只能由你自己来完成，但是本书至少能为你指明正确的方向，让你看到一名大师级的敏捷教练是如何运用她的技巧的。

迈克·科恩

《Scrum 敏捷软件开发》作者

序 2

首先我要说的是，这是一本非常棒的书！我读过很多敏捷开发书籍、图书策划稿和手稿，其中很多都大同小异——或许书中这里或那里有一些闪光点，但对该领域的发展鲜有实实在在的贡献。丽萨的书显然不在此列。

我一般会在敏捷开发书籍中寻找四个问题的答案：这本书中是否贡献了新观点？这本书是否用一种新的方式来组织已有的各种学术观点？这本书是否扩展和延伸了某些已有的学术观点？书中的内容组织形式是否适合阅读？例如，肯特·贝克的具有划时代意义的著作《解析极限编程》一书中综合介绍了很多新的观点，并且用创新的方式重新组织了已经存在的一些学术观点。有人说在敏捷开发方面该书并没有什么创新之处，但是肯特能够将某些特定实践与其特殊价值结合在一起呈现给读者的尝试的确是创新的。我收到迈克·科恩的著作《敏捷评估与规划》(*Agile Estimating and Planning*) 时，就不禁产生这样的疑问："关于这个主题怎么能够写成一整本书？在贝克和福勒的《规划极限编程》中不是已经说得很全面了吗？"但是，很快我就意识到迈克的书不仅用新的方式对一些已有观点进行了延伸，而且贡献了很多新的观点。

本书建立了一个行之有效的体系，将已有的主要学术观点及对应的实践组织起来。更值得赞赏的是，本书对已有的学术观点进行了延伸探讨，并必将激发读者的思维。最后，书中的行文风格和内容组织形式非常适合读者的阅读，书中提出的观点都非常实用且配备了实例。

丽萨的诸多想法中，最能引起我共鸣的一条是，她将敏捷教练定义为一种复合角色：老师、导师、问题解决者、冲突领航员、协作者、绩效教练。正是这些不同角色之间的细微区别才使敏捷教练的工作富有深度。例如，作为导师，需要向组员传授一些东西，如敏捷开发实践；但是作为绩效教练，更应该鼓励团队成员去自行学习和领悟。丽萨作为生活顾问的经验不仅赋予了她敏捷教练工作更多的内涵，而且使本书能从更多维度上理解教练角色的内涵。目前，很多敏捷“教练”更像敏捷实践的传授者，本书能够帮助他们成为更加有效率的团队绩效激励型教练。

本书主要有三类读者：敏捷教练、敏捷开发团队领导和其他个人。

首先，对于任何认为自己是敏捷教练、培训师、导师或协助者的人来说，本书都是一部富含理念、实践和心得的著作，可以从书中获益并提升自身表现。例如，丽萨提出这样一条发人深省的观点：“在团队中，ScrumMaster 如果不仅能够贯彻敏捷思想，而且能够以追求更好的团队表现为己任，那么他实际上已经是一名敏捷教练了。”在第 10 章中，丽萨研究了“合作”和“协作”的概念，这两个不同概念的应用常常导致截然不同的团队业绩。每个诸如此类的新观点都为敏捷教练的角色增添了新的含义。

其次，本书的第二类读者是所有敏捷开发组织中身处领导岗位的人——经理、产品负责人、ScrumMaster、教练、项目经理或流程管理人员。虽然敏捷教练负有指导组员的直接职责，但其他团队领导人员的职责中也含有部分类似内容。关于自组织型团队已有很多定义和描述，但鲜有人给出此类团队的实际形成过程，或者告知通过何种途径可以促成此类团队的形成。领导者的风格通常会对工作环境产生影响，本书可以帮助他们培养出成熟的自组织型团队，更重要的是，可以让领导自身更加适应敏捷和灵活。

最后，任何希望成为高效敏捷开发团队一员的人都可以从本书中获益。我是克里斯托弗·埃弗里的忠实读者，他在自己的著作 *Teamwork Is an Individual Skill: Getting Your Work Done When Sharing Responsibility* 中提到“想要更好地进行团队合作，首先要进行自我提高”“我对项目团队中的各种关系都应负责”。这就意味着，提升团队表现绝不仅仅是团队领导或教练的责任，所有团队成员都应做出贡献。丽萨的书能够帮助团队成员自我学习和提高关于敏捷开发的知识和认识，从而在提升自身的基础上进一步提高团队的整体表现。第 3 章对于团队指导和普通团队成员具有同等重要的教育意义。

正如你所看到的，我是本书的热心拥护者。本书绝对可以算我书架上前十名的敏捷开发书籍。本书更加专注于论述我们所称的“软技能”。相比通常意义上的“硬技能”，这些技能一般更难被掌握并灵活运用。对组员、团队领导和团队教练而言，本书称得上囊括了各种观念、实践、备忘清单和思想结晶的宝库。

吉姆·海史密斯

财团联营企业敏捷开发实践总监

致　谢

如果没有迈克·科恩，就没有本书的写就，因为他花了8个月的时间说服我来写这本书。现在，我已经完成了写作，并相信我的作品能够给人们的工作带去更多的快乐和启迪。我现在真想给他一个满怀感激的熊抱，因为我知道这样会让他窘迫得不知所措。迈克，请接受我最深的感激！

接下来，我要感谢的是克里斯·古兹柯沃斯基——Addison-Wesley出版社的编辑。在我下定决心要写本书的时候，他立即给了我这样的机会和条件。谢谢你，克里斯！然后还要感谢迈克·科恩签名系列丛书的其他天才作者和同行们：丽莎·克里斯平、珍妮特·格雷戈里、克林顿·基思、罗曼·比基勒、肯尼·鲁宾和尤尔根·阿佩罗。了解到你们都和我有着类似的经历，顿时让我觉得自己并不孤单。

还要感谢我的缪斯女神们，她们使我文思如泉，并且忘却疲惫：我的工作和生活顾问桑德拉·伊诺克、我的凤升瑜伽（Phoenix Rising Yoga）治疗师贝弗利·约翰逊、本地杂志*Women's Circle*的策划埃莉诺拉·劳斯及凯西·哈曼，是她们不断地发掘我书中的亮点，并强调本书对于敏捷教练们的重要性，以此来鼓励我不断写作。

如果没有约翰·阿金斯——我的丈夫兼居家编辑、亲爱的读者，那么本书中的内容将会大打折扣。正是他在最后几个章节上的不吝帮助，才使我能够超常发挥，迸发出不少新的灵感。在完成最后一轮修订之后，我们两个都能在书中看到他的印记，本书也因此变得更加完整。他的母亲，作为一名英语教师，一定会因此感到无比自豪。亲爱的约翰，你对此书做出的贡献实在难以计量，我对此深深感激！

李·德温和他亲爱的妻子（一位天才导演，阿比盖尔·亚当）不仅向我开放了他们的剧场，而且有他们的心灵。他们让我有机会近距离观察了一组演员是如何相互配合来完成一场开场合唱的，我也因此能够切身体会“协作”在现实世界中是怎样真实发生的。正是那次经历，让我非常认真地开始了我的构思和写作，并给了本书一个很好的开头。在接下来的整个写作过程中，李对我始终支持，他坚定、富于洞察力，有着丰富的经验，但不接受任何怠工的借口，即使要批评我，也总是用“亲爱的”来结束每句话。对于第一次写书的我来说，实在无法找到比他更好的导师了。

在本书的整个创作过程中，我都在不断地与更多的人相互协作。正是这些与别人合作的难忘时刻给了我无尽的灵感，使本书鲜活起来。托拜厄斯·迈尔、克里斯滕·布莱克、艾伦·布劳恩、亚伦·桑德斯、里奇·谢丽丹、迈克尔·斯佩里德、迈克·威斯多斯，以及所有我有幸见到或者与之交流过的同行们，感谢你们给了我如此多的灵感。

几乎是在由一系列片段开始逐渐拼凑成本书的同时，就有一群不知何处冒出来的批评家（好吧，我承认是从互联网上冒出来的），他们帮助我让本书日臻完善。对巴谦·阿南德、布拉德·阿普尔顿、苏珊妮·邓文波特、瑞秋·戴维斯、斯科特·邓肯、斯科特·邓恩、艾普里斯·约翰逊、罗伯特·密德、丹·麦兹克（Dan Mezick）、本特·迈拉尤普、迈克尔·萨赫塔和克里斯·西姆斯，我要致以诚挚的感谢。

本书初稿形成之后，一组专家参与了修改和评估工作。通过他们的各种怀疑或者鼓励，本书的内容得到了进一步完善。肯·奥尔、戴夫·亨德里克森、迈克尔·费瑟斯、吉姆·海史密斯和比尔·维克，谢谢你们。

感谢那些敏捷开发理论的奠基者们，是他们找到了一种新的工作方式，使人们可以通过为公司甚至世界创造超乎想象的价值来更好地发现自己工作的意义。杰夫·萨瑟兰、肯·施瓦伯、阿利斯泰尔·科伯恩、肯特·贝克、吉姆·海史密斯，以及其他认识或素未谋面的同行们，感谢你们。

另外，要对帮我写了序的吉姆·海史密斯和迈克·科恩先生致以特别的谢意。当我在考虑该让谁来写序时，迈克给了我一个建议：“找一个你在封面看到他的名字就会兴奋得发抖的人来写。”的确，我兴奋得发抖。谢谢，先生们。

请容许我表达对我父母——珍妮特和约翰·克拉克的爱和感谢。他们不断地用自身的例子向我证明，努力工作从来不会要人的命。正是他们的辛勤工作和奉献，才使我有机会写出这本书，从事我喜欢的职业，并乐在其中。

我要把最后的但分量很重的感谢送给我的女儿——凯蕾·阿金斯，她认为我完全应该并且能够写一本书。正是她的这种坚定信念，使我有了将之实现的信心和动力。

前 言

对我而言，前言是全书最难写的部分。我向一个同事（几年前她是我的学徒）抱怨这件事情，当时，她抬头看了看我，脸上浮现一丝笑容，她简洁明了地说了几个字，把我还没说完的话堵了回来：“把它交给团队。”

我重复着这句话：“把它交给团队。”在她当我学徒的那段时间里，我对她说了多少次这句话呀，恐怕多到我自己都数不过来。我帮她走出了原来“命令加控制式”的工作模式，现在的她不再只会依靠自己单枪匹马地解决问题了，而是可以把问题带到整个团队中一起解决。

所以，当我不知道怎么写前言时，“把它交给团队”听起来是个聪明的方法。在本书快要完成之前，我给一直以来长期合作的同事发了封邮件，问他们有哪两件事情是一定要包括在前言里面的。他们给我的反馈和我自己的想法融会贯通在下文中。

这个小例子让我们对敏捷教练的角色有所了解，这也是本书想要达到的目的之一。也许你和我一样，发现过去曾经行之有效的、与团队或个人合作的工作方式如今不再适用。或者，你也许意识到以前通过专门培训而学得的与他人合作的工作方式中，有某些元素变得低效甚至不合理。于是你想改变，想建立你的敏捷开发体系，却不知道从哪里开始做起。

多年以来，我一直在改进中，但是偶尔还是会重走以前的老路。即使我已经身处一个完全崭新的敏捷世界里，这个环境充满了自由、责任心和无限可能，但是旧有的工作习惯仍会伴我左右。比如，我仍然希望能够独自完成本书的前言，以便我能骄傲地宣称“这都是我独立完成的”。虽然这种想法已经对我无益，但它仍在影响着我。我深刻了解这一事实，但总会忘记。下面就是敏捷开发指导的经验之谈：不断觉醒和调整，这样你才能不断扩大你的指导的影响范围和深度。

为什么要这样做呢？因为这样可以使大家都成为杰出的敏捷专家，团队也能创造出引以为豪的产品，这些自由且可信赖的团队在这个充满无限可能的世界上不断创新和追求卓越，公司和国家则从中受益。

必须“不断提高”是指要勇于接受一个又一个有益的关于敏捷开发指导的思路，并且在实际指导团队和人员时灵活自如地运用。本书提供了各种各样好的思路，其中一些具有前瞻性，另一些则注重实际应用。有一些需要你反复琢磨很长时间，甚至可能需要反复思辨，而其他一些会被你立刻领会并运用自如。两者都有可能。

为什么这个主题如此重要

我在教学和辅导中遇到的大多数团队使用敏捷开发却只能得到差强人意的结果，虽然通常能用更快的速度完成开发，但产品的质量不尽如人意。是的，敏捷开发能够加速开发过程，或许比以前出现过的方法都要有效些，但它的作用远不止此。环顾四周，就会发现它还能给我们带来更多益处！此外，虽然敏捷指导可以帮助大家获得某些益处，但前提是当事人必须不断磨炼和提高自己的技能。

尽管我过去指导过敏捷开发团队，但是我依然不断地问自己以下问题：敏捷教练的角色到底有什么样的内涵？这对我来说意味着什么？我还需要具备其他哪些技能？我必须摒弃哪些东西？

在本书中，我们可以找到以上问题的答案。这些答案不仅来自敏捷开发框架本身，还来自有自然关联的、能够为敏捷教练提供内在支持的其他训练，如简易化、冲突领航、协作、工作/生活指导和教学。在本书中，会按照章节，将这些训练所包含的思考方式和工具展现给你，这样你就可以将其运用到日常的指导工作中。可以预期什么样的结果呢？团队将能够达到惊人的绩效。

本书是为谁准备的

这不是一本敏捷开发的初级教科书，不是为了解答如何建立基础架构并使其运行的问题。自始至终，我假设读者已经知道敏捷开发是什么，也知道如何在实践中使用它。如果你不清楚，请参考网上文献。

我意识到，我的敏捷开发理念可能和你的不太一样，但我敢说，你可以在本书中找到所有敏捷开发框架所共有的核心理念。我的个人敏捷开发背景是从 Scrum 开始的，接着，以 Scrum 为主，再配以其他敏捷或非敏捷开发的工具和技术。这些均在本书里有所反映。

如果你符合以下任何一个条件，就会发现本书是为你量身定制的：

- 你已经有了 ScrumMaster、极限编程（XP）指导或其他敏捷开发团队领队的经验，但觉得无法自如发挥，或者一度进展顺利但意识到还有更多可改进之处。
- 你已经能够自如地应对工作，而且所带领的团队也正在经历着敏捷开发的蜕变。
- 你的团队已经具有一些敏捷开发实践经验，而且一直都做得不错，但是仍没有取得预期的成果。
- 因为你的经理不觉得敏捷教练是一份全职工作，所以你被指派到很多个敏捷开发团队中，现在还不知道怎么去证明经理的想法是错误的。
- 你还不确定敏捷教练的角色是否适合你，并且希望在真正开始投入工作前可以对这个角色有深刻的认识。

读者可以从本书中得到什么

让本书带你开始探索成为一名优秀的敏捷教练所必经的心路历程吧！阅读本书，就会发现这个过程充满挑战，因为一个敏捷教练必须学会观察团队和人员，对这些观察到的内容进行思考，并学会处理个人的偏见和情绪。请注意，本书将会一步一步地帮助你将所有的观察和思考付诸实际行动，从而更好地服务于一个敏捷开发团队，使我们变得一天比一天更优秀。

本书介绍的是一种个人的方法，也就是我的方法——关于如何建立一个高性能的敏捷开发团队。它不会告诉你“如何做”，相反，它会通过我的亲身经历来告诉你如何才能找到一条适合自己的路，并最终成为一名优秀的敏捷教练。过去，我在指导那些初级敏捷教练时，已经成功运用本书中提到的模式和想法，带领他们一个个找到了适合自己的道路，并形成了自己独有的风格。

也许，通过这本书，你会看到，一个成功的敏捷教练的工作远远不是简单地将基本的敏捷开发流程和原则灌输到一个团队中。也许，本书将帮助团队知道可以从一个好的（或优秀的）敏捷教练那里能得到些什么，这样一旦他们觉得有所欠缺，起码可以更加具体地明确自身的需求。也许通过本书，中高层经理会发现敏捷教练的工作是很耗时间和精力的，而且他们同样可以做出宝贵的贡献，那么将一个敏捷教练划分到很多团队中的做法也许就会因此而被取缔。也许本书能够带领那些有进取心的敏捷教练们展开一个全新的、追求卓越的旅程——这是为了整个团队而不仅仅是自己。

我把所有这些都当成最主要的成果，至少我可以想象到当你读完本书并把它付诸实践时，它会对你和你的团队有哪些影响和作用。

本书是怎么组织的

本书的每个章节都是相互独立的，所以你可以随意根据自己的需要选择最合适的章节。也许你正因为团队中发生的某些事情而感到惊慌失措，然后翻了翻本书的目录，对自己说："哈哈！这正是我今天所需要的。"或者，你正在沉思，然后只是打开了本书，随便翻到某一页开始读了起来，并且相信书上的内容对你有益。如果喜欢，你可以从封面开始读起，一直读到封底。这种阅读方式也是可以的。但是请记住，不需要按照任何预定的顺序，无论是按照随机的还是常规的阅读方式，都可以很好地运用本书。需要时，请随身携带本书，即使当下也许不需要它的帮助，但是终有一天你会发现还是会用到它的。

那些标有"请尝试"的栏目，可以协助你把理论知识运用到实际工作中，一步一步地朝着更好的方向前进。因为每个章节都是相互独立的，所以你可能在全书很多地方都看到标有"请参阅"字样的段落，关联着本书其他章节中相关的内容。另外，那些名人的发人深省的至理名言可以让你好好品味敏捷开发指导的本质。

本书分为三部分，共 13 章，其中包括案例故事、独家秘籍、请尝试的事情。

第 1 部分　从自身开始

第 1 章　成为好教练

我们通常所说的敏捷开发团队教练到底是怎样的人？我如何确定自己是否已经是一名教练？想要成为一名成功的教练所应具有的“内在特质”由哪 10 个方面组成？

第 2 章　追求高绩效

本章揭示了一支高绩效团队的产生根基，并且结合敏捷开发环境下的特性进行分析。独家秘籍是什么？是对高绩效的不懈追求。

第 3 章　自我掌控

虽然你指导整个团队，但不可以以自我为中心，而更应关注怎样才能帮助团队成长。为达此目的，必须摒弃传统的“命令加控制式”思维，掌控自己的情绪和行为。

第 4 章　改变自己的风格

本章提供了领导风格框架图，它可以提示教练们，随着自己指导的团队进步（或退步），应该采用哪种领导风格。

第 2 部分　帮助团队成长

第 5 章　教练是导师

本章提供了在敏捷开发团队设立时所需指导的一些基本特征，接下来讲述了在指导整个团队、单个团队成员、产品负责人和敏捷开发经理时所应注意的具体事项。

第 6 章　教练是协助者

本章提供了一些进行协调性谈话时可以方便应用的技巧，比如在进行敏捷开发规划的简短会议时，或者在进行一些非正式的增进协作的谈话时。

第 7 章　教练是老师

综合那些你所遇见过的最好的老师的优点：待人和蔼但要求严格，对学生满怀信心的同时要求其不懈追求完美，然后用本章提供的各种技巧来教授敏捷开发的相关知识，尤其是敏捷开发中各种角色的功能。借助类似于团队启动会议、站立例会或某人“顿悟”了敏捷开发知识这样的场合，不断地教授更多敏捷开发知识。

第 8 章　教练是问题解决者

把团队看成一个生态系统，而教练只作为“系统启蒙者”。在向团队成员教授敏捷开发的基本理念之后，教练应该允许团队自我纠正错误，并向积极向上和热忱激昂的方向发展。

第 9 章　教练是冲突领航员

冲突，通常是一支高效团队中不可或缺的元素。这也意味着，教练的职责是引导团队走出无意义的争执，进入一种富有建设性的互相指正的状态。

第 10 章　教练是协作指挥者

增进团队的相互协作能力是教练职责中非常重要的一个方面。通常只有渴望完美结果的人，才能做好这一点。

第 3 部分　自我提升

第 11 章　敏捷教练的失败、恢复和成功模式

本章将罗列一些在敏捷开发指导过程中常见的正确或者错误的工作方式，也提供了一些改正错误工作方式所应遵循的步骤，这样你就不用特别费心地去分析自己到底错在哪里。

第 12 章　成为合格教练的时机

本章给出了一幅路线图，图中详列了成为敏捷教练所应具备的能力。这些能力包括各种技巧、观念、工具和技术。比照这幅路线图，你就能发现自己何时能够成为一名合格的敏捷教练。

第 13 章　教练之旅

每个敏捷教练的职业经历都不同。每个人都会基于自身的经历对这个角色进行自己独有的诠释。在这一章里，你可以通过阅读别人的故事来重新审视自己的职业生涯。

准备好了吗？那么，还在等什么呢？

作者简介

丽萨·阿金斯（Lyssa Adkins） 在进入敏捷开发领域之前，是一名项目负责人，她拥有 15 年以上成功的项目管理经验。虽然她有如此丰富的经验，但是敏捷开发对于她来说仍是一个全新的领域，以往的经验并不能保证她在该领域中获得又一次成功。

在过去几年里，她曾经指导过很多敏捷开发团队，并且培训过很多新入行的敏捷教练。丽萨总是乐于看到一批批杰出的敏捷教练涌现出来，并分别带领自己的团队取得好的成绩。

丽萨的敏捷开发经验，以及她专业的指导和培训能力，使她能够带领团队和其他团队管理人员将敏捷开发自身的优势和威力完全发挥出来。她深知这个转型的过程将会充满坎坷。但她最终还是完成了从一名大型软件开发项目经理和项目管理办公室主管到敏捷教练和培训师的转变。这些经历使她尤其善于帮助别人从其已有的开发理念转变到敏捷开发理念。

丽萨有三种资质：注册 Scrum 培训师（Certified Scrum Trainer，CST）、项目管理专业人士（Project Management Professional，PMP）和六西格玛绿带培训师（Six Sigma Green Belt，SSGB）。同时，她也是一名富有经验的敏捷教练培训师。

想要获取更多信息，请访问 www.coachingagileteams.com，也可以通过 @lyssaadkins 在微博（Twitter）上找到丽萨，还可以给丽萨发送电子邮件：lyssaadkins@cricketwing.com。

目　录

第 1 部分　从自身开始

第 2 部分 帮助团队成长

第 3 部分 自我提升

第 1 部分

从自身开始

第 1 章 成为好教练

在接触敏捷开发之前，我已有 15 年的项目管理经验，但是这些经验并没有让我所面对的工作变得简单。然而，一开始时我并不这么认为，甚至不相信这种理论能够行得通。在我的意识里，项目运行的整个流程就像一条由很多台机器组成的生产线，这些机器相互独立工作，但遵循一致的步调。这条生产线上的每台机器都对产品进行一些加工，然后传递到下一台机器，最终生产出完整的产品。在我的理念中，项目管理是一项非常重要且严肃的工作，因为项目经理需要协调整个生产线的工作。项目执行过程中所遇到的每个事件都很复杂而且影响重大。我完全无法想象一组按照各自独立制订的计划来行事的人能够做出什么成果来。这种理论看来完全没有可操作性。

本章学习结束后，你将能够回答如下问题：

- 为什么敏捷教练是必需的？
- 敏捷教练们为团队带来了哪些额外的专业指导？为什么？
- “融入”敏捷教练的角色与做好敏捷教练的工作同等重要，这句话意味着什么？
- 敏捷教练与 ScrumMaster、项目经理或者技术带头人有什么区别？
- 怎样才能成为一个敏捷教练？怎么才能判断自己正在朝这个方向前进？
- 什么样的“内在特质”预示一位敏捷教练的成功？

30 天后，我终于认识到我对敏捷开发的这些成见是完全错误的，甚至我对项目管理的认识也已经落伍了。因为在这 30 天里，我协助一名有经验的敏捷教练组建、运营了我的第一支敏捷开发团队，并且观察了成员们是如何一起工作的。不仅团队的组建十分迅速和轻松（在以前，我起码要花费 30 天才能完成这一个步骤），而且团队迅速完成了一些非常重要的实质性工作，几乎没花什么时间就为公司产生了实实在在的经济效益。他们的确在短期内收获了具体实在的成果。如果采用旧的项目管理思路，这样的结果恐怕需要几个月的时间才能达到。而且，这些成果的质量也比以往的要好。最关键的是，所有这一切都发生在 30 天内。

团队获得了出乎意料的荣誉。副总裁们纷纷向团队表示祝贺和衷心的感谢，并且让团队充分了解了他们的工作带给公司的价值，不过他们也没忘记提出下一步的工作要求。这个团队刚刚成立 30 天，却已经做好了充分准备来应对公司分派的任何工作。他们自然而然地受到这些成绩的莫大鼓舞，相信自己无所不能。尽管来吧！

我希望每个新成立的敏捷开发团队都能有类似的经历，甚至更好的经历。希望每个已经存在的敏捷开发团队都能成为中流砥柱，充分发挥敏捷开发理念所固有的各种优势，创作出超乎所有人想象的富有新意的产品。

如果团队想要通过采用敏捷开发理念来达成上述结果，那么他们就需要教练来给他们提供正确的知识、指导和引导。这就是敏捷教练发挥作用的时候了。

为什么敏捷教练是必需的

我曾经和许多新入行的敏捷教练合作过，你可能和他们中的大多数人一样，会发现在以前所受到的教育和工作经历中，很难找到对现在这份工作有所帮助的东西。你会疑惑：“在这样一支自组织和管理的团队中，我应该扮演什么样的角色？”“我怎样才能既不干涉我的团队，又对他们有所帮助？”很多教练新手都无法正确地把握好这些分寸，容易走向极端。为了找到一个平衡点，能够让自己的指导切实发挥作用而又不过度干预团队，必须先了解团队工作的大环境及团队成员的基本情况。

我们今天所面临的问题往往跳不出我们所熟悉的、过去所使用的“流水线”

管理模式。在“流水线”管理模式下，我们可以把任何复杂的问题先分解成数个子问题。无论这些子问题是相互独立还是略有关联的，我们都能分别解决这些子问题，然后在最后一步把所有子问题的答案整合并串联起来。正是遵循这一思路，我曾经把一个产品的开发分成了 19 个并行的工作流。我只是遵循了这个思路，至于团队在实际操作中所面临的问题，我了解的并不多（无论是昨天还是今天）。并且，这些实际操作问题有时候会很棘手，甚至根本没有成功经验可循。与此同时，我们身处的这个世界变化也越来越快，超乎所有人的想象。往往当我们还沉浸在上次变化的影响中时，新的变化已经又一次冲击了我们。这就是我们实际工作的环境。

同时，接受指导的人都希望能够体会到他们自身的重要性。他们不再甘愿充当整个生产线中无关紧要的螺丝钉。一方面，他们需要确认自己的思考和工作能够创造出有价值的成果，另一方面，他们希望这种努力过程本身也受到大家的认可。“奖励和惩罚”（“胡萝卜和棍棒”）政策已经没法影响他们；只有认同感和使命感才可以让他们受到激励。“我们究竟为何要做这个？”和“它能够给什么人带来什么好处吗？”已经变成了他们在寻找自身人生价值时首先问到的关键问题。只要看看我们的团队成员们在业余时间所从事的活动，就能理解这两个问题的重要性。他们会去参加瑜伽课程、做极限运动、培养艺术爱好、服务社团组织或者做义工。简言之，他们都在通过做这些事情来探索真正的自我，并且努力成为包容和完整的人。

敏捷开发指导之所以重要，是因为它不仅在现实、复杂而又变幻无穷的世界中创造出有意义的产品，而且为参与创造的这些人的职业生涯带来更多益处。敏捷思想远不只是一套新的项目管理方法论。虽然它在这方面功效非凡，但不应如此局限地去定义它。敏捷思想最大的威力是让我们能够单刀直入地发现那些最重要产品的价值，并专注于这些产品的开发。采用这种思想，团队成员可以在兼顾自身追求卓越的理想和自我成长需求的情况下，完成一项又一项工作，开发出一个又一个重要的产品——当然，这一切的前提是正确地应用了这一思想。这就意味着团队需要有一个教练来让他们清楚地了解如何才能正确应用敏捷思想，并且这个教练需要具备足够的技能，使得这一思想得以落实。

敏捷教练的由来

敏捷思想本身就是有效的，而适当的指导可加深它的影响。

敏捷思想本身并没有什么艰深晦涩的内容，传授相关知识的人只需要介绍为数不多的观点和行为方式即可。所以当你依据此理论，或者至少是这个理论的基本内容，来组建和运营一个团队时，会是非常快速的。根据我的经验，运用此方法在一天内组建一支新的团队，不仅是可能的，而且是一种普遍现象。敏捷开发灵活、快速、简单——至少看起来简单。

敏捷开发易入门，却难精通。很多因素共同决定了这一特点。最主要的原因是，敏捷让人们多年想要解决的问题都暴露了出来，谁会愿意看到如此尴尬的局面呢？但是，我们必须如此。

在实际操作中，敏捷思想似乎充满了矛盾：内容简单却充满挑战，灵活却难以驾驭，看似全是常识却总有微妙之处，易上手却难以深入理解。为了让团队很好地执行敏捷思想，你不需要在已选好的敏捷开发架构中再加入新的事物、事件或者角色。相反，你只需要深入发掘和恰当表达出现有框架中可能存在的有挑战性的、难以驾驭的、微妙的方面，并据此引入其他相关学科的知识。

“做”好敏捷教练

如图 1.1 所示，当我们指导他人进行敏捷开发时，可以把敏捷开发想象成一幅连续的背景图，由一系列价值观、行为方式、理论知识和角色定义构成。为了运用好敏捷开发的理念，我们还要传授给团队成员很多其他相关学科的知识和技能，这也能够使我们更充分地进入敏捷教练的角色。我们变成了团队的协助者、老师、导师、冲突领航员、协作指挥者和问题解决者。我们把自己已经学到的、关于敏捷开发理念中那些富有挑战的、难以驾驭的、微妙的和更加深入的部分阐述和传授给团队成员。

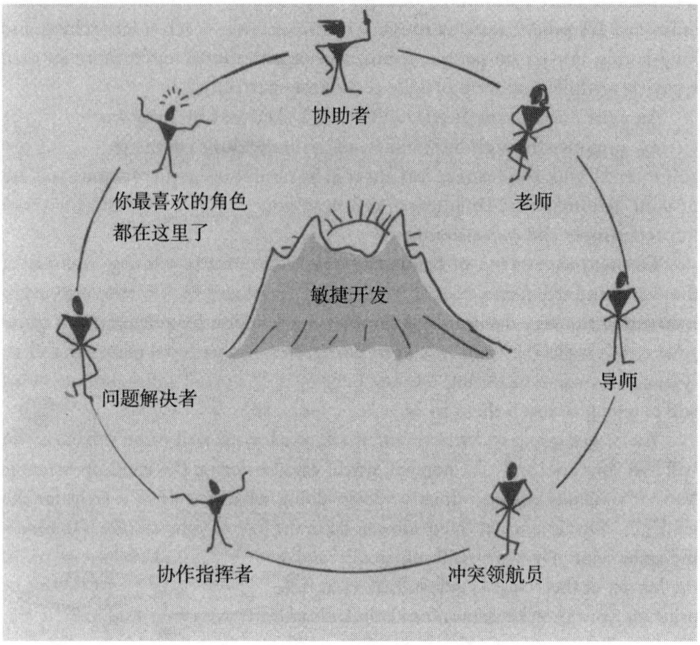

图 1.1　敏捷开发提供一个能容纳其他技能的大环境，
以加深和加强大家对敏捷开发的理解和运用

在实际工作过程中，你会发现需要不断引入新的学科或者流派的知识和思想。这就是为什么这个模型需要为新引入的内容留出空间。一旦在工作中引入了一门新学科的知识，并且通过团队实践证明它是有用的，那么就可以把这一部分知识放到“你最喜欢的角色都在这里了”。你一定要深刻理解这一模型的含义，把它变成自己的思想，一旦领悟到新的东西，就去扩展这一模型。请记住与其他人分享你的收获，这样我们就可以共同改进敏捷开发指导的艺术。

本书探索了这些相关学科，并且归纳了每个学科的知识在敏捷开发环境下可能的用途。例如，我们不会全盘引入通常的“工作/生活指导”理论的所有内容，因为过度强调个人的追求和生活节奏会影响整个团队对共同目标，即不断地创造出有价值的成果的追求。然而，我们的确会用到“工作/生活指导”理论里介绍的各种技巧来帮助团队成员成为杰出的敏捷开发人员。因此，我们是在将其他学科的知识根据实际情形灵活应用于敏捷开发中。

敏捷教练的内在

我们刚刚列举了很多敏捷教练需要做的事情，如教导、协助、协作和指导。要做的事情真的不少。当然，做好这些事情是非常重要的。你必须清醒地知道自己是处在团队教练的位置上，了解敏捷开发理论，并且持之以恒地探索能够给团队带来新突破的思想。所以，与“行动”同样重要的是“内在”品质。

在敏捷开发指导过程中，对团队影响最大的其实是教练本人的内在品质和其遵循的行为方式，而并非任何外在的具体的技术或者意见。如果做一个粗略的估计，我认为敏捷开发指导效果的好坏有 40%取决于具体行为，而 60%取决于教练的内在品质。我们不应该低估教练的一言一行给团队带来的无声却极富效力的影响，教练的一言一行无不体现出其内在品质和对敏捷思想主要价值观念的理解。通过内在品质的体现，可以给个人、团队和组织带来深远而持久的影响，比照本宣科式刻板地执行敏捷思想中的具体技术，这一点更加意义深远。

一个敏捷教练应该时刻铭记敏捷思想，以自己的内在品质来为团队树立榜样。无论是指导团队中的某个人，还是和整个团队互动，都需要始终贯彻这个准则。显而易见，要想贯彻这个准则，需要清楚地了解自己的每一行为，以及可能给团队带来的影响，并且要求能够对这些影响承担责任。

通过这些内在品质的体现，教练已经用自身为团队成员们诠释了敏捷思想的深度和实用之处。教练通过自己的每次决定和每个行动（或者不干预），为团队成员们呈现这一思想的价值。一个好的教练，在指导团队的同时，也为团队树立了一个学习和参照的榜样。作为一个敏捷教练，需要以好的敏捷开发员为榜样，规范自己的行为。这就是我们常说的，“先正己，方能正人”。

但是你无法保证自己的每个行为都是正确的。你一定会犯一些错误。你很可能按捺不住，大声训斥他人。在开例会时，你也有可能走神。你也有可能刻意诱导团队成员去做你认为是正确的事情。然而在面对自己所犯的错误时，最重要的是要持一种开放的态度，这也是敏捷思想所强调的价值观。怀着谦虚的心态，开诚布公地承认自己的错误，并为此道歉。你还要跟团队成员们分享自己的错误，看其究竟是如何与敏捷思想所提倡的价值观或者其他原则相抵触的，这样大家都能从你的错误中有所学习和领悟。

想象一下一个团队，如果勇于承认错误，从错误中不断加强共有的价值观，并且相互包容，共同进步，这样的团队会有怎样的表现。你难道不觉得这样的团队会不断迸发出让人惊叹的新灵感吗？我坚信会的。

让我们有话就直说吧

一个 ScrumMaster，如果能够带领多个团队贯彻执行敏捷思想，并且不止步于此，能够激励团队，让他们不断地追求更好的团队表现，并享受这个过程，那么他实际上已经是一名敏捷教练了。请注意这里用到了“多个团队”，这是一个人想要成为一名敏捷教练的很重要的前提条件：曾经指导过多个团队，曾经看到过各种可能性和局限性，曾经在应付各种状况时成功和失败过。

我个人更偏爱“敏捷教练”这一称谓，这其实是我以前的工作经历使然。虽然我最开始接触敏捷思想的那个公司实际上是一个 Scrum 类型的公司，但为了不拘于惯例，他们用了“敏捷教练”作为这个职位的名称。我后来指导的团队都将 Scrum 与“精益”、“绝对的六西格玛”（Straight-up Six Sigma）、“极限编程理论”、“以用户为中心设计理论”等结合在一起使用过。所以，“敏捷教练”似乎是对这一角色更加准确的称谓。

敏捷开发与其他开发理念的结合

当团队尝试将 Scrum 与其他开发理念相结合时，如果能保持 Scrum 框架，以及完全执行敏捷开发理念，就总能获得成功。如果将这两者抛在一边，空泛地寻找最适合自己团队的工作方法，则经常会觉得困难，有时候甚至会失败。

埋下失败隐患的正是：找到了一个最“适合自己”的工作方式。这样做的时候，“检查并调整”这种不断重复的步骤经常会被忽略掉。人们更愿意相信自己不需要一个严谨的工作方式，而能持续不断地进步。这样做的时候，人们通常默许自己把那些曾经经历过的失败（又一次）掩盖起来。如果能够坚持“检查并调整”的理念，那么在 Scrum 与众多的敏捷开发或非敏捷开发理念的组合之中，就总能找到正确的那个，并为自己所用。请一定牢记这个例子。

“敏捷教练”这个角色名称，的确能够准确表意而且不显得局限。敏捷开发理论的框架可能发生新旧更替，但是其中的一些重要的名词在通常的谈话中可能一直被使用。以 Scrum 理念为基础，并配合使用一些实用的工具来适应实际开发环境，这个角色名称也是对我以前这种工作经历的一个赞誉。这就是在本书中使用这个名词的原因。

向敏捷教练学习

要想成为一名敏捷教练，必须经历一个从目前角色逐步转变的过程。哪怕是一个经验非常丰富的教练，也总能发现自己尚未涉足的领域。在其同时指导个人、团队或一个组织时，他们总能从中学到新的东西。他们（当然，还有我）仍在不断进步和成长的过程中。

请参阅　在第 13 章中，展示了不同背景的教练们如何分享个人职业成长经历。

不论是一个新手，还是已经从事教练工作一段时间，每个人的职业成长经历都是不同的。尽管整个经历不相同，但是有着相似背景（ScrumMaster、项目经理或技术负责人）的人还是经历过一些相同的重要阶段的。图 1.2 列出了一些例子，介绍了这些重要阶段，在下面章节里还会对这些例子做延伸讨论。

从 ScrumMaster 到敏捷教练

敏捷思想推广的初期，ScrumMaster 通常会将传统的 Scrum 开发实践与敏捷开发的相关理论结合在一起，在自己的团队中推行。一开始，所有的这些变化对所有的公司和团队都不会造成困扰。在大多数情况下，新的工作方式无非就是在全体团队成员秉承一致目标的前提下，通过更高效的沟通，在十分有限的时间内，共同努力创造出实质性成果。然而这种新的工作方式推行一段时间之后，ScrumMaster 通常会发现在团队的每个 Scrum 实践中，都有需要继续改进和深化的方面。

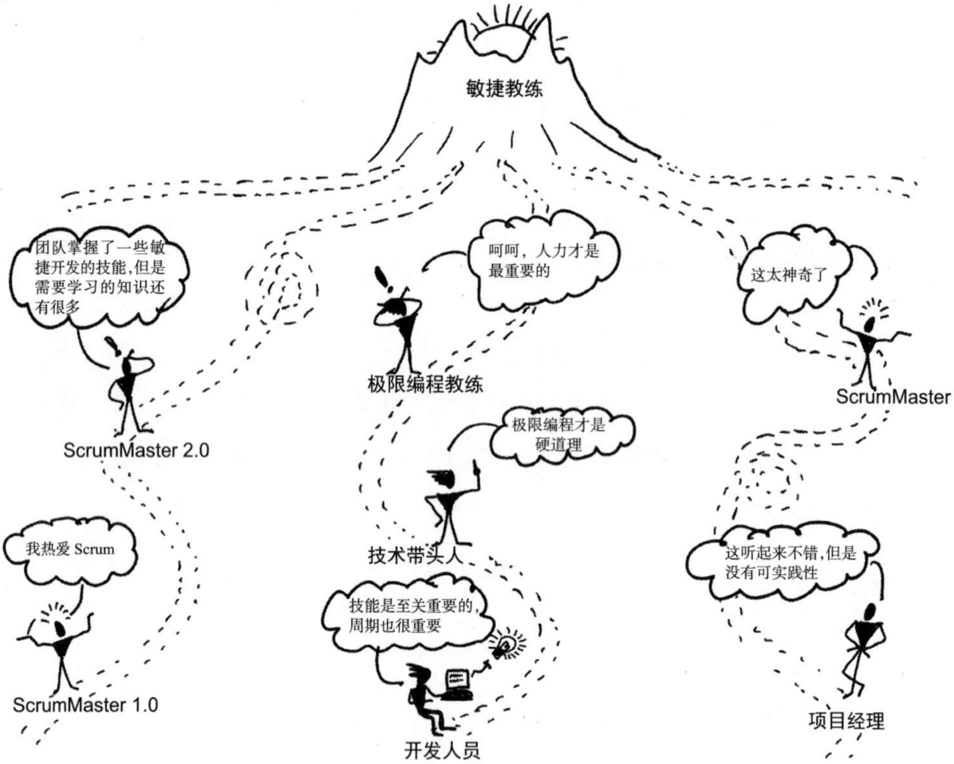

图 1.2 虽然每个人成为敏捷教练的具体路径不相同，
但是有着相似背景的人，在这个过程中所经历的某些阶段仍有相似之处

例如，一个团队领导总是使用不同方法在团队中建立起一套体制来追溯成员的业绩和团队重要事项，利用此种体制来让团队成员不断回顾自己的工作业绩，进而提出很多好的改进建议。同时，通过不断借鉴和实践其他人的相关理论，一个团队也能找到实现自己短期目标所需采用的最恰当的方法。那么，这两种方法论之间就难免会产生相互冲突而又相互借鉴的关系。现实情况是，很多团队在两方面做得都不够好，他们会把难题突然丢给团队领导，要求领导想出一个解决目前困局的有效方法。

ScrumMaster 于是开始着手解决所有的问题，不断从其他相关学科中引入新的工具和技术，以此来帮助团队更好地吸收和理解 Scrum 的实践、理论、价值观及不同角色的意义。同时，ScrumMaster 也意识到，自己花了很多时间去协调其他部门对自己团队的支持，并帮助这些部门改进其工作效率。

与此同时，这个 ScrumMaster 很有可能建立了另一个功能团队，自己也就成为这几支团队的共同领导。新模式的出现、常见的阻碍和团队的辉煌在新的方式下变得更加明显。

从 ScrumMaster 到敏捷教练的常规转变过程

ScrumMaster 到敏捷教练的转变=扎实的 ScrumMaster 培训+参与过多支团队的组建和后期担任 ScrumMaster 的经验+接受过更有经验之人的指引+从相关学科中引入新的思想和观点+指导团队之外的其他人，而不仅仅是将他们排除在外+处理组织中产生的、与团队相关的其他问题

既然多支团队都已经组建好了，就会有人希望能够尝试担任新团队 ScrumMaster 这样的职务。这样原来的 ScrumMaster 实际上就成了导师，帮助这些潜在的 ScrumMaster 了解工作的内容，并帮助他们改进自身以适应这份工作。所以在新的团队成立后不久，在原来的 ScrumMaster 管理过团队一段时间，并且培养了新的 ScrumMaster 之后，自己其实已经转变为一名敏捷教练了（或者 ScrumMaster，如果一定要坚持使用 Scrum 这个词的话）。

一个敏捷开发（或 Scrum）教练应该是：

- 一个能够准确掌握敏捷开发实践和理论中的深层次内容，并且能够帮助团队理解这些内容的人。
- 一个面对过巨大挑战、内部阻力，并且能够在需要时为经理们或者其他团队的人员提供指导的人。
- 一个能够帮助组织内各级管理层去深刻理解有效的敏捷开发能够为日常工作带来哪些好处的人。
- 一个能够从专业辅导、冲突管理、矛盾调解、剧场表演等相关学科中引入新的观点和理论，从而让自己团队的表现不断提升的人。

从项目经理到敏捷教练

传统意义上的项目经理与敏捷教练之间的区别，甚至比一只家猫与美洲虎的区别还要大。他们之间是有本质区别的。项目经理会提前计划，并对项目实施全程控制和监督；而教练只是进行引导。项目经理的成功等于单个项目的成功；而敏捷教练的成功等于团队的持续提高和对卓越表现的不懈追求。两个角色关注的核心价值完全不同，所以行为方式也截然不同。正是因为上述原因，所以从一个项目经理到敏捷教练的转变过程可能要稍微长些。当然，这是基于我个人的经验，并且我认为这也是我整个职业生涯中最完美的一次转变。

不论你计划使用何种敏捷组织框架，转变过程都开始于学习和接受敏捷思想。然后需要在不同的团队里对自己所学的进行实践。当进行团队实践时，很重要的一点是，一定要有一个成功完成从项目经理向敏捷教练转变的人在旁指导。要想成功转型为敏捷教练，我们必须打破很多在传统“计划驱动型”项目管理理论中所默认的信条。一个好的导师能让整个过程变得更加顺利和水到渠成。表 1.1 中列出了一些需要改变的地方。

表 1.1　需要改变的地方

项目管理理论中的信条	替　换　为
工作总能很好地计划，计划总能很好地被实施	提前规划是必不可少的，但任何确定的计划都没什么用处*
项目实行中的三要素可以相互调剂和妥协，以应对未知的突发情况	时间和预算（人力）是恒定不变的，只有项目涵盖范围是可以调整的
随着时间推移，计划会变得越来越精确，因为执行者推动项目经过了不同的行为阶段：需求、设计、开发、测试等	随着时间推移，计划会变得越来越精确，因为它在被不断地修改，以最大限度地配合团队的真实表现
只有准时地、在预算内完成所有既定目标的项目执行才是成功	客户获得其所需的商业价值是衡量成功与否的唯一标准
项目的范围可以被事先锁定，然后根据后来新发生的变化来对既定的项目完成时间进行修改	项目范围保持灵活，任何变化，甚至项目晚期时发生的变化，都可接受

续表

项目管理理论中的信条	替　换　为
从头到尾控制整个项目的进程	从头到尾控制整个项目的进程是不可能的，让团队贯彻敏捷思想是控制项目进程的唯一手段
完成阶段性任务和目标是衡量项目进度和工作价值的标准	只有完成最终产品才是衡量项目进度和工作价值的标准

* 当选总统之后，德怀特 · D. 艾森豪威尔说："在战斗准备阶段，我总是发现既定计划是没有什么用处的，而提前规划又是必不可少的。"战斗，和大部分项目一样，是不可提前预测的事情。这就需要一些经验，如敏捷思想。

基本上，"计划驱动型" 管理的基本思想需要被这个基本事实替代：重力作用。

攀岩者们深知地球重力总是在起作用的。他们理解这一点，接受这一点，并且据此规划自己的动作。我也是最近才知道这一点，因为我在一次远足过程中遇到一群正准备攀爬的攀岩者。此时他们的装备已经全部展开，绳子也都已经绑好，而且开始往高处攀爬。我后来在停车场里看到了他们的车。我注意到一张贴在保险杠上的贴纸，上面只有一句简单的话："重力总是起作用的。"是的，总是这样的。攀岩者们知道这一点，并据此规划自己的动作。敏捷教练们也应该如此。

我用了这个比喻，只为说明一个简单的事实，在我们生存的客观环境中，总有一些公理是客观存在、无可避免的。这些公理是恒久的，永远都会起作用的，并且不可被否认。在我们的工作环境中也是如此。

客户的需求总会不断变化——这就是重力。

团队的能力只有他们自己知道，而且随时间变化也会有所改变——这也是重力。

这个世界在以不可思议的速度变化，而且总会有新的情况出现，且谁也无法提前预知——这还是重力。

你没有办法替别人做出承诺，并期望他们完全按照你的想法行事——这仍然是重力。

敏捷思想接受这些重力的存在，并且在每个实践和理论接纳它们的力量。所以根据这些重力做出工作安排是敏捷思想的内在逻辑之一。

项目经理则使用“计划驱动”的策略来试图否认这些公理。所以，在从项目经理向敏捷教练转变的整个过程中，关于这个核心问题的中心思想一定会一直被努力克服着，但最终必须接受：重力总是起作用的。

从项目经理到敏捷教练的常规转变过程

项目经理到敏捷教练的转变=敏捷思想的相关训练+作为ScrumMaster参与几个项目的经验（或者敏捷开发框架内的类似经验）+从相关学科中引入新的思想和观点+指导团队之外的其他人，而不仅仅是将他们排除在外+处理组织中产生的、与团队相关的其他问题。

在完成这种转变的过程中，随着不断取得进步，你会决定自己是否真的希望转变为敏捷教练这样一个角色。或许你会发现自己对产品负责人这样一个角色更感兴趣，因为它与项目经理的工作内容和工作方式更加类似。或许你想做一名技术人员，重新捡起很久没有使用过的（但是深爱着的）技术工作。或者，你发觉敏捷开发指导很适合自己，所以你全身心地投入。

或许你决定不向敏捷教练的方向转变，而是采用“计划驱动”的项目管理思想，与非敏捷开发团队合作。如果你曾经参与过敏捷开发，则很可能已经培养出了一种很重要的判断力，能够知道哪些项目更加适合采用这种预先定义的“计划驱动”管理思想。这时候你会刻意寻找这种能够让你更少地与各种公理作对的项目。

在这个转变过程中，有一名导师来指导是至关重要的。这样一名导师能够时刻指导你，让你理解敏捷思想是如何起作用的，并且在你无意间要回归到旧的行为模式时提醒你。这些行为模式的影响如此之深，表现方式也各种各样——忍不住要给团队成员分配任务；下意识地对客户不断变化的需求说“好的”，然后希望自己的团队能够达成此目标；或者向客户承诺项目完成日期，然后才通知自己的团队。

很多次，你，甚至整个团队，都意识不到自己旧的项目管理思想又重新起作用。这时候就需要导师向你指出这一点，然后帮你认清一名真正的敏捷教练是绝不会这么做的。一名敏捷教练深知，如果能够深入贯彻敏捷思想，就能够解决所有这些问题。所以，敏捷教练会专注于在团队中贯彻敏捷思想，而让剩下的事情自然发生。

从技术负责人到敏捷教练

有时，在帮助其他人拓展其技术能力的时候，自己的敏捷指导技能也能得到相应的锻炼。从技术负责人向敏捷教练的转变就属于这种类型。技术负责人通常是技术扎实的开发人员，在不断提高自己的软件开发技术的同时，也开始辅导其他开发人员。随之，各种新的技术和实践方法，如极限编程（Extreme Programming，XP）理论，开始被应用到日常工作中。很快，技术负责人开始教授大家 XP 的知识，并且和大家一起实践，互相帮助，共同提高。这样的技术负责人自称为 XP 教练，看起来和篮球教练很相似。篮球教练对这项运动有着深刻认识，通过教授、反复练习和指导把最基本的东西教给球员，最后帮助他们将自己的所学整合在一起，形成各种能够帮助球队获胜的战术。篮球教练最重要的财富就是他在这项运动上的专业知识，以及能够将这种专业知识转移到他的队员身上的方法。所以，这也是 XP 教练最重要的财富。

然后，这些传授和指导所给予的知识在不同的团队之间传播，最终能够帮助大家在软件开发工作上精益求精。到了这个阶段，一些组织体制内固有的问题就变成了组织大家继续提高软件开发技能的障碍。这个时候，原本只负责技术问题的负责人就会发现，自己需要面对一些团队发展过程中的瓶颈，而自己需要挺身而出，为各个团队的共同利益，一次性解决掉这些问题和障碍。这对技术负责人来说，是一个全新的挑战，因为在解决问题过程中，需要用到一整套完全不同的技能，如协调进程、影响他人等。

在某个时间点，技术负责人开始以“敏捷教练”来称呼自己。他的工作内容将不仅局限于传授技术知识，尽管这仍然是重要的工作内容之一。实际上，此时的技术负责人对整个团队的管理框架及“与人相关的事情”也给予了同样的重视。当这个“敏捷教练”能够熟练地应对团队内外的各种挑战，并且激励团队在包括技术能力在内的各方面都追求更好的表现时，他就是实至名归的敏捷教练了。

敏捷教练的诞生

无论你来自何种背景或者采取哪种途径，从与敏捷开发团队密切合作之时起，你已经开始变化。有一些明显的迹象能让你知道自己已经成为一名合格的敏捷教练了。表 1.2 列出了这些迹象中的一部分。

表 1.2　敏捷教练诞生的迹象

敏捷教练应该克服的	敏捷教练应该做到的
协调个人对团队的贡献	指导整个团队进行协作
做一个领域专家	充当团队的协助员
把精力花在追求特定产出上	把精力花在提升团队的整体表现上
自己知道所有问题的答案	让团队自己寻找答案
自己全权管理整个项目	让团队自己寻找途径
推动	指导
注重截止日期和技术路线的选择	注重商业价值的达成
注重行为的最优性	注重每时每刻都做有利于业务发展的事情
亲自解决问题	将问题交予团队

在从管理者向教练转变的过程中，你的工作内容和所关注的事物都会发生变化。当表 1.2 右侧栏目中的行为在工作中越来越多地出现，并且越来越自然时，那么你绝对是在向敏捷教练转变的过程中，请坚持走下去。

内在品质

很久以来，我注意到那些能够成功完成向敏捷教练转变的人都有一些共同的特质，而他们自己或许还没有意识到自己的这些特质。我们不妨把这些共同的特质称为“内在品质”。如果我最初就能在某个人身上看到这些品质，我很可能预测：“是的，他很可能成功。”相反，我总会发现那些没能成功完成这个转变的人身上是缺乏这些品质的。不过，有时候我也会做出错误的判断，所以，请把这些描述视为经验的总结，而不是严格的规定。

再次回想我曾经指导过的那些成功的敏捷教练，以及能够让他们顺利完成向这个角色转变的主要特质，我设计了这个列表（见表 1.2）。他们中的一些人，甚至在整个转变过程中没有遇到任何困难，这与我充满艰辛（但是完全值得）的转变过程相比，是截然不同的。现在回头来看这个列表，我能发现经过这么长时间的历练之后，我自己也已经接受并具备这一整套内在特质了。十年前，或许我只具备其中的一半。现在，我拥有了所有的特质，并且它们也形成了我指导团队时的坚定核心。

如果你不确定自己是否能成为一名好的敏捷教练，那么请审视自己是否具备以下这十种能力，这些能力是有潜质的教练们通常都具备的。

（1）他们都具备神奇的“读懂一个房间”的能力。只要走进一个房间，他们就能基本判断出他们不在时，这里曾经发生过什么。他们能立即读懂空气中蕴含的情绪，并且判断出是否一切正常。

（2）他们关心人本身胜过关心产品。当然，对产品的关注还是必需的。他们通过让团队的每个成员都感到自己受到关心，自己的成长得到支持，进而团结一致，创造出卓越的产品。

（3）他们会不断地培养自己的好奇心。他们能够清楚地意识到自己的疑惑在哪里。他们不会主观地判断其他人在想什么或者感觉如何，也不会随意猜测目前局面形成的原因，他们只会如实地发问。

（4）他们相信“人之初，性本善”。是的，他们知道在有些人身上是较难验证这句话的。即使这些人，其实他们的内心里也总有善良的一面。只不过，他们可能在成长的过程中有一段时间被耽误了。所以，他们接受这些人目前的状况，并且尽可能地帮助他们成长。

（5）他们了解事先制订的计划总是无法执行，所以他们时刻与自己的团队一起解决新出现的问题，而不是固执地坚持某一个解决问题的方法。

（6）他们有着学习的渴望。他们知道自己还需要不断（永远）地成长和提高。

（7）他们相信，只要给予一个成长的环境和一个大胆的目标，任何一组人都能将事情做好。他们相信总是有更高的目标值得自己追求。

（8）他们不能容忍人们为自己不求上进而找各种理由。比如，最常见的“这件事一直都是这样的”，以及让人疯狂的说法“是的，我知道这样做是浪费时间，但我们这里一直都是这么做的”。

（9）他们相信预期外的状况是一定会出现的，而混乱和毁坏只是达到更好状况前所必经的阶段。因此，他们总会做好应对混乱状况的准备。

（10）他们愿意承担犯错的风险。当他们真的犯错时，他们勇于承认错误、承担责任，但不会一直纠结于此。

背景并不重要。无论是测试人员、项目经理、业务流程专家、培训师还是行政官员，只要先天具备这些内在特质，或者通过一段时间的锻炼和培养，最终都有可能成为一名称职的敏捷教练。

做有个人特色的敏捷教练

本书提供了各种理论和实践方法，以及各种可以用在团队实践中的模型和工具。但是即使已经有了这么多信息和建议，你还是必须找到自己做敏捷教练的独特风格。没有两个人的工作风格是完全一样的。结合我的实际经验，本书提供了一种能够成功胜任敏捷教练的方法，那就是“我的方法”。

通过不断实践和总结，你最终能够发现自己作为敏捷教练的独特风格。虽然本书用了直接的描述性语言，但是你不应该把本书奉为教条或者类似于食谱一类的东西，更不要死板地硬套本书中的任何内容。

请将从本书中学到的东西用自己的方式进行消化，然后指导团队。只有自己最清楚自己周围的环境。当然，也只有自己最了解自己。无论是在阅读本书并思考书中的各种观点时，还是在指导团队的实践中遇到更多其他新的理论时，请始终牢记这一点。

对自己和周围的环境要充满信心，确定自己不会偏安一隅。要勇于挑战自己。通过指导敏捷开发团队的工作来实现自身的成长和成功。

内容回顾

下面总结一下本章中提到的观点。

- 成为一名敏捷教练需要教育、经验和实践等多方面的条件支持。
- 每时每刻都要用敏捷教练的“内在”准则来要求自己，自己的行为本身就是对其他人很好的指导。
- 想要成为最好的敏捷教练，就意味着必须时刻避免那些可能导致团队无法贯彻敏捷思想的态度和行为。
- 一个人从现有工作转变为敏捷教练的具体途径和起始点非常多，而且各不相同。
- 大多数成功的敏捷教练，其个人品质中都包含开诚布公、以人为本，以及不断追求个人和事业成功的热情。

延伸阅读

Adkins L. 2008. The Road from Project Manager to Agile Coach. YouTube. 这个视频可以让你从自己目前的思考方式中跳出来，并开放思想，接受那些能够帮助你成为一个好的敏捷教练所必需的思维方式。

Pink D. 2006. *A Whole New Mind：Why Right-Brainers Will Rule the Future*. New York：Riverhead.我们已经迎来了需要高情商、观念驱动的职场时代。这本书用确切的证据证明了这一点，并且教授你如何才能适应这种形式。书中提供的很多观点能够帮助你开发或者强化自己作为敏捷教练所必需的“内在特质”。

Wheatley M. 2006. *Leadership and the New Science：Discovering Order in a Chaotic World.*，San Francisco：Berrett-Koehler. 这对于任何一个敏捷教练（或者与敏捷教练们打交道的经理们）来说，都是必读之书。它能帮你理解，为什么以前采用的流水线式项目管理思路已经越来越不适合当今的世界。另外，它也介绍了在一个自组织的系统里，例如，在一个敏捷开发团队里，“领导者”应该是一个什么样的角色。

第 2 章 追求高绩效

在经历了前面几个 Sprint 之后，敏捷开发团队一般都已经学习到一些敏捷开发的基础知识了。敏捷开发框架的设计一般以简单为主，所以易于团队早日上手，也易于实施精心指导后的实践。

用不了多久，这些敏捷开发的流程就会让团队感觉似乎陷入了一个永不停止的仓鼠滑轮中——总是从一个流程转到下一个流程，从一个 Sprint 到下一个 Sprint，紧接着再到下下一个，这样的循环一直进行下去。所以，大家在产品开发上取得进展的同时，却也陷入了一个不停旋转的仓鼠滑轮中。

除了要为公司或组织贡献成果，团队还需要做一些其他事情，力争把仓鼠滑轮上枯燥无味的旋转变为一段他们自己可以创造的旅程。在这条通向能让他们产生共鸣和值得去做的事情的道路上，团队需要经过不同的指示牌和里程碑，而不是像在仓鼠滑轮中一直只能看到单一的景色。这个“事情”就是追求高绩效，需要整个团队在共同努力下力图每天都做到最好。

本章学习结束后，你将能够回答如下问题：

- 如何设定对高绩效的期望目标，而期待团队会真正表现出高水准的一面？
- 什么样的比喻或象征可以告诉团队高绩效具体代表了什么？
- 我怎样才能帮助团队找到适合自己的通往高绩效的道路？

我们知道：在文化至上的当今社会中，人们拥有了自主权、熟练掌握了一些技能并且懂得去设定目标，这时，自然也就会有付诸行动的动力和积极性（Pink，

2009）。把高绩效作为自己的期望基准，并帮助团队去实现它，这些都能给你以重要而强大的动力。所以，如果可以随时保持雄心勃勃，那么每个人都能获得最后的胜利。公司或组织不仅获得了更好的成果，还拥有了无所不能的团队。团队及其每个成员则获得了更多自主权，掌握了高超的技能并实现了自己的目标。也就是说，每个人都能从高绩效中受益。

设定期望标准

追求高绩效并不意味着你对它有多么迫切的需求。追求高绩效仅仅表明你相信高绩效是可以实现的，这是很平常的一件事。追求高绩效仅仅表明你相信团队能够实现这一目标。因此，要带着对团队的理解之心，并坚定地带领他们朝着高绩效的目标前行。在这个旅途中，需要用自己对团队的信心来激励他们朝着能共同达到的愿景努力奋斗。他们会感受到你的号召，并变得越来越强大。

这也正是驱使着团队在一个又一个 Sprint 和一次又一次的产品发布中不断向前的动力。一路上，他们共同见证了许多伟大的时刻，燃烧着他们的渴望，继续着他们的旅程。同样，他们也会有理想幻灭和心碎的时候，有过让他们想要放弃的念头。但是，当经历了这一切后，你仍要保持对高绩效的坚定信仰和对团队的坚定信心。

你对高绩效充满信心，但高绩效到底是指什么呢？一时很难给它下一个明确的定义；高绩效模型、评估和描述比比皆是，但是目前还没有任何一部字典给出一个能让所有人都满意且面面俱到的定义。当然，在本书中也找不到对高绩效的定义。我不想对它下定义，相反，我想延伸一下它所包括的内容，它无关乎是否到达某一特定状态，而是一段通往更高目标的旅程。“超越一切合理的期望”和“甚至对自己的进度感到惊讶”的团队也许就在这样的旅程上（Katzenbach & Smith，2003）。不断保持进步的团队也在这样的旅程上。

作为敏捷教练，要想帮助团队开启通往高绩效的旅途，需要为团队设定将要实现的目标期望。然后，给团队成员提供一些原始材料，这样他们自己可以借助这些资料建立可引起他们共鸣的关于高绩效的定义——一个他们不但能想象得到而且能真的达到的愿景。接下来，就需要指导他们迈出第一步（以及此后的每一步），并一步步朝着鼓舞人心的高绩效的目标前进。

你需要先让自己产生一种对这段征途期待、向往和兴奋的感觉，然后再把这种感觉传导到整个团队中去。由信仰引领他们一步步地前进。毕竟，如果连你自己都不相信他们能实现高绩效的目标，那他们自己又怎么可能相信呢？

为高绩效引入一个比喻

比喻的力量是强大的。专业教练很早以前就已经认识到了这一点。实际上，在专业教练培训课程中，“比喻”是其中一个必学的核心技能（Whitworth，2007）。

“我是把这个家庭关联在一起的黏合剂。”

“我是你鞋里的鹅卵石，随时提醒你轻盈行走。”

“我是那 1 000 支点亮路程的蜡烛。”

“我是一只能飞越一切的鸟。”

“我是那个为你指路的灯塔。”

有时，教练会问些问题来帮助客户建立属于他们自己的比喻，这个比喻通常既能深入内心，又能产生共鸣。客户利用这个比喻引导他们经历一件件在他们生活中所发生的事情。

如果想要从某个急速且不可预知的变化中成功地走出来，或许用“我是一只能飞越一切的鸟”这个比喻能帮助客户在那些能摧毁一切的浪潮中依然保持平稳和安全。客户召唤着，要向全世界分享一些重要的信息，这时也许用“我是那 1 000 支点亮路程的蜡烛”这个比喻能让客户产生共鸣，并决心坚持走下去。

团队也可以用同样的方式来使用比喻。或许通过你的指导，团队可以建立属于自己的比喻，以帮助他们度过低谷或高潮的时刻。为了帮助团队描绘出高绩效期望的愿景，你可以给他们提供一些闪着比喻小火花的影像，比如下面那张画了一棵特殊树的图片，这棵树有个专属的名字：高绩效树。

高绩效树

“高绩效树”这个词诞生的时候，我正在指导几个团队，且已和他们合作过一段时间。他们在敏捷开发的一些基本实践上已经做得相当不错（定期举行标准会议和按时完成 Sprint 目标），而且他们一直都能交付重要成果，然而他们的老板一直认为他们还可以做得更多。

说实话，作为他们的敏捷教练，我当时对他们如何来实现高绩效目标真的毫无思路。而且我知道无论提供什么样的帮助，每个团队都还是会以自己原来的方式去做。因此，不管是为他们建立一条笔直宽阔的高速公路，还是一条蜿蜒崎岖的街边小道，他们都不会选择，也不会对他们起任何作用。所以，我必须想出些能引起大家共鸣的和能激发起对高绩效目标渴望的办法，以便每个团队能够用此修建自己的高速公路或街边小道。基于我对比喻所具有的强大力量的理解，我发明了高绩效树（见图 2.1）。

你可以在任何时候将高绩效树引入团队。如在初期，或许就是在刚开始组建团队时，就可以很好地将它应用到你的工作中。而且，当出现问题或不足时，你还可以运用这棵树，将它作为一种研究问题的方法。一旦引入了这棵树，就可以在团队出现状况时将它作为参照，并且在做项目总结时作为资料。

将高绩效树引入团队中时，记得从树根开始往上画，列出 Scrum 的价值准则和高绩效的特征。从示意图我们可以看出，这真的不需要什么绘画技巧。

在树的根部写下以下这些词，并向团队讲解什么是 Scrum 价值准则，简述如下。

（1）承诺。愿意对目标做出承诺。Scrum 会为人们提供兑现承诺所需的所有权限。

（2）专注。做好本职工作。把所有精力和技能都专注于自己所承诺的工作上，不要因任何其他无关事情而分心。

（3）公开。Scrum 中与项目相关的所有事对大家都是公开、透明的。

（4）尊重。不同的背景和经历塑造出不同的个体，但是有一点很重要，那就是：我们需要对团队中不同的人保持尊重。

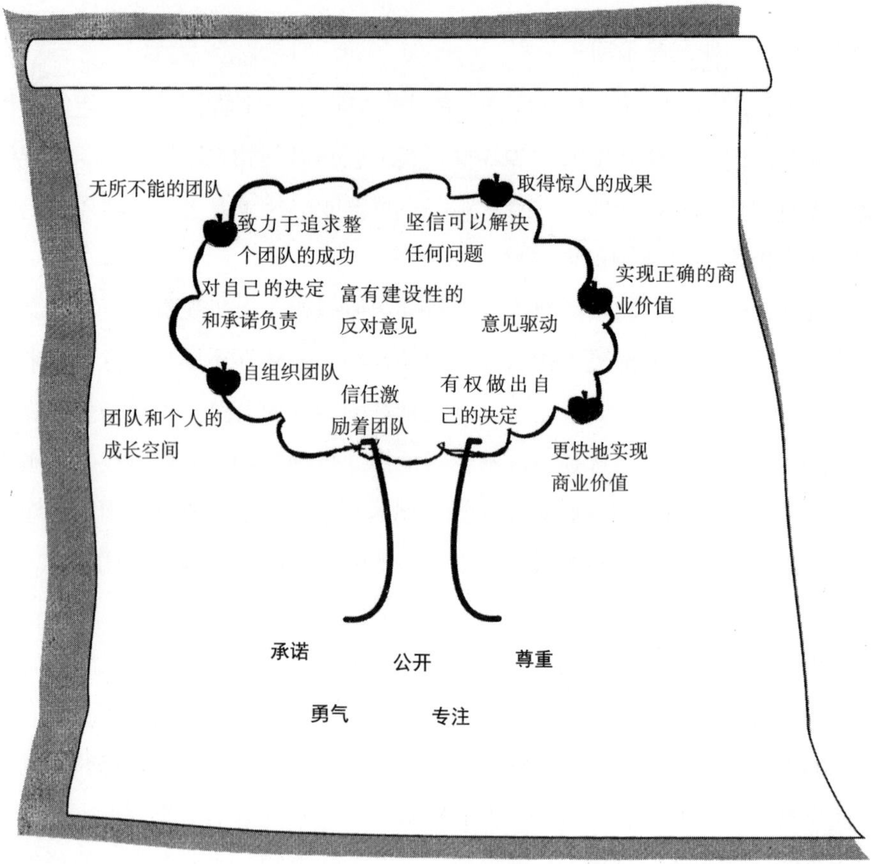

图 2.1　高绩效树

（5）勇气。要有承诺的勇气、付诸行动的勇气、敞开心扉的勇气和期望得到别人尊重的勇气（Schwaber & Beedle，2001）。

如果你不使用 Scrum，但认为这些价值准则会带来益处，直接把 Scrum 这个词去掉即可（你甚至不需要说明它们来源于 Scrum）。对于软件开发团队而言，还可以用下面我们要提到的极限编程的价值准则来代替 Scrum 价值准则或作为对它的补充。如果极限编程实践已经被应用在整个软件开发过程中了，则可以利用如下这些价值准则的定义。

（1）沟通。只有通过很多实践才能保持正确的沟通，而这些实践又必须通过相互沟通才能完成。项目中的很多问题都能被追溯到同一个根源，那就是大家在某些重要事情上没有沟通好。

（2）简单。什么是最简单但又可行的事？咱们打个赌吧，比起今天做一件复杂但日后也许永远不会再用到的事情，还是做件简单的但明天只需要稍微改进就可以重用的事情更有意义。

（3）反馈。对系统当前状态的真实的、具体的反馈绝对是非常宝贵的。乐观是软件编程人员的职业病，反馈则是药方。

（4）勇气。有勇气去开发高质量的软件，尽管这可能意味着需要删除原有的代码、改变原有的设计方案，甚至延长开发周期。是什么东西在任何时候都能让你避免走入死胡同呢？是勇气（Beck & Andres，2004）。

如果这些价值准则都不适合你的公司，而且你已经有了一套行之有效的价值准则，那就继续使用你原有的价值准则吧。关键在于：你正在使用的价值准则，要与敏捷开发理念有关联、要易于理解（不要都是抽象概念或商业术语），且能引起大家的共鸣。定义并只选用那些能激发团队成员渴望感的价值准则。当团队成员仔细理解这些定义并说“是的，我希望自己可以做到，希望大家都可以做到，希望我们公司能够做到”时，那就说明你已经有了一套很不错的价值准则了。

继续画这棵树，并记得为他们描绘出一个形象的愿景。如果树根粗壮，就可以滋养整棵树，使它成长为更笔直、更高大的参天大树。它会开枝散叶，吸收越来越多的阳光，而这些叶子在吸收过阳光后会反过来再滋养这棵树，然后大家会一起变得更强壮、更高大、更茂盛。渐渐地，这棵树成了一处引人入胜之地，团队则会发现他们已经有了自己独特的团队文化——高协作性和高绩效的特征（Tabaka，2006）：

- 他们是自我组织起来的，而不是根据角色或头衔来组织的。
- 他们有权做出自己的决定。
- 他们坚信，作为一个团队他们可以解决任何问题。
- 他们致力于追求整个团队的成功，而不是为了个人利益不惜一切代价。
- 团队对他们自己的决定和承诺负责。
- 是信任而不是恐惧或愤怒在激励他们。
- 他们是多数人意见驱动的，并做到求同存异。

- 他们会不断提出富有建设性的反对意见。

上述提到的这些特征代表了这棵树的树叶。如果树根强壮，且叶子吸收到充足的阳光，这棵树就会结出丰硕的果实，这是高绩效的成果。

你会注意到，第一份成果是：你更快地实现了商业价值，接着是更加频繁地实现正确的商业价值。当树根（价值准则）和树叶（高绩效）继续生长时，团队甚至可能收获惊人的成果——那种能帮助公司在业务上超越竞争对手的成果、那种敏捷开发本应创造的成果。另两份成果也因此而诞生：一个能真正无所不能的团队，以及一个能为团队和其中的每个成员提供发展空间的团队。这两份成果会让整棵树保持精力充沛并反过来不断滋润整个团队，为可持续成长提供长久的能量。

无论何时引入这棵高绩效树，记得把它画在团队工作的地方就可以了。把它挂在那里，默默地提醒团队成员，高绩效既是一件很自然的事情，也是大家所热切期望的事情。如图 2.2 所示，把它挂在那里，当团队成员遇到麻烦或是墨守成规的时候，你可以指着它说："我们的树根薄弱在哪里？" 当他们拥有了高绩效团队应有的所有特质，产品却不尽如人意时，为了让团队做得更好，你可以说："你们现在想收获什么果实？"

图 2.2　借助高绩效树来激励团队朝着高绩效目标前进

当以这种方式来使用这棵树时，你的问题会成为他们的挑战，而这种方式能引领团队一起走向更光明的远方。一旦团队成员接受了挑战，他们就离高绩效目标又近了一步。慢慢地，他们就会走出一条属于自己的路。

举个例子，也许团队会对自己的工作质量感到不满意和失望，那么他们可以借助高绩效树找出原因所在：他们并没有做到真正的多数人意见驱动。他们意识到，他们往往过早地采用了第一个出现的可行的方案，而没有倾听所有团队成员的想法。所以，在锁定一种想法去执行之前，需要吸收各种不同的意见帮助提高产品的质量。也许，这时他们会在高绩效树的“多数人意见驱动”上画个圈，并写下一个提示：要做到多数人意见驱动，就需要聆听众多想法。团队朝着高绩效目标前进的下一步就是要在多数人意见驱动上做得更好。

例如，有一个团队最近没有完成他们既定的 Sprint 目标。他们中有人注意到高绩效树的根部写着的“承诺”一词，并大声自言自语道：“我怀疑我们的问题的根源是我们没有真正地去做那些我们承诺要做的事。”在接下来的交谈中，团队成员之间相互讨论了无关紧要的需求如何占用了他们的时间和精力，并使他们忘记了自己原本的承诺。这时，他们会意识到，一旦引入一件无关的、让人分心的需求，类似的需求就会接踵而至，他们就不得不做完所有这些无关的事情，而原本承诺要做的事情没有做。因此，他们约法三章：“从现在起，我们要相互帮助、排除干扰，这样我们才能真正地全心地投入，并完成那些我们承诺要做的工作。让我们把不安放到脑后，一旦发现有人分心了要及时互相提醒。我们把这些令人分心的事称为‘障碍’。”他们把这些话像横幅似的写在高绩效树的顶部。团队朝着高绩效目标前进的下一步就是真正地全身心投入到所承诺的事情上。

> 过于严肃是平庸和官僚思维的警示信号。认真致力于融会贯通和高绩效的人一定是充满活力的。
>
> ——迈克尔 · J. 盖博

当团队找出自身的缺点并制订了计划准备做得更好时，作为教练的你，需要鼓励他们进行反思，但不能因此怀疑自己。他们不需要忙于自责以向你或其他任何人证明他们正在改进中。告诉他们，保持幽默、好奇心和感激的心情，同样可以实现高绩效的目标。

无论是带着开心的心情还是伤心的心情，无论是快速前进还是缓慢前移，都找不到两条相似的路，甚至无法想象团队最终会走出一条什么样的路。因此，最好别尝试去为团队指出一条路，而是让他们去开创一条适合他们自己的路。

当团队把这棵高绩效树比作他们自己和自己选择的通往高绩效目标的道路时，你就知道这棵树已经在团队中落地生根了。

“如果我们强化根基，我们就能够成长。”

“我们是一棵树；我们能屈能伸。”

“风虽然能吹动我们，但不能折断我们。”

这时，比喻的力量就开始显现并成为对团队有用的东西，同时帮助他们挺过低谷或实现下一个重大的目标。

另一个比喻：打好基础

如果高绩效树并不吸引你，可以尝试一下别的方式：自己创造比喻。不要多花哨或多复杂，简单明了、直截了当最好。Scrum 培训师兼导师托拜厄斯・迈尔在他的课堂上使用了“打好基础”这个比喻。他用一个简单的列表，列出了能实现 Scrum（和所有敏捷开发方法）的五个基础，然后告诉人们，具备了这五项，就拥有了所需的一切，而其他细枝末节自然会水到渠成（Mayer，2009）。

经验论：从一系列短时间内发生的失败中吸取教训并最终获得成功。靠事后总结学习而非事前预测和推断去获得更多的经验。

自我组织：最了解问题本质的人最清楚该如何解决问题。

协作：培养一种“是的，然后呢？”的思维方式。重新思考各种观点；不要轻易妥协和盲从（Austin & Devin，2003）。

优先级：专注！做优先级最高的那件事。

节奏：深呼吸，然后顺其自然。

关于如何运用上面所讲的这些，迈尔说：“我把这五条原则比作（比喻手法）Scrum 像花儿一样绽放的基础。它们涵盖了所有出现在 Scrum 中的要素：观点、团队、流程、设计、架构、产品等。”

在团队中引入“打好基础”这个描述，为比喻的应用提供了广阔的平台，也为团队描绘出一起走向更好未来的愿景。看到了吧？如果大家不喜欢高绩效树这个比方，那你甚至不需要将它称为高绩效树。就简单称它为通往卓越团队的旅程也不错。

也许你会听到团队成员利用你打的比方，为自己创造出了能激发更多动力的比喻。

“我们的基础薄弱在哪里？”

“我们最近是否有些退步？”

“如果今天我们要奠定一块新的基石，那我们在上面要刻些什么？”

没有终点的旅途

敏捷开发团队通往高绩效目标的旅程仅仅是一段旅程。团队可能时不时会达到高绩效，甚至可能在一段时间内都一直保持着高绩效的状态，但他们永远不会“到达”旅途的终点。永远不会，因为这是一段没有终点的旅途。

几乎可以肯定，一旦他们开始进入高绩效的状态，就会有各种各样的障碍出现。比如，一名团队成员将得到升迁，并开始微观管理他的同事。再比如，公司管理层变动，一名新的副总裁宣布她将指引团队下一步前进的方向。团队中有人要休产假，有人要结婚、搬家，还有些人要离职。每当这些事情发生时，团队结构就会发生变化，团队会从高绩效向后退一步。

鉴于这些，教导团队要为他们能够彻底、快速地从挫折中恢复过来而感到自豪——甚至为他们到目前为止所取得的进步而感到自豪，或为目前他们还“在”旅途中而感到自豪。当然，挫折必定还会再次出现。你对他们能共同达到卓越的期望和信心会感染他们，并成为他们对自己的期望和信心，支撑他们挺过一个又一个难关。

内容回顾

下面总结一下本章中提到的观点。

- 确保团队清楚你追求高绩效并渴望他们能够实现这一目标。

- 用形象的比喻和挑战来激励他们自己走出一条通往高绩效的路。
- 通过指导他们走向卓越，并相信他们只要付出努力和充满激情就能实现任何目标，来支持他们做出的每个选择。

延伸阅读

Schwaber K，Beedle M. 2001. *Agile Software Development with Scrum*. Upper Saddle River，NJ：Prentice Hall. 这本书的最后一章里介绍到了 Scrum 的价值准则。书中对这些价值准则进行了清晰且令人信服的定义，每个敏捷教练都应仔细研读这本书。任何杰出的敏捷教练都应在一段时间内反复阅读并认真思考。

Pink D. 2009. The Surprising Science of Motivation. http://blog.ted.com/2009/08/the_surprising.php. 想知道人们关心什么，而这些事情又是如何影响人们是否能够达到高绩效的吗？去 blog.ted.com/2009/08/the-surprising.php 上看看这段简短的演讲，你就能找出答案了。如果你想知道更多，可以买他的书（*Drive：The Surprising Truth About What Motivates Us*）来读，在这本书里有更大幅深入的探讨。

第3章 自我掌控

在这里我必须要承认，我曾经也是个控制狂，但是现在的我和之前已大不同了。现在我和一些朋友或同事提起这个事情，他们都很惊讶地说："不会吧，怎么可能？我不相信你以前是个控制狂。"这时我会笑着谢谢他们，而且为自己这些年的成功转型而骄傲和欣慰。但是，这些习惯已经根深蒂固，无法一下子完全改观，所以，当我开始指导一个敏捷开发团队时，我会事先和他们说好，一旦我开始犯控制狂的老毛病，一定记得及时提醒我，但是他们都觉得这种情况一定不会发生。不过在某些困难时期或关键时刻，我会突然变回控制狂，想要掌控大家要做的事情及怎么做，这时他们就会提醒我："打住打住，你又要变成控制狂了。"其实绝大多数情况下，我是不会再犯老毛病的。

本章学习结束后，你将能够回答如下问题：

- 我能否有能力立即意识到自己对冲突的自然反应？是否能做到不在言语上冒犯别人？是否愿意成为一个服务大家的教练？能否做到不感情用事？为什么以上这些如此重要？
- 我的性格里面还有几分控制狂的特质？我应该怎么避免这些呢？
- "自我掌控"的含义是什么？有哪些实用的方式？
- 在困难时期，我该怎么提高自己的能力来满足团队的需要？
- 如何做到和团队的有效沟通？

正如上面所说，工作中的很多次警告和提醒可以帮助我克制自己，以避免变回到控制狂。个人的自我调节也可以促使我成为团队真正所需的那种教练，但这不是一天两天就能完成的事情，而是一个漫长的、反复的过程。这里面需要持续的剖析、实践和不断的提高、改进，比如，从指导自身开始，但是不仅仅简单地围绕着自己。

相反，敏捷开发指导是在讨论作为教练的你能给整个团队带来什么，以帮助他们发觉自己身上的潜能，破茧成蝶。在这个过程中，他们会慢慢地认识到自己的强项和天赋，以及如何在一个新的环境——团队中运用这些技能。

是的，你会找到很多有用且必需的想法和工具去指导团队。但是，其实能带给团队的最有用的事情就是你自己。

当你指导团队时，记得一定要将自己融入团队中去。一定要时刻准备着，一旦团队需要你，你能够帮助团队。为此，你必须时刻保持头脑清晰和沉着稳重。

在现代快节奏生活中，大家通常都有一种感觉，觉得一天天就在忙忙碌碌中很快地过去了。作为一个敏捷教练，你需要思考很多事情：想法和经验、希望和恐惧、计划和日程，以及团队的理想和自身的梦想。这些事情会占据你的绝大多数时间，你甚至没有时间和精力去了解团队成员或他们在某些给定情形下会怎么处理事情。但是如果可以做到这些，你将会真正了解团队成员的特质和具体所发生的情形，并根据自己的认知来配合或及时响应你的团队成员。

这就需要我们进行自我约束并保持头脑清晰，厘清自身的私人日程、个人情感和想法。一旦将这些个人因素排除掉了，你的行为就如同一面镜子，团队成员能够从中再次看到他们自己；一旦将这些个人因素排除掉了，你才能真正从团队利益最大化的角度出发考虑问题，而不仅仅是为自身利益着想。

如果你现在感觉思绪万千，就可能担心该从何下手。那么从自身开始，从自我剖析开始。

在裁减瘦身计划、错误修正计划、领导力培养计划等这些会促进个人成长和修复中，我们一般都将自我剖析看成“第一步”。在敏捷开发团队教练的工作中，也是同样的道理。本章会列出很多例子，告诉你如何成为一个好的敏捷教练，并帮助你认识自己和提出这些关键的问题：这个想法和我当前的世界观、价值观匹配吗？我该如何改变自己，去接受这个想法？我需要通过什么实践来帮助自己保持头脑清晰、沉着稳重、乐于接受新观点，并做好指导团队的准备？

从自我剖析开始

明白自己在一些特殊情形下的自然反应及自己的底线，有助于认识自身的现状和将来可能变成什么样子。对自身能力的评估和剖析，代表我们是成熟的敏捷教练并可以帮助我们后续成长。

下一步是找到你的短板。作为一个敏捷教练，需要为了团队不断挑战自己的极限、不断提高并找到自己的短板。当你很紧张、浑身不自在的时候，应该就是找到自己短板的时候了。对于一些教练而言，他们需要锻炼自己将团队中的每个成员看成一个个活生生的人，而不是阻挡发展的障碍。尤其当事情的发展背离自己的期望时，需要提醒自己一定要打消这种错误的想法。在这些情形下，你都要有意识、自觉地直面自己的缺点，并选择做一个可以帮助团队实现更大成就的教练。

为了发现你成长过程中所呈现的优势和特征，让我们在接下来的部分中，逐个探索下面这些领域。

- 自己应对冲突的方法。
- 在日常交谈中所使用的语言。
- 把自己定位为一个服务型教练。
- 个人情绪管理能力。

下面几个段落请仔细阅读，多花些时间做自我剖析和反思，以便更深入地了解自己是否可以成为一名好的敏捷教练。在这个过程中，你还可以认识到自己的本能行为，并有意识地在发生事情时选择自己本能的或其他不一样的行为。在不停探索的过程中，你也许发现有些想法离你现在很遥远或根本不适合你。如果这样，就不要想那么多或那么远，但是一定要记得怎么提高自己的短板。

你本能的冲突应对模式是什么

目前，有很多方法可以帮助你认识和命名自己本能的冲突应对模式。其中很多是基于托马斯·基尔曼冲突模式测试工具（Thomas Kilmann Instrument，TKI），并从两个基本的维度来描述一个人的行为：① 强硬性，个体试图满足自己的关注度；② 合作性，个体试图满足他人的关注度。用行为的这两个基本维度，即强硬性与合作性可以定义五类应对冲突的具体方式，这五类冲突分别是竞争型、合作型、妥协型、顺应型和回避型（Kilmann，2009）。

- 竞争型：强硬且不配合。
- 合作型：强硬但配合。
- 妥协型：一般强硬和一般配合。
- 顺应型：配合且不强硬。
- 回避型：既不强硬也不配合（CPP 公司，2009）。

现在请回想一下上一次遇到矛盾冲突是什么时候？不一定是和工作相关，可以是任何类型的冲突。你本能的冲突应对模式又是什么呢？你是坚持维护了自己的观点，还是妥协地配合其他人呢？

现在再带着同样的问题来回忆一下更多的矛盾冲突情形，然后你会惊讶地发现，不同情形下你的冲突应对方法也是不同的，有时也许是妥协型的，其他时候却是竞争型的。

如果你想知道自己到底属于哪种类型，可以在网上做一下自我评估测试，或者靠自己猜测来估计，又或者直接问问身边的朋友或家人。最了解你、最关心你的人应该可以帮助你定位自己到底属于哪种冲突应对类型。所以，直接问他们吧。

不管使用哪种方式来了解自己在遇到冲突时的自然反应，目的都是一样的：明确自己本能的冲突应对类型，然后在你处理冲突时下意识地观察自己的应对措施是否得当，并根据所指导团队的具体情况做出相应的调整，以达到团队利益最大化。

你的沟通方式有多强硬（暴力）

估计没人觉得自己会暴力地对待所指导的团队。团队中的成员间一般不会出现真正的暴力和专横，至少不会是身体上的拳脚相加。但是，口头语言上的暴力呢？尽管我们也许不会认为我们讲话的方式是暴力的，但是我们所说的话会危害到别人或给别人带来痛苦。为了知道你是否在指导团队时用词过于专制和强硬（暴力），请诚实回答以下这些问题并记下有多少个“是”和“否”（摘选于 2004 年无暴力沟通巴兰中心）。

- 你是否每天会花些时间静下心反思自己是如何和他人相处的？
- 你是否记得所有人都有一样的需求？
- 在每次开口之前，你是否确认过把他人的需求和你的需求看得同等重要？
- 当你让别人做事情时，你是否确认过自己是拜托的语气还是要求的语气？
- 你是否倾向于告诉他人你希望他做的事情，而不是倾向于告诉他人你不希望他做的事情？
- 你是否倾向于告诉他人你希望他采取什么样的行动来帮助他们完成目标，而不是仅仅告诉他人你希望他完成什么样的目标？
- 你是否在提出同意和反对他人的意见前，尝试站在他人的立场换位思考一下他人的感受和需求？
- 你是否在说“否”之前想过是什么原因导致你不能说“是”？
- 当你感到沮丧时，是否会问自己问题出在哪里，以及自己应该如何解决，而不是去怨天尤人？
- 在别人做了件令你感到满意和高兴的事情时，你是否对别人表示感谢，且告之具体解决了你哪方面的需要，而不仅仅是一句简简单单的赞扬之词？

如果你的回答中“否”占大多数，那就说明你在日常沟通中很可能已经无意间伤害了他人。不管是有心还是无意，它都是暴力的、不友好的。为了能够做个好榜样，影响团队和帮助他们成为优秀的敏捷开发人员，必须注意自己的言语用词，并为所产生后果负责（Scott，2007）。这就意味着不管你是否有意伤害了别人，也不管你觉得他人是否感到被伤害，你都要对自己的行为负责。

作为团队领导者，你的任何意见都是有意义和有价值的，而不是微不足道的（Scott，2007）。也许你在不经意间说的某句话会对想从你这里寻求指导建议和同意支持的团队成员产生毁灭性的影响。

作为敏捷教练，团队成员需要从你这里获取指导建议和同意或批准，尤其是在刚开始时他们可能对敏捷开发这种新的模式感到既好奇兴奋又紧张不安。一旦团队成员觉得自己被伤害——被诊断（下定论）、被批判、被回避，或被操作，他们就不会积极去做出改变或不愿意冒险。这时，请回头再回答一下上面的那些问题，看到底在哪些问题上你给出了“否”的答案，然后认真考虑一下如果你把这些“否”的事情改成“是”，会不会帮助你更好地和团队进行沟通并更有效地指导他们？

> 当我们关注自己的所见、所感、所需，而不是忙着去下定论、做判断时，我们会发觉自己是如此富有同情心和爱心。
>
> ——马歇尔·罗森堡

现在让我们再花些时间回头重新思考一下下面这些问题：你对无暴力沟通的了解有多少？你多久会留意一次自己和别人沟通时的方式？你是否常会为自己过激情绪所造成的后果负责？这些问题可以提供一些关键信息，让你来了解自己会成为一名什么样的敏捷教练。

你能做团队的公仆吗

现如今，当人们总结什么是敏捷教练榜样时，经常会提到一个词“服务型教练”。当我第一次听到这个词时，我简单地按照字面意思理解为：教练应该为所指导的团队服务，而不是团队服务于自己的教练。但是这和我多年所从事的项目管理经理的工作有很大的区别，在一个项目中，项目成员是必须服从于项目经理的管理和调配的，我需要做的事情无非就是时不时地参加一下项目进度汇报会议，了解一下项目进度。所以“服务型教练”这个词着实让我想了很久。

> 领悟不是为了自我安慰，恰恰相反，它是对自我的积极干预和及时唤醒。
>
> ——罗伯特·格林列夫

如果你以往的指导风格都是直接告诉团队要做什么，那么向服务型教练这个方向靠拢一些就是正确的转变了。如果你已经在往这个方向转变了，请坚持做下去。

如果你已经做好准备去深入理解什么是服务型教练，如果你想知道自己目前离这个目标还有多远，请认真阅读下面这段话，它是从 20 世纪 70 年代的一篇论文中摘录的，而正是这篇文章第一次提出了服务型教练这个观点。

关于怎么培养自己的团队：

“……一定要确保优先满足团队成员的最高优先级的需求。最好的但不容易做到的检验方法是：你所提供的帮助和服务能够帮助团队成长和发展吗？团队成员是否变得更积极、更智慧、更自由、更自主？团队成员更像服务于你还是你更像为团队服务？”（Greenleaf，1991）

仔细考虑如下这些问题：你是怎么理解培养团队的责任的？这和你的敏捷开发团队指导理念一致吗？

与项目开始前相比较，你所指导的团队成员是否在项目结束后变得更优秀了？

关于倾听和给他人提意见的权利：

“……真正的服务型教练会很自然地在回答任何问题前先听别人把话说完。”“下面这个问题听起来很自虐，但是有时又必须问下自己：‘大家对我说的话有所回应还是表示沉默呢？’”（Greenleaf，1991）

仔细考虑如下这些问题：你有多少次先去倾听呢？你给周围的人发言的机会了吗？

关于认可其他人：

“（人们）在被别人尤其是被自己的领导所认可和器重时，往往会在将来取得更大的进步，即使他们当下所做的比起能做的还远远不够。”（Greenleaf，1991）

深入思考以下这些问题：你是否真的愿意尊重团队并认可他们所取得的每一点进步？作为一名教练，你的评价和意见是否在你和团队之间造成了沟通障碍？

服务型教练——这是一个很有用的敏捷开发指导方式——可以帮助团队成员成长和进步（Greenleaf，1991）。只有团队中的一个个个体变得强大了，整个团队才会强大起来，才会被激发出更多、更好、更有创意的想法。对于前面我们所提到的服务型教练所具备的必要条件——乐于培养团队成员、懂得聆听、允许团队发表看法、认可和尊敬每个成员，想一想你做到了多少？另外，要知道自己的短板在哪里。如果你没悟到其中的道理，那说明你还没做到。

你的应对方式聪明吗

不用说，人们会说你很聪明。你的智商也可能很高，但是你的情商高吗？情商是情绪智慧商数，它是一个人把握和控制自己情绪的能力，了解、疏导与驾驭别人情绪的能力（Bradberry & Greaves，2005）。

提高情商一定会帮助你更好地指导团队。首先让我告诉你个好消息：情商——情绪智慧——不像其他类型的智慧，它是可以通过不断学习来培养的（Goleman，1998）。我们可以通过很多书籍、网上小测试或研讨会来帮助我们了解高情商的必要技巧，另外，我在本章结尾处的“延伸阅读”部分列出了一些资料的名称或网址。这些都是前人总结出来的一些好方法，你可以自学、多加训练、反复钻研直到能够做到在情绪掌控上充满智慧。况且，作为一名敏捷教练，我们有很多实践的机会。

> 激励与应对之间存在着本质的区别，而这正是个性使然。
>
> ——詹姆士·亨特

你是如何应对矛盾冲突的，是如何和团队沟通的，是否做到了服务型教练，如何控制自己的情绪反应，这些都决定了你将来能成为什么样的敏捷教练。虽然怎样应对和应对到何种程度是你自己的选择，但是这种选择会直接决定你能否抓住一切机会帮助团队获得成长。你越能更好地掌控好自身，你的团队就越能自律和自控。反之，后果也不会很严重，只是团队或你自己无法取得本应可以取得的那么多的成就。

至此，让我们小结一下本章提出的整体思路。如何应对矛盾冲突、沟通中所使用的言语、对服务型教练的理解及自己的情商高低，了解并留意自己在特定情形下的本能反应，并自觉地做出相应的调整。能否遵循这些要点是一个很直观的、衡量自我掌控能力的标尺。

回顾前面，我们提到了四点——冲突应对模式、无暴力沟通、服务型教练、高情商，你也许可以逐渐地把这些要点一个个地应用到自己的团队指导中，但是下面我们要讲的是刻不容缓的，那就是：摒弃传统的“命令加控制式”的指导方式。

摒弃传统的“命令加控制式”的指导方式

也许你本身并没有“命令加控制式”的习惯和传统，但还是请继续往下读，下面的这些信息仍然能给你一些帮助和启发。“命令加控制式”一般会被用到我们印象中的那些领导的身上——也许是产品负责人、敏捷开发经理，或者是正准备加入一个敏捷开发团队的前技术领头人。即使你自身没有“命令加控制式”的习惯和传统，但是如果你身边的人有这个坏习惯，你也可以帮助他们加以改正。

如果你本身有“命令加控制式”思想和传统，请记着边阅读边自我反思，直到后面，再想想如何帮助团队成长。就如同下面这个大家都耳熟能详的常识一样，如果在飞机上有什么紧急情况，一定先戴好自己的氧气罩，然后再去帮别人。当初我在摒弃“命令加控制式”传统时，我是慢慢从适应下面这些非命令加控制式的做法开始的。

不要纠结于结果

给团队足够大的空间去提出最好的想法和开发出最好的产品。作为一个敏捷教练，你对于团队所要开发产品的功能特性有着决定性的发言权，但是不要光关注这些，你还有更重要的事情要做。请把精力放在团队是如何相互合作、相互配合的，这样我们才能帮助团队提高工作质量和工作效率，而且这不仅仅是指当前的项目，还包括团队将来要开发的所有产品。只有不纠结于团队的每个决议和计划的细节，只关心项目进度层面的事情，你才能真正做到不纠结于结果。只有你从结果细节中解放出来，团队成员才有机会学习对自己负责，这将帮助他们实现自己被请求（有时甚至是被要求）要达到的目标。

把问题留给你的团队

不管你信不信，无论是产品本身还是团队合作上出了问题，你都不是解决问题的最佳人选。每次当你觉得需要解决某个问题时，请停下来，然后把问题交给你的团队。让他们来告诉你这个问题的根源及他们想怎么处理。如果你自己尝试去分析问题原因并提出自己的解决方案，那你的这种做法实际上已经偏离了初衷，而你要采取的行动也只能是无源之水、无本之木了。更严重的后果是，你有意无意地已经低估了团队解决自身问题的能力。

充当一面镜子

记得将自己所观察到的事情，以不夹杂个人意见的方式讲述给自己的团队，这样做，团队成员可以透过你看清楚他们自己。简单地陈述自己所看所听，然后问：“那你觉得这代表什么呢？”接下来，安静地聆听团队的回答。

留意自己的用词和表情

为了做到这点，你要学习说话时不附加自己的判断，学习无暴力沟通，除了注意说话的语气和用词，还要留意说话时的表情。当你依照自己的主观来做判断时，队员们会依照你的判断来营造一种虚假的环境和氛围。在这样的环境下，你是不可能发现任何问题的核心和本质的。因为团队成员会为了迎合你专拣你想听的说。在你试图做出判断时，要保持自己的中立和客观。只有在你确实打算用自己的情绪来影响团队，而不是因为想要表达个人好恶时，才流露出你的失望、伤心、高兴和兴奋。

习惯沉默

慢慢习惯那些不舒服的沉默和安静，不要尝试自己没话找话去打破那份沉默，让团队的其他人有说话的机会。你要相信他们会的。

学着不讲情面

有时候你会被那些阻碍团队工作的原因吓一跳。团队的工作被拖后的原因，可能仅仅是队员们固守着自己该做什么和不该做什么的信条。他们可能说：“我们向来都是这么做的。”“像这类事情等上五天是正常的。”当你听到这些所谓的原因时，不要纵容他们，问：“是有什么事情阻碍了你完成工作吗？”“假如不设任何限制，你现在会怎么做呢？”这时你要直接、果断、勇敢。只有当你不讲情面时，你才能指望队员回答你，否则就别想他们能诚实地回答。只有你先在队员面前提出一些天马行空的想法，让他们看到你的思维的开阔性，他们才会开始反思自己是否被一些刻板的条条框框限制住了。

允许团队失败

当然，当团队遇到挫折时，作为教练的你不能表现出事不关己的样子。要利用每个 Sprint 中的很多机会来磨炼团队。一起经历失败，并一起从挫折中走出来的团队会比那些一直被保护着的团队更坚强和更高效。而且有时候团队可能还会给你带来惊喜，你所认为的那些可能危害到团队的事情，也许反而会给他们带来好处。这时，你只需好好观察和静静等待。

做团队最大的粉丝但要谨慎

不要做出空谈式的赞赏，也不要为他们所做过的好的工作而赞扬他们。工作上的事情来了又去。工作本身无法衡量整个团队，也无法使他们变得更强大。团队可以让每个个体变得更优秀、更积极。这正是敏捷教练需要注意到的事实。记得告诉团队——以及你所遇到的每个人——表现得如此之好是因为他们是一个团队。

如果以上任何想法打乱了你的工作，那说明“命令加控制式”思维还存在于你的指导方式中。但是没有关系，因为这些事情需要时间慢慢转变。一旦你摒弃了这种习惯，你会意识到，其实“命令加控制”方式也可以是温和的。“命令加控制式”教练不一定是个专制的人，也不一定非要乱吼乱叫。所以，当你觉得自己已经摒弃掉“命令加控制式”思维时，请再更深入、更仔细地想想，很有可能，它还在那里。

请尝试

为了摒弃“命令加控制式”思维，就要尽可能地信任团队。“命令加控制”方式会慢慢吞噬你对他们的信任，放弃这个习惯也许是个很艰难的过程。让我们看看它是如何让你陷入一个恶性循环的：首先你不信任团队，所以你会告诉他们该做什么不该做什么。然后他们会按照你的指示去做，却不是他们自己认为应该做的。由于结果不是你期望的，这时你又会告诉他们重新做，这次甚至更加明确、更加详细。有时候这个循环会继续几个周期，随之，每个人都会失去对他人的信任。

一个不信任团队的敏捷教练是不会成功的。

为了教会自己去重新信任他人，你需要学会早点下定决心。在一两个 Sprint

中，你可以尝试着信任团队，并停止自己的个人判断。告诉他们你相信他们知道接下来要做什么，接下来注意观察他们，而不要干预他们的工作。你会发现，其实他们是可以很好地进行自我管理的。

为了帮助团队做到自我管理，需要先学会在团队管理上做到张弛有度。这意味着“在一些特定的、团队比较熟悉的事件环境下，要放松（对团队的）控制和管理……信任团队的工作进度”（Austin & Devin，2003）。敏捷思想能够提供给我们这种特定的、团队熟悉的事件环境，以及必要的安全保障。这样，只要团队能好好贯彻敏捷开发理念，就不会酿成大错或做得太差劲。在时间有限的每个 Sprint 中，有问题要随时提出并及时解决掉，利用好每天的站立例会、团队成员之间每天的相互承诺，这些都是构成敏捷开发框架的重要元素，也是真正实现张弛有度的必不可少的前提条件。适当地减轻对团队的控制，会让团队成员真正进入一个看似简单却很有效力的软件开发模式——敏捷开发。项目中那些之前预先设定好的进度检验标准，以及“检查并调整”式的常规流程已经可以给你足够的控制权了，同时，还能提高团队的创造力。

为了帮助你早点下定决心去信任你的团队，时刻铭记要张弛有度。当你做判断时，请把它写下来而不要直接告诉团队。然后，根据敏捷开发实践和原则，来衡量一下你是否既能帮助团队提高敏捷开发的经验，又能一并解决相应的问题。把答案也写下来。在做判断的整个过程时，时刻保持更新“判断对阵敏捷开发”这份单子，然后看看你对团队、对自身及对敏捷建立了多少信任。

随着“命令加控制式”的习惯慢慢被摒弃，你可能发现它离开后留下了一些空洞。以往你已经习惯遇到事情如何处理，如今却有些不知所措。你会想：如果不需要我指示团队该做什么、不该做什么，那我又能做什么呢？（当然有事情可以做）你可以指导团队呀！记得给团队“留出自由发挥的空间”，为此，作为教练，自己需要先对团队毫无保留。

如果你没有开放和接纳的心态，那么你就不可能给团队创造自由发展和成长的空间。你需要为团队的成长毫无保留，毫不迟疑地贡献自己的所有智慧和能量。但你不能因为自己的一些无谓的担心而对团队的发展处处设限。作为自我提高的

努力，你应该把思想集中在如何让自己摆脱这些无谓的担心，如何让自己更加信任自己的团队上。（Corrigan，2009）

前文我们提到，随着摒弃掉以往的“命令加控制式”指导思维，你会觉得自己的工作变得不完整了。请记住，此时不要试图去填满这个空缺，让它空着吧。继续做自己的工作来消除自己的疑虑，并保留这个空缺。这样你才能做好准备去处理接下来可能出现的问题。你要把精力集中在每个当下，重点解决新出现的问题。作为教练，你对团队最大的价值在于你能在遇到问题时和团队一起克服困难和解决问题。

但是当今社会，生活节奏如此之快，我们忙忙碌碌的生活方式，和上面提到的留出空间给他人这个思想背道而驰。那你该怎么做呢？

提前做好准备

我们生活在一个快节奏的社会中。有时候我们早上从家里冲出门时，外套才穿了一半，手里还拿着半个吐司，孩子们互相打闹着爬上车，这时你却发现车钥匙插错了地方。这时的你只能一直强忍着怒气。等你终于把孩子们送到了幼儿园，狼吞虎咽剩下的半个吐司，并试图平心静气地开车时，却发现做不到，因为你听到手机一会儿响一下，而每次的响声表示又一封工作邮件的到来。虽然，这对我们的日常生活而言再平常不过，但这种状态下的你绝对不适合开始一天的教练工作。

为了更好地服务团队，请先把自身相关的担忧和烦恼抛在脑后。你需要时刻保持情绪稳定，这样才能清晰地看到团队中发生的事情的真相。你喜欢去发现人们最好和最坏的那面，但是有时从最好到最坏也许就是几分钟的间隔。如果想站在暴风里面，却不被吹倒，你需要找到自己的支撑点。为此，请从日常实践中学习如何掌控自我。

日常实践

日常的前期准备实践可以帮助你厘清头绪，帮你在开始指导团队前集中精神，使你变得更加理性，能够在受到冲击和做出应对前停顿一下，然后去选择当下最适合团队的方式。

日常实践包括了任何可以帮助你清除个人情感、思绪和想法的事情——任何可以帮助你集中精神的事情，这样你才能全身心地投入到团队的指导工作中。其中有些事情就如同会议室窗外的小树正在发芽一样，会让我们感受到大自然的美丽带给我们的那份祥和、平静。另一些事情则再一次印证了“大写字母 T”的道理，给我们带来安慰，让我们重新恢复对人性的信任。

带着一颗感恩的心

我有一位同事，他每天都会帮爱人准备上班要用的东西。他的爱人是位小学教师，需要每天在某个固定时间前到达学校。他的爱人一般需要天亮之前起床，然后在整个屋子里找当天上课要用的东西。我的这位同事自己就是一名敏捷教练，他每天早上出门前要做的事情就是：和他爱人一起起床，然后去做早餐，然后帮她一起准备她上班要用的东西。比如，他把吃剩的早餐打了包，作为她的午饭，或帮她把当天新项目启动时要用到的设备搬到车上。她说话他就听着，只有当她主动问他话时，他才会出声。在她很忙乱的时候，他一直保持得井井有条，并尽可能地帮助她。他很感谢自己为妻子所做的这些事情，因为这可以帮助他放松心情，并整装待发迎接新一天的工作，同样让他提前进入为所指导团队服务的状态。

下面是一些关于日常实践的例子。

- 听一些可以舒缓心情的音乐。
- 读一些能带来灵感和启发的书、博客、名言警句。
- 慢跑，然后静静聆听大自然的声音。
- 写下三件你很感恩的事情。
- 做做瑜伽或者伸伸懒腰并深呼吸。
- 认可自己，享受当下生活的分分秒秒。
- 将你的电脑密码和你当下的工作关联起来。

还有些例子其实就是聆听别人、自我剖析、原谅自己和用心观察。

如果上面的每个例子都不喜欢，你也可以依照自己的喜好，或者去网上搜索日常实践或者心智练习。

只关注你所关心的

还有一种方式可以帮你提前做好准备，那就是：只关注那些你真正关心的事情。我们来设定一个场景：第二天会有个很重要的评估会议，而这次会议有可能会给团队带来很大的改变。也许你已经做好充分的准备了，现在的你，就只是静静地等待着第二天的到来。也许你一夜都没合眼，整晚都在想第二天他们可能说什么，你该怎么回答，然后会越想越多、越想越乱，开始怀疑一旦有什么事情发生，自己该如何应对，等等。如果你不想这么痛苦，你可以完全只关注那些你真正关心的事情。

举个例子，如果你是真正关心团队能否针对那些对他们自己有影响的事情发表看法，那么你要做的所有事情，就应该围绕着帮助团队去发表自己看法这个出发点。你能否做到这一点取决于你是否清楚自己到底怎么样才能更好地为团队服务。事实上，这里有一个很有效的方法来帮你弄清楚你真正关心的事情到底是什么，这个方法就包含在下面这个问题的答案中：我怎么才能为团队做出最大的贡献呢？然后，记住这时你脑海中闪过的任何内容，因为它们很可能正是你要找的答案，至少会对你找到真正的答案有所帮助。

保持关注的真实含义是：保证关注一件你所关心的事情。也许你有很多要关心的事情，觉得左右为难、难以抉择和取舍。但是请记住，这些事情虽然都有自己的用处，但当你真的遇到困难时，你只能选择其中一个作为你要关注的重点。就像我们经常用到的产品开发备忘录，这里面只能有一个是优先级最高的，你只能选择一件你最关心的事情作为最紧急事项。这时，你只需要找出那件对团队最重要的事情即可。

请参阅 对于一对一式的指导而言，关注你所关心的事情，也是一件很重要的、必不可少的前期准备事项。在你运用后面第 5 章提到的观点去指导团队成员、产品负责人、敏捷开发经理或其他圈外人时，也请时刻铭记“只关注你所关心的事情”。

时刻记住你真正关心的事情是什么，并保持对它的关注。如果团队说了什么话或做了什么事情，而这些话、这些事是你所担心的或和你预期的不一样，面对这样的情况，你的所言和所行必须紧紧围绕着你真正关心的事情。至于其他细枝末节的处理，就不用事必躬亲了，因为一旦你大包大揽下所有的事情，就很难摆脱这样的角色定位。那些在目前情形下也许很中肯的建议会在不久的将来被大家慢慢遗忘。这时的你，应该将你所关心的事情作为自己的向导。如果团队关心的和你关心的事情是一致的，那么，在和团队沟通时，你的一言一行都会被深深地渗入他们的思想和血液里。

做好当下的事情

在一个自己舒适的环境，如家中，或者在自己独自平静工作的时候，你的心态通常是非常放松和平静的。当与团队一起工作，面临各种难题，试图保持自己的理智和心理平衡时，你的心态是完全不同的。我们时刻都在管理着自己的情绪。因为只有这样，我们才能更好地开放自己的心态，才能成为一个好的服务型领导，才能更好地控制主观情感，选择最为恰当的应对方式。是的，我们是人类，我们总是不停地做出反应。

有时，团队需要你表现得更加直率——这样他们才能看清你对刚刚发生的事情的真实反应。更常见的情况是，团队成员会认为你的反应是你性格的真实体现，而不是你作为教练的职务行为。所以，时刻注意你的反应，要清醒地选择是否对特定的事情做出反应。这种技能只能通过不断练习来获得。

随着我们不断探索和巩固自己的技能，一个需要重视的问题出现了，那就是："你是怎样看待你所指导的团队成员们的？"你把他们看成日常工作中不得不面对的障碍，还是像你一样有希望、梦想、恐惧和志向的人？如果你不清楚这个问题的答案，那我保证他们知道。

"我能感觉到别人是如何看待我的。只要一点点时间，我们就能分辨出我们是否受到敌视、被控制或者被愚弄。我们总能分辨出伪善。我们也总能感觉到在温和外表下隐藏的埋怨之情。我们通常会为此感到愤怒。无论别人试图通过怎样的技巧来增强或者掩盖自己的真实用意，例如，用来回踱步显示权威，用身体倚在椅子边缘让自己显得很主动，通过询问别人家庭成员的情况显得对对方感兴趣，或者任何其他技巧，都无法起到预期的效果。我们所理解的和对此的反应仍然是这个人在应用这些技巧时的真实心意。”（Arbinger Institute，2000）

请注意自己对他人的看法。区分清楚自己是把他们作为物体还是活生生的人来看待。尽可能地把你遇到的人当作活生生的人来看待，这样才能真正扩大自己对团队的影响力。

请尝试

在工作的每天里，试想你遇到的每个人额头上都有一个字母。这个字母代表了此刻你是如何看待这个人的。如果你把这个人当成工作上的障碍或者需要解决的问题，那么就想象他的额头上有一个大大的“O”。你把他们看成一个物体、一个需要克服的困难。如果你把他们看成为了实现自己的梦想而不断奋斗的活生生的人，那就想象他们额头上有一个大大的“P”。你可以用一种坦率和直接的态度来看待他们，他们是和你一样的人。

当你想象着一个人额头上有一个大大的“O”的时候，请先放下自己的判断，充分发挥自己的好奇心，探究一下自己这种看法的根源。究竟是这个人的什么行为让你“愿意”把他当成一个物体来看？你为这个人的行为设计了怎样的背景故事（这个故事是怎样影响你的判断的）？这样做一会之后，你会开始好奇自己何时把“O”放在这个人的额头上，这个时候，你就能发现自己在如何看待他人这个问题上的一些特定行为方式了。当对自己有了新的了解之后，你很可能在人们的额头上发现更多的“P”。

从这时起，你要多练习分辨各种突发的自然反应，并熟练应对的技巧。你可以通过学习特殊的听、说和待人接物的方式，来锻炼自己这方面的技巧。将周围的人都当成活生生的人看待，辅以从这些练习得来的技巧，你就能很好地控制自己当下的心态了。

你在听吗

能有人真的听进去我们的话是多么难得的事情呀。一个敏捷教练深知这一点，并且要利用这一点来激励每个人都能为团队做出更大的贡献，或者更深层意义上，为团队创造高质量的产品做出更大的贡献。又一次，我们是在谈论关于技巧，而不是天赋。通过应用某些理论，可以帮助你关注特定事物，加上很多很多的实践练习，你就能够获得理解别人的谈话的能力。一个对教练工作非常有帮助的理论就是来自“强制辅导学校”的“收听层次”理论（Whitworth 等，2007）。

1. 层次一——内心收听

当教练处在这个收听层次时，他其实是在非常认真地听着对方的话语，但是他听到的每句话其实都经过自己的重新解读。他听到的每句话其实都在回答自己心中的这个问题：这会如何影响我自己？试想一下，一个团队成员找到教练，试图向他说明再新加入一名成员所可能带来的负面效应。而且，很有可能这个关于负面效应的想法稍后会在团队里到处流传。教练给他的回应可能是：“我们是在两个任务周期之间增加队员的。我觉得只要不是在任务周期之中，就没有问题。”这时候，教练其实仍然以自我为中心地在关注“这样做会如何影响我”的问题。此时，教练本来想要通过坚持“只能在两个任务周期之间加入新人”的原则，来体现自己是一名称职的教练。这种收听层次导致了这样的回答，而这样的回答其实让教练错失了聆听自己队员真实意图的机会。

2. 层次二——专心收听

在这个收听层次，教练已经和说话的人建立了切实的联系。教练其实正设身处地地为说话的人着想——他完全专注在他的话语本身。摆脱了自身利益的束缚之后，教练能够听到问题的本身，并据此做出客观无我的回应；或者保持沉默，让说话的人能够自由地表达自己的想法。同样的例子，如果说话的人在谈论新加入一名队员可能给团队带来的改变，教练会完完全全只关注说话的人，并且注意到他的话语带着很多情绪。教练可能并不知道他此时的真实想法，但教练绝不会主观臆断或者带着自己的利益去片面地理解他的话。教练此时会变得好奇，然后说："我不确定你在说这些话的时候是怎样的心情。兴奋？害怕？还是紧张？到底发生了什么？"然后教练会仔细收听他的反馈。

3. 层次三——全心收听

当处在这个层次时，教练会结合当时环境中的每个因素来真正收听每句话。比如，说话人的语气、姿势、室温的变化、周围的声音，所有这些因素都被注意到，并且可以为教练所用。在层次二中提到的切实联系仍然很强烈，加上对每个细节的全面把握，教练就能对双方谈话的内容产生很多直觉层面的想法。比如，当说话的人在大谈一个新的组员能够给团队带来的好处时，教练会注意到气氛突然变得压抑，他会问："我听到你在说一个新的队员能够给团队带来的好处，但是我似乎感觉到你的话语里略带压抑。这意味着什么呢？"这时，那个队员可能说："压抑？不，不，完全不是那样的。我是因为对此感到兴奋，而不是紧张，所以有些刻意控制自己。"或者，他会说："压抑？（沉默）好吧，我到现在才意识到这一点。但是的确如此。我和比我工作经验更多的人一起工作的时候，总会觉得压抑。"不论队员的回答是哪种，教练和队员其实都对所谈论的问题有了更深的理解。

请尝试

注意自己在听别人谈话时的"收听层次"，在每次与他人互动之后，都给自己一个评分。你在多大程度上仍然是以自我为中心地听别人说话（层次一），或者与他建立了切实的联系（层次二），或者充分利用了当时环境中的每个因素来丰富与他的联系（层次三）？当你处在层次一的时候，你能体会到对方的创意及解决问题的能力吗？当你在层次二和层次三时，上述这一点有没有变化？是如何变化的？

为了让自己更多地处于层次二和层次三，在每次谈话时都应抱着一种开放的态度。不断提醒自己："你真的不知道他下一句要说什么。"所以，最好一直坐在椅子边缘。

你在说话吗

当你有想说话的强烈冲动时，请先审视一下自己。你的“立场”在哪里？问自己：“为什么你要在此时有此种想法？”如果你只是为了显示自己是一个聪明人或者希望在团队面前表现自己的价值，那么，你就真的不用说了。很可能是，团队中的每个人都很聪明，也都在为团队贡献自己的价值。这是他们的工作。作为产品质量和团队表现的总负责人，你的工作价值根本不在这个层面上。

请参阅 通常在团队刚刚创建时，或者团队成员初次接触敏捷思想时，总会有些场合教练必须说话。在这种时候，教练的工作性质主要以教授知识为主。参见第 4 章，你能够获得更多信息。

每次想说话时，确认自己的“立场”是否完全是基于为团队成员考虑的。确保每句话的目的，都是帮助他们成为一支更加优秀的团队。以下的一些做法可能对你有帮助。

1. 不要马上开口

不要马上开口，先数到 10（或者 100），可以在这个经典技巧的基础上做一个小变通：当你在数数时，密切注意是不是有其他人说出了与你相同的想法。如果真的等了几分钟，你很可能听到自己的想法，或者至少是自己想法的关键部分被别人说出。如果你等了几分钟，仍然没人说出你所想的，那么再等一会，然后判断一下自己的想法是否仍然与谈话相关，并且是有帮助的。如果判断结果是正面的，那么就简单明了地阐述自己的想法。因为你已经有了充分的考虑时间，所以你应该可以言简意赅、掷地有声地表达自己的看法。你阐述的观点应该是能够醍醐灌顶，带给团队更高层次启迪的。

> 有意思的是，“沉默”（silent）和“倾听”（listen）这两个单词的字母完全一样，只不过排列不同。
>
> ——苏珊妮·马什

有时，当你等了几分钟，然后又几分钟之后，你会发现你的想法已经与谈话内容变得不相关了。整个谈话内容已经往前推进了。那么就这样吧，自己的想法限于自己知道就好了。你要相信谈话总是会沿着参与人的真实需求往下发展的。如果你发现他们偏题太远，已经没有什么建设性了，你仍然要忍住自己的冲动，而不要强行打断，然后要求他们回到正题（对你来说是正题，对他们未必是）。你可以想一个立场公正，但有力度的问题，例如："你们找到了现在最有用的东西了吗？"

2. 缄口不言

在谈话中，有时候有问，但未必有答。在新团队刚成立时，这种情况发生的次数更多，其实这种情况可能随时发生。你一定要给团队传授这样一个观点，当周遭都沉默的时候，才会有更大可能诞生惊世骇俗的想法。为了教会团队这一点，你自己必须先做到。

每次有团队成员提问时，一定不要做第一个回答的人。实际上，用了这个"不首先说话"的技巧之后，你可能根本不用再回答了。当你是提问人时，这么做可能变得更加困难。"那么，队员们，我们来回顾一下刚过去的这个任务周期，大家觉得有什么是特别值得我们再接再厉，坚持下去的吗？"房间突然变得非常安静，甚至能听到屋外的鸟叫声。屋里充满了令人不安的沉默。队员们甚至都不再互相直视了。这个时候，你最恰当的做法就是表现出你其实很安于这种令人不安的沉默。所以，就大方地站在或者坐在那里，不做任何其他动作，不要求他们必须发言，但是仍然维持与他们的眼神交流。温和地注视每个人。给每个人发出无声的邀请，邀请他们加入谈话。总有人会说话的。

有一次，但是只有一次，我沉默地站了五分钟之久。那次之后，队员们意识到，发言或者沉默都是受欢迎的。从此之后，不安的沉默变得易于接受、富于建设性，并且持续时间越来越短。

你融入团队了吗

要真正融入团队。为了做到这一点，你需要让自己融入当下，并且调整自己的立场。

在读这本书的时候，你是否真的领会了每句话，将它们融入自己的思想和行动？让它们改变你的性格和想法？如果答案是肯定的，那么你很可能的确融入了当下。此时此刻，你全部的注意力和精力都集中在书上，集中在每个句子上。反之，如果在阅读本书时，你的思想被各种杂货清单所纠缠，或者满心忧虑昨天发生的一些误会，那么你就没有真正融入当下。融入当下意味着对此时此刻的完全专注——不是想着该为以后的某个购物清单添加点什么内容，也不是为过去发生的某些误会满心忧虑。

我们的思想总是会不停地逃离现在，而纠结于以前或者未来的某些事情。这种情况几乎伴随我们日常生活的始终。我的思想总是被各种杂念影响。这些杂念可能是对团队未来任务的焦虑，认为某个产品负责人过于强势，对某个心不在焉的队员的不满，因团队刚刚完成新产品开发而带来的喜悦，以及其他各种各样的念头。在我的思想中，各种念头纵横交织，每种念头都试图让自己能够首先得到考虑。这些念头都是这么强烈但极易让人分散精力，它们总是会让我们偏离一个教练的本职工作——完全融入团队现在的关注点。

当我真的“融入当下”的时候，就会发现团队当下的真正关注点在哪里。以此为依据，我会帮助他们用一种更加富于建设性和正面态度的方式不断成长。回头去看，我经常发现团队自己会找到最适合自己的前进方式。如果我让自己被各种忧虑、偏见、烦恼、喜悦或者其他情绪所纠缠，我可能要求团队按照完全不同的方式前进。

磨炼自己心智能够帮你“融入当下”。通过全神贯注，你会更加关注当下，而且对自我的认识也会更加深入。“融入当下”和了解自我是一枚硬币的两面，它们能够帮你在思想混乱之时厘清思路。

我的日常实践

我书房中有很多磨炼心智的书籍。为了让自己在正式工作之前做到融入当下，我经常会挑一本书，然后随便翻到某一页。十次中有九次，我都惊奇地发现这随便翻到的一页正是我需要的，正好提供给我那天需要的信息（根据我的经验，剩下的那次也会有我需要的信息，只不过我可能暂时还不需要）。

如刚才，我随机挑到了 *Wherever You Go There You Are: Mindfulness Meditation in Everyday Life* 这本书，读到了这样的语句：“信任。信任是一种充满信心和坚定的感觉。它确信通过包含特定秩序和结构的方式可以解决各种问题。我们可能并不清楚当下在我们或者其他人身边正在发生着什么，或者在其他特定场合下正在发生什么；但如果我们能够信任自己或者其他人，或者信任某种流程或理念，那么我们总能在这种信任中找到某些有影响力的稳定因素，这些稳定因素可以提供安全感、平衡和开放。如果这种信任本身不是基于无知的话，那它总能在直觉层面上引导我们，避免我们给自身带来危害和自我毁灭”。（Kabat-Zinn J.，1994）

然后文章继续发展，提出了更多值得思考的东西，并且用实践例子向读者说明要如何让自己具备信任的能力。当我在思考这些句子的时候，我突然意识到这些文字和我在写本章中“张弛有度”这一部分内容时，自己对敏捷开发框架的那种信任感是相互关联的。这个“巧合”让我大吃一惊，并且似乎在暗示我，在这本书中还有更多和更深入的关于“信任”的信息。所以，在我当天的日常工作中，我会时刻牢记这些话，希望它们能够帮助我的写作和教练工作，让我更好地融入当下。

如果你想在自己的书房中多添置一两本关于“在此地，在当下”的书，来帮助你更好地掌握“融入当下”的智慧，那么除了刚才我提到的那本书，我书架上还有以下几本书可能对你有帮助：

克里斯·科里根（Chris Corrigan）的 *The Tao of Holding Space*

威廉·马丁（William Martin）的 *The Parent's Tao Te Ching*

狄巴克·乔布拉（Deepak Chopra）的 *The Seven Spiritual Laws of Success*

佩玛·丘卓（Pema Chodron）的 *Comfortable with Uncertainty*

为什么“融入当下”这么重要呢？解释如下：当你“融入当下”时，你的立场会坚定而鲜明。如果你做到“融入当下”（辅以我们谈到过的所有其他技巧）时，你就能把坚定和确信的态度带给那些你所辅导的人，你的话语会清晰无误，你的每句话都能掷地有声。你的介入就能够切实为团队做出贡献，而不仅仅是另一个人提出了另一个观点这么简单。

“融入当下”也是团队成员们需要发展的一种技能。如果我们都能够做到在此时此刻完全投入——没有分神，没有把思想放在过去或者将来的事情上，而是完完全全关注此时此地，关注其他人，关注目前手上的工作——那么你想会发生什么呢？我想这样的团队无论如何都能创造出与众不同的产品，能够改变世界，改变自己。

调整自己的立场

让我们假设你出于一片好心，决定介入团队的某些事务。你等待着，看是否有其他人说出你的想法。你又等了一会儿，没有其他人说出你的想法，你认为自己的想法对团队仍然是有益的，你最终发表了一段简洁但富有远见的陈述。但是话一出口，你发现自己的观点有些空洞，或者队员们开始讨论你的想法，但你发现它与现在的气氛有些格格不入。这时候，你可以选择让这样的谈话继续下去，以避免尴尬（其实这是在浪费大家的时间），也可以选择调整自己的立场。

为了做到调整立场，首先请重新考虑你的介入是否真的对团队有益。如果不是，你一定要明确地“撤回”自己刚刚提出的观点。比如，你可以说：“刚刚说的话好像有些不合时宜，大家可以忽略它，继续讨论。”如果你想让他们认认真真地听你说话，那么你必须珍惜他们的时间并尊重他们做事的方法，而不是关注自己是否尴尬。

做他们的榜样

要想充分发挥敏捷开发理论的效力，收获意想不到的成果，团队成员之间需要进行很多真诚和坦率的谈话。如果队员们能够学习到你的大部分行为方式，他们就能自己组织起富有建设性的谈话。想象一下，如果他们之间的互动能够做到无私，能够了解应对分歧的方法，能够进行平和的沟通，能够全心融入当下，这将是何等幸运的事情。可能大多数人甚至都没听说过这种无外界干预，队员自组织有效谈话的情况。所以，作为他们的教练，你也要成为他们的榜样，相信他们是能够（并且必将）做到自我改变的。

支持你自己

自我掌控完全是一种后天习得的技能，并且需要大量实践。你不可能立即就完美地掌握这个技能并且将之付诸教练工作之中。所以，你能把对别人的宽容也同样用在自己身上吗？你能对自己的暂时“失败”一笑了之，原谅自己，好让自己更快地继续实践吗？你能很好地平衡自身的需求与团队需求之间的关系，让自己始终清醒地知道自己在这种合作关系中的定位吗？是做出贡献？是为了服务团队？是为了改变别人的生活？是为了帮助团队创造出某些伟大的成就？

找出这些问题的答案，并以此作为在实践自我掌控过程中审视自身的标准。并且，请充分利用一切可利用之物。一个“可利用之物”就是一种结构——一种能够时刻提醒你坚持目前正在进行的实践的装置或者机制（Whitworth 等，2007）。

我用到的一种机制（是的，我现在仍然在努力练习自我掌控技能）就是每次都选取一个我必须坚持一周的行为目标来进行实践。我不止一次地选定了这个目标：在我问出一个问题，别人还没有回答之前，我自己一定要保持沉默。为了时刻提醒自己，我会在笔记本上写“停顿……呼吸……留出空白”，并且反复温习这些笔记。我会每天在笔记本上写 12 次，这样我就有至少 12 个提醒，让我时刻牢记我正在进行的这个特殊技能的实践锻炼。

另一个教练在她的衣服上别了一个“勤劳的小蜜蜂”的别针，以提醒自己需要时刻保持繁忙，这样就能减轻团队的负担，不给他们制造额外的压力。你可以把自己的表设为整点报时，然后你就能回顾一下自己在刚刚过去的那个小时里有多少次你是处在“收听层次”中层次一的状态。你也可以请同事在你无意间做出了“命令加控制式”行为的时候打电话给你。能够运用的机制是无穷无尽的，可以发挥自己的创意。

不断提升自己

很长一段时间里，我没有意识到一名敏捷教练的工作内容其实很大一部分在于提升自身。的确是这样的，整个过程会让你觉得收获颇多。

可以花很多钱去参加相关的课程。这当然有助于拓展自己的技能，成为一名更好的教练。或者花比较少的时间去认真阅读一两本专著。再或者，可以花 30 分钟去阅读一些有启发性的博客。提升自我不一定非要耗费大量的金钱和时间，但它必须是持之以恒的。因地制宜，各尽所能，但一定要坚持下去。

不断地学习和采纳新的思想，并尝试使用它们。如果实践之后，发现这个新思想并不适合自己，那么大可以把它丢掉，但务必继续尝试其他的思想直到找到那个适合自己的。我们既然鼓励自己的团队勇于尝试和吸收，那么对于自己，也同样适用。

内容回顾

下面总结一下本章中提到的观点。

- 作为敏捷教练，你自己就是最好的敏捷专家典范。你说的每句话、做的每件事及怎么自我控制等都会被团队看在眼里、记在心里，并当成榜样来学习。
- 了解自己的实力，找到自己的短板，然后改善自己的不足之处，接着找到下一个短板。
- 摒弃“命令加控制式”的思维和指导习惯。
- 发掘出有助于你更好地融入当下并能为当天的工作提前做好准备的实践方式，并在日常工作中取得切实的进步。
- 学着如何去倾听、表达，并始终融入团队。
- 学会对自己像对他人那样有同等的宽容和支持。

延伸阅读

Arbinger Institute. 2002. *Leadership and Self Deception：Getting Out of the Box.*San Francisco：Berrett-Koehler. 这本书帮助我理解为何之前我的团队有如此多的“人的问题”，以及我能做哪些改变来减少这些问题。

Corrigan C. 2006. The Tao of Holding Space. www.archive.org/details/TheTaoOfHoldingSpace. 我每天都会打开这本小册子，翻到某一页，然后用心去领悟里面蕴涵的智慧。神奇的是，我总是能找到我所需要的信息来帮助我的团队。注意我说的是我需要的，而通常并不是我想要的。这就是我如何来确定这些信息是可以帮助团队的，而不是帮助我自己。

The Consortium for Research on Emotional Intelligence in Organizations. Emotional Competence Framework. www.eiconsortium. org/reports/emotional_competence_framework. html.

Greenleaf R. 1991. *The Servant as Leader.* Westfield，IN：The Robert K Greenleaf Center. “服务型领导”这个词来源于这本小册子，你可以从中找到很详细和完整的关于这个词的阐述。

Kornfield J. 2000. *Meditation for Beginners*. Louisville，CO：Sounds Ture. 这份有声读物实践性很强，作者在一个个冥想片段里带领读者进入一个情绪放松和陶冶身心的世界。间隙时，作者会告诉大家一些很实用的方法：当我彻底放松时，会发生什么？如果我的腿麻了，怎么办？如果我的鼻子突然很痒，怎么办？我发现这份有声读物同样适用于经验丰富的冥想者。我自己就从中学到了一两个提高我冥想能力的技巧。

Queendom：The Land of Tests.一个智商测试网站：www. queendom.com/tests/access_page/index.htm?idRegTest=1121。

第 4 章 改变自己的风格

在我女儿幼儿园的跆拳道课堂上，小朋友们都一排排地站好，一起重复着一致而简单的动作，一遍又一遍。你会很吃惊，这些孩子们是那么专心和认真。

每天早上我出门散步时，总能看到一些上了年纪的老大爷、老大妈们在公园里晨练。他们一招一式地打着太极拳，在空中画着拳，一会儿俯身，一会儿弯腰，但是从他们的脸上可以看出，他们的内心很平静。每次看到这种景象，我的内心就会很愉悦。

如果你问他们在做什么，他们会说："我们在练习呢。"

过去 15 年，我也陆陆续续上过一些太极拳的课程。第一次去学太极拳时，我是一个雄心勃勃的女商人，别人告诉我通过它可以帮助我舒缓压力。后来，当我怀孕时，我又去上了太极拳课，每堂课的前 10 分钟我都一直在找身体的重心。再后来，根据我之前所学的那些招式，自己在家练习一些简单的动作。每次我的耳边都会回想起太极拳师傅的这番话："太极拳的每个招式都能锻炼到身和心。你要做的就是一次又一次地反复练习它们。"

本章学习结束后，你将能够回答如下问题：

- 团队在学习敏捷和开始把它应用到工作中时，需要经历哪些阶段？
- 在给定的时间内，我如何才能知道团队是处于哪个阶段？
- 对于团队的当前阶段，采用哪些敏捷指导风格比较合适？如何将它们应用到团队中？

休斯敦的一个罕见的闷热的晚上，在一个没有空调的太极拳练功房里（因为空调是给那些意志力不够坚强的人准备的），我在打太极拳。豆大的汗滴啪啪地滴在地上，我正因为始终无法提高自己的水平而懊恼着，这时候我问太极拳师傅："师傅，您练了多久才真正学会了太极拳呢？"从墙上那排奖杯可以看出，他应该已经掌握了好几个流派的武术，所以我想他应该会给我个"第一步、第二步、第三步"的系统化的回答。当然，我也清楚他不可能在一生中掌握所有流派的功夫。他看着我，说道："我现在还在练习和学习中，我不知道还要多久。"这句话肯定是他们从功夫学校里学到的，因为我在其他功夫师傅那也听到了几乎一模一样的话。也许，这句话是真的。

多年以后，当我在指导敏捷开发团队时，我的其中一个敏捷教练徒弟遇到了一个坎儿，于是问我："你用了多久才成为了今天这样成功的敏捷教练呢？"我停顿了下，然后用了同样的话回答她："我还在学习中，我不知道还要多久。"不管是今天、明天、来年，还是不确定的很多年后，我都会一直不断地学习。

然而，在我的敏捷教练生涯中，我发现随着时间的推移我自己也经历着不同的阶段。很多事情在我第一次尝试时，就像硬套穿别人尺码的衣服似的，让我觉得很别扭、很不舒服。过一段时间后，感觉就不那么别扭了。再过一段时间，就完全没有不适的感觉了——它已经完全和自己融为一体了。这些都是你和团队必须要经历的阶段。

敏捷团队的发展阶段

我们可以从练功中总结出一套可以掌握所有事情的规范模式（如果可能的话）。练功的学徒需要经历下面三个阶段：守、破、离。守即服从规则，破即打破规则，离即创造规则。团队从刚开始应用敏捷开发到后来熟练掌握，也会经历类似的阶段。

处于"守"阶段的学徒仅仅"原封不动地"照搬"老师所传授的那些招数"，"甚至都没有尝试着去理解隐藏在里面的奥秘"（Cockburn，1994），一次又一次地反复对着这些规则模仿。"'守'阶段要求学生不折不扣地把精力都放在（那些）

基本功的练习上，为日后的进阶学习打下牢固的基础”（Shuhari 柔道功夫）。“打基本功最有效的方式就是沿着唯一的那条路走”（Cockburn，2008）。接受规则，别无选择。

敏捷开发处处都能看到规则的踪影。对于 Scrum 会议而言，如一个 15 分钟左右的站立例会，不管发生了什么，都按照预定时间开始和结束，而且每个成员只回答三个问题。当然，当将这些规则应用到敏捷开发中时，你会发现一个关于站立例会的更深层面的意义。然而，如果只是很机械、很盲目地硬把这些规则安插到团队工作的每个环节中，站立例会就会变成一种空泛的例行公事。但是，如果在团队建立伊始不照搬这些规则的话，那么站立例会也一样会变得空洞无物。这些规则能够打破人们已经习以为常的成规。大家通过完美模仿和不停重复而最终学会这些新的规则。

“守”下面的阶段是“破”。要想达到“破”的境界，首先应该是掌握了基本功，然后再花时间“琢磨所有事情的本质和真相”（Sensei 图书馆）。在这个阶段，学徒就会对“这门功夫有一个很深层面的理解，而不仅仅停留在单纯的重复练习上”（Cockburn，2008）。徒弟甚至可以通过指导其他同学来辅助提高自己的本领。慢慢地，当徒弟尝试着“打破师傅所传授的那些严格的规则，开始问问题并通过个人的琢磨来发现更多本质和真相”时，自己的“个性就会逐渐彰显出来”（Shuhari 柔道功夫）。即使打破了原来的规则，仍需认真遵循隐藏在这些规则背后的原则。比如，一旦一个团队确认自己能可靠地依据规则，严格执行站立例会，那么，一旦他们看到站立例会的深层次意义在于相互之间的承诺而不仅仅是一次进度汇报会议，也许他们是时候该打破这些规则了。这些本质上的原则已经渗透到他们的血液里。他们理解隐藏在这些实践背后的原则。他们可以打破规则，然后让敏捷开发的“检查并调整”机制来告诉他们这些是否是正面的和有用的。

“破”后面的阶段就是“离”了。到“离”阶段时，那些招数已经融入学生的身体。尽管还需要跟随那些规则（包括被打破和被改进的规则），但是此时已经是“无招胜有招……一切尽在自然之中”（Sensei 图书馆）。“现阶段，徒弟通过自我发现、自我学习取得的进步比老师的指导要更大”，同时，“更加珍惜和欣赏师傅的睿智和耐心”（Shuhari 柔道功夫）。对于“离”阶段的敏捷团队而言，他们也许决定用其他形式彻彻底底地替换掉站立例会，这种新形式势必要符合站立例会的原则，甚至有更深层的意义和作用。这时候，敏捷教练要向团队提供自己的建议，由他们仔细考虑和研究并开始执行新形式。

“离”阶段时，徒弟和师傅是对等的，而且如果做得足够好，徒弟甚至能“青出于蓝而胜于蓝”。

最后，经历完“守”“破”“离”三个阶段后，学生在知识和技能上都会超过老师，而这正是所有行业不断发展的根源。如果学生从来都没超越过自己的老师，那么这个行业最多只会停留在原来的基础上；如果学生甚至从来都没达到老师的水平，那么这个行业肯定会衰退。但是，如果学生不但能消化掉老师传授的所有知识和技能，还能更上一层楼，那么这个行业会继续不断地进步和繁荣下去。

为了超越前者，我们必须首先完完全全地掌握所有规则，然后才能安全地去打破规则，最后创造出新规则。这些新规则不但遵循隐藏在原规则里面的原则，还能展现出更深层面的意义和作用。实际上，很少会严格按照首先、然后、最后这三步走。如图 4.1 所示，这个过程不是线性的，而是类似于一个个同心圆，比如，“守”包含“破”，“离”则同时包含了“破”和“守”。底层的原理是不变的；只有当学生们成长且凸显出自己的个性时，他们所选择的应用方式和具体应用细节上才会有所区别。

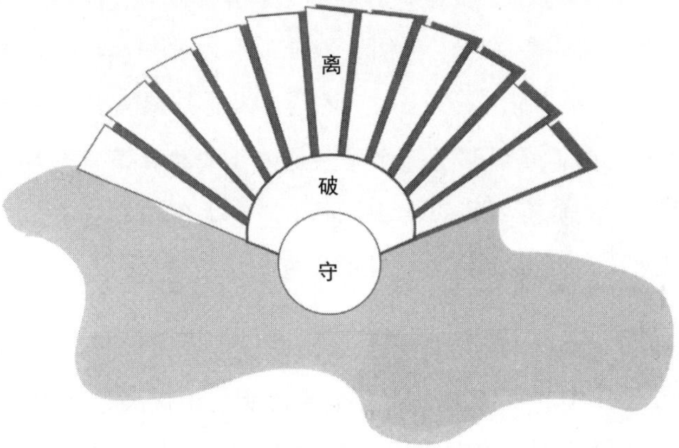

图 4.1　“守” – “破” – “离”模型

团队可以处于某一个阶段，也可以同时横跨所有阶段。也许他们在站立例会环节达到了“破”的水平，但是在新版本规划环节仍处于“守”的水平。也许，整体上处于“破”的水平，但是在其中某些具体环节上做得很成功，甚至达到了“离”的水准。同样，团队的每个成员也可以处于某一个阶段或同时横跨所有阶段。尽管每个成员的水平都不相同，团队又同时横跨不同的阶段，但是根据经验仍然可以估出团队整体上大致处于哪个水准。

如果团队在尝试新形式的同时能够遵循原理，那么就能安全地度过每个阶段。否则，就有可能转变太快或漏掉了某个阶段。为了弄清楚具体状况，需要咨询团队成员的意见。

当你给团队介绍这个模型（“守”－“破”－“离”模型）时，需要他们在某些时间点及时评估自己目前所处的阶段。比如，在项目总结时，大家可以基于这个模型讨论各自在项目中都有哪些进步。所以，在做项目总结或任何可能对团队有帮助的事情的时候，记得使用这个模式。

请尝试

在项目总结时使用一下“守”－“破”－“离”模型。比如，你可以在白板上画个很大的“守”－“破”－“离”模型，让他们玩“给驴安尾巴”的游戏（不用蒙眼）。这里的“驴尾巴”是指一张张写着敏捷实践、原则、价值和角色内容的便笺纸，团队成员需要将这些便笺纸分别贴到他们所认为的整个团队所处的水平——“守”“破”或“离”上，然后大家再一起讨论，同意哪些，又反对哪些。这是不是也正好证明了一个事实：关于团队在某一个环节到底处在哪个水平上，不同的成员有不同的看法。那下一步大家应该多实践还是多自我反思呢？多点创造性，你会发现这个模型既有用又有趣。

当团队跟随着“守”－“破”－“离”模型一步步成长时，你也同样可以将它应用到团队指导工作中。整体上，随着指导技能逐步提高，你也会从“守”阶段进入“破”阶段并最终到“离”阶段。在“破”阶段中，你已经做好了要给他们上课和成为敏捷教练的准备。此时，同心圆圈同样适用：尽管你在大部分的实践和原则上处于“破”水平，但是在某一些方面你也许还只是“守”水平，而某一些可能已达到了“离”水平。那些做得好的环节就处于“离”阶段；那些处于“守”阶段的环节则需要给自己找个老师，多花些时间反复实践。一直以来，“三人行，必有我师焉”，教学相长都是普遍适用的原则。

敏捷教练的风格

随着时间的推移，我发现，从我自己和那些我带出来的敏捷教练身上可以总结出三种不同的风格：教学型、指导型和顾问型。为了取得最好的效果，需要在采用“教练方法”的同时，将这三种风格综合运用起来，这意味着你要兼顾“以身作则”和“深入了解”这两个方面。图 4.2 对不同的指导风格做出了描述。你的以身作则可以在团队中树立起榜样，并让队员们看到想要获得成功所必须遵循的行为方式。深入了解队员能够让你掌握每个人最为核心的特点，从而帮助他们成为卓越的敏捷开发人员。这种包含了“以身作则”和“深入了解”两方面的“教练方法”效果取决于你的努力，通过自己树立榜样，可以把自己掌握的工具、技能、价值观和思维方式传授给团队，这样你的团队就可以在个人和团队两个层面都得到提升。一旦你能够很好地做到“以身作则”和“深入了解”这两方面，那么你就可以尝试不同的教练风格。

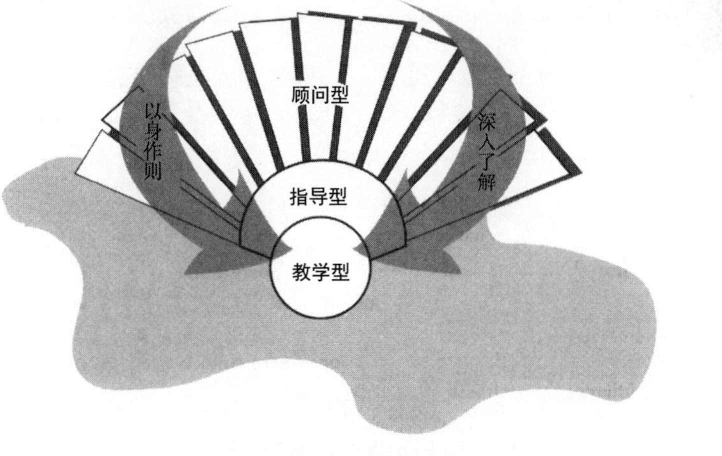

图 4.2　敏捷教练的风格

教学型

采用这种风格时，你会习惯于给自己的团队制定各种规则和纪律。无论是采用温和还是强势的方式来做这件事情，你都必须保持自己坚定的立场和态度。因为你清楚怎样的工作方式才是团队需要的，所以在向团队教授敏捷开发知识时，你会对自己充满自信。你每时每刻都在迫切地向团队传授着他们需要的知识，同时用自己对敏捷思想优越性坚定不移的认识来让团队获得信心，你丰富的开发经验也能为他们解答工作过程中出现的实际问题。如此一来，你不仅能够给他们传授实践经验，也能传授相关的理论知识。实际上经验和理论的本质都是规则，所不同的是经验是“知其然”，而理论是“知其所以然”。当你采用这种教练风格时，你经常会进入这样的一些情绪状态：

“遵循这些规则。我以前遵循过，并且我知道遵循的结果是令人满意的。所以，在当下，只要遵循它们就好了。”

“这些规则是有效果的。除此外的任何方法都是无效的。”

“你需要的所有东西都在这里，就在这个简单的框架之下，所以每次你有问题的时候，都要优先在这里寻找答案。”

“我来告诉你怎样是对的……”

请参阅

参阅第 7 章，你可以了解在团队设立伊始和实际工作中那些有教育意义的时刻，以及作为一个师者，你应该怎样向团队传授敏捷开发的知识。第 6 章，可以告诉你每次主要的开发工作会议背后发生的故事。

你要鼓励自己的团队暂时放下想要了解每件事情原委的迫切愿望，让他们服从你指定的规则，并把确保每次敏捷开发实践的圆满完成作为自己的首要任务。只有这样，你和你的团队才能不断地取得成功。只有不断地取得成功，团队才有足够的凝聚力，才能够在敏捷开发实践中完成“犯错—改正—提高”的全过程。有了足够的凝聚力，你的团队才能够真正掌握“守”，并在积累了足够的成功经验之后，自然地转换到“破”的境界。

指导型

采用这种风格实际上需要先采用“教学型”风格来打下相应的基础。随着敏捷思想的作用不断得以体现，团队成员们将不仅仅是被动地服从各种既定规则，他们会更多地从实践中总结，进而将实践所得转化为自己思想的一部分。你并不需要刻意推动他们以达到这种状态，而靠他们自觉地完成这个过程。实际上，他们经常会操之过急。所以在必要的时候，你仍然要采用“教学型”风格来帮助他们强化对某些规则的理解。如果团队没有出现操之过急的情况，并且成员们日渐认识到敏捷思想的根本实质及作用的话，你就可以保持“指导型”的风格。当完成了基础记忆，并且开始逐步探究每个实践背后所隐藏的深层次的含义的时候，团队就需要你的帮助了。这时，你可以通过这些引导性的问题来帮助他们：“敏捷思想中的价值观和原则对我们的日常生活有什么样的指导意义？”“为什么这种工作方式是行之有效的？”“是什么破坏了它？是什么让它起死回生？是什么让它不断成长？”

经过这些反思和进步的过程，团队成员会对同样一项任务持有更加开放的态度，能够在坚持同样的价值观和原则的前提下，设计出多种解决方法。这时候，他们已经准备好去对既定规则做出修正，并且尝试在自己的角度上对这些规则做出诠释了。每个团队对规则的修正都不尽相同，你没有必要把其他团队的例子强加给现在的团队，哪怕你觉得这是最有教育意义的例子。但是有些修正已经触犯了敏捷思想中的基本原则，这是不能接受的。除了在这种极端情况下，你需要及时阻止，在其他时候尽管让他们按照自己的想法去做，但是也要让他们完全承担自己行为所导致的各种后果。他们需要从这些后果中获得直观的体验和反馈，这样他们才能真正了解所有的前因后果，才能判断自己当初的决定是有益的还是有害的。

顾问型

当团队能够将敏捷开发的实践、价值观和原则融会贯通，并且处于健康发展的阶段时，就可以采用顾问型风格了。这个时候，整个团队就像一个健康、稳定的小型生态系统。他们会不断地发现问题，对原有规则做出一些或对或错的修改。团队能够通过实际结果来判定这些修改的效果，并且最终实现去劣存优。这个时候的团队能够自我组织、自我监控、自我调整。虽然团队成员自己可能还未意识到，但团队其实可以独立运行了。为了让他们尽早地意识到这一点，你更应该减少对他们的影响，相信他们会在真正需要的时候才向自己最信任的顾问（你）寻求帮助。当他们向你寻求帮助的时候，教练应该采用一些顾问型的语言来应对："我不太清楚。你有何见解？""我只能谈一下自己观察到的东西。""这个方法应该有效，可以尝试一下。"

当采用这种风格时，你必须充分相信自己已经出色地完成了本职工作，而现在的团队成员们对敏捷思想的理解已经和你一样深刻（甚至更深）。他们能够自己找到适合自己的工作方式。只有允许"青出于蓝而胜于蓝"，敏捷开发的艺术才能够得到持续的发展和繁荣。

> 当你需要我而不是想我的时候，我必须留下。
>
> 你想我而不再需要我的时候，我必须离开。
>
> ——艾玛·汤普森，《魔法保姆麦克菲》

在从"教学型"到"指导型"，再到"顾问型"风格转换的整个过程中，一定要确保自己兼顾到了以身作则和深入了解这两方面。无论在哪个特定时刻决定采用哪种教练风格，你都要始终以身作则。你要持续地将那些成功者所必备的行为特征通过自己的言传身教来灌输给自己的团队：善于听取别人的意见，善于交流彼此的想法，勇敢地面对各种困难，以及尽可能地将事情简化。你的每个举动都在向团队传递着一些思想或者工具，可以让他们用来不断地改进自身，取得成功。并且，这样也可以减轻他们对你个人的依赖。

请参阅 你可以在第5章中找到一些关于深入了解每个团队成员及整个团队整体的指导方法。

深入了解意味着你要深刻理解每个团队成员，以及整个团队的情况，帮助他们找到真正适合自己的、对于敏捷思想的解读。你要清楚地知道每个团队成员对敏捷思想的相信程度、渴望了解的程度及让他们接受这一思想的具体方法，并且要通过自己的指导帮助他们逐步成为杰出的敏捷开发人员。这样做的话，你就能对整个团队发挥较大的影响力。在不同的教练风格之间转换的时候，一定要保持对每个组员的深入了解，发现他们的真实需求，帮助他们找到在敏捷思想指导下达到目标的具体途径。

大胆地改变自己的风格

在开始带领一支全新组建的团队时，你会发现风格的选择是件很简单的事情。只有一种选择，即“教学型”。你需要对团队进行持续的教育，而他们也会不断地掌握关于敏捷开发的各种基础知识，并且开始产生切实效益。在此基础上，你的教练风格会很自然地从“教学型”转变为“指导型”，因为此时的团队已经从“守”的状态进入“破”的状态。

如果你不能确定自己的团队到底处在“守”-“破”-“离”模型中的哪种具体状态，你可以通过以下的一些具体事实来进行判断。

- 团队对敏捷思想是否比较陌生？如果是，那么他们还处在“守”的状态。
- 团队是否改变或者干脆放弃了敏捷开发的实践行为模式，并且忘记了这些行为模式背后所蕴含的思想？他们是不是把敏捷思想和其他一些东西混用，最终自己都无法辨别自己的行为模式？当你向他们传授敏捷思想的时候，他们是不是只会一脸茫然地看着你？如果上面任何一个问题的答案是肯定的，那么你的团队还没有进入“破”的状态，仍然处于“守”的状态，他们需要你来带领他们继续在“守”的状态下进行不断实践。
- 团队是否在刻板地照搬敏捷思想中的条目？在整个工作过程中，他们是否能够站在个人与集体、所开发软件（实际上可以是任何产品）、客户需求与不断应对变化的角度上来思考问题？他们是否能够顺畅地进行日常工作，并且从实践中不断获得自我提升？他们是否能够停下来——真正地停下来——认真考虑自己是否要改进、放弃或者添加新的敏捷实践方式？他们能否客观、冷静地面对这些改变所带来的后果？如果这些问题的答案都是肯定的，那么团队已经处在“破”的状态，他们需要你带领他们更加深入地理解敏捷思想。

- 团队是否能够在保持敏捷思想核心的价值观和原则的基础上，对自己的实践方式进行持续改进？他们是否能够冲破自己所在公司的某些既有阻碍，来让自己的工作更加高效、更加快速地完成目标，获得更高的客户认可？他们是否真的具备了实现真正的自我监控、自我修正所必需的技能和思想？如果这些问题的答案都是肯定的，那么这个团队已经处在“离”的状态，你只需要放手让他们自己发展就可以了。

具体如图 4.3 所示。

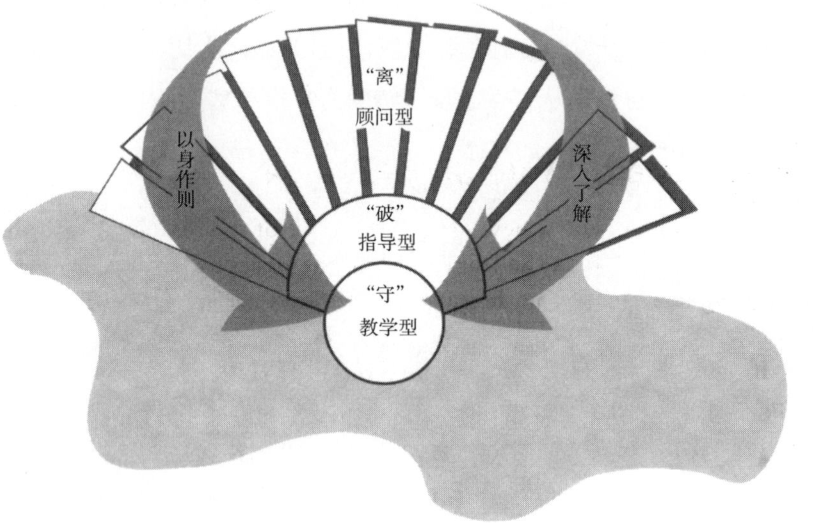

图 4.3　敏捷教练在“守”“破”“离”不同状态时指导方式的改变

随着团队能够很好地按照敏捷思想的要求进行基本的实践，并且在他们讨论自己要如何改进的时候，还能够坚持该思想所包含的所有重要原则，你实际上可以判定他们已经做好了进入“破”状态的准备。在此之前，如果他们想通过改变某些规则，来不让自己陷入一个自己不想面对的混乱情形，你就要提醒他们，他们还处在“守”的阶段，在这个阶段里，他们必须按照规则行事。他们必须亲自面对随之而来的混乱局面，至少要让他们能够清楚地认识到混乱的原因，并下定决心改变这种局面。

当一个团队已经显示出种种迹象表明他们已经准备好进入“破”的状态时，你也要将自己的教练风格从“教学型”转变为“指导型”。这样才能够帮助他们顺利地完成向“破”状态的转变。虽然教学型风格有其存在的必要和作用，但是它也会产生负面的影响：队员们会对你产生很强的依赖。只有放弃老师的身份，调整到指导型的风格，才能打消队员们的依赖，进而给他们足够的空间向“破”的状态发展。所以，你可以采用指导型的风格，真正帮助团队向“破”的状态转变。

当一个团队到达“离”的状态时，他们会跃跃欲试地想要单飞。通常，他们会告诉你现在是时候放手了。你应该放手，并且用一种他们能接受的方式作为顾问在一旁协助他们。

你会注意到你的团队正在向“离”的方向缓慢前进，但是你其实并不能确定真实的进度到底如何。这样的话，你可以尝试将自己的风格从“指导型”转变为“顾问型”。仅仅给他们提供建议，然后观察自己对他们的影响力有多大。他们是否能够用自己的方法来对敏捷开发的艺术做出新的、让人激动的诠释？如果能做到，那么他们实际上已经准备好进入“离”的状态了。他们是否仍然需要照搬你教授过的种种条目和词汇？如果是这样，那么让他们在“破”的状态多停留一段时间或许对他们更好。

牢记所有的这些阶段看起来像一系列的同心圆，每个成功的阶段都包含之前的各个阶段。比如，如果团队处在“破”的状态，你可以采用“指导型”的风格，但是当你向他们介绍新的行为方式或者思想的时候，你仍然需要转化为“教学型”风格。根据他们的实际情况选取不同的教练风格，然而一旦发现他们已经完成了一个阶段，就立即帮助他们向更高的阶段转化。

一旦一个团队组建完成，开始工作，并且以敏捷思想为指导进行了足够的实践活动，你会发现在你和他们的沟通过程中，在不同的场合，就不同的议题，你会在这三种不同的教练风格间来回转换。除你外，其他人其实并不需要了解这一系列转换具体要按怎样的规则进行，因为这是你的责任和任务。

请牢记，在这个过程中，你也在经历自己作为敏捷教练的“守”-“破”-“离”状态的转变。或许你作为一个敏捷开发人员，处在“离”的状态；作为敏捷教练却处于“守”的状态。牢记自己当前的技能水平和所处的状态，并且在当前状态下多多锻炼，直至掌握全部的技能。持续地审视自己当前所采用的教练风格：你是否因为自己没有准备好而阻碍了团队进入更高层次的状态？你是否在团队不再需要的时候仍然坚持自己“指导型”的教练风格，就因为这能让你感觉到被需要和被重视？你是否为了不让自己深陷某些麻烦，就让自己过早地转变到“顾问型”的教练风格？你需要识别所有这些可能犯的错误，并不断地改正它们。你要在自己技能和经验允许的基础上不断调整自己的风格。如果你自己无法调整，以至于整个团队所处的状态已经超出了你的能力范围，那么最好邀请一名经验更加丰富的教练作为你的导师，协助你一起帮助团队（及你自己）成长。

内容回顾

下面总结一下本章中提到的观点。

- 团队（及你自己）都要通过“守”-“破”-“离”这样的过程来掌握敏捷思想。你掌握敏捷教练技能的过程也与此相同。
- 你一定要根据团队在“守”-“破”-“离”过程中所处的不同阶段，来调整自己的教练风格，从“教学型”到“指导型”，再到“顾问型”。
- 你要一直以自己的行为为团队成员做出正确表率，并且深入了解每个队员的情况，帮助他们成为卓越的敏捷开发人员。
- 教练风格转换的过程应该是自然而然的。你不能希望在每个阶段或者每种风格之间都是那么泾渭分明。如果真是这样，那未免也太容易做到了。

延伸阅读

Hunt A. 2008. *Pragmatic Thinking and Learning：Refactor Your Wetware*. Raleigh：Pragmatic Programmers. 你可以在这本书中发现更多可供采用的工作方式，并且能够看到从敏捷教练新手到高手的整个转变过程。

第 2 部分

帮助团队成长

第 5 章 教练是导师

在我做了敏捷教练几年之后，一次，一位同事对我说："你知道吗，外面有一整套关于职业指导的系统理论和方法，你应该去看一下。"其实，他是在含蓄地表达这个意思："虽然你称自己为敏捷教练，但其实你并不是一个真正的教练。"他有理由这么评价当时的我。

我当时的敏捷指导方式是沿袭之前我做项目经理时学习到的那套"不断尝试—最终确定"（但不十分有效）的管理技能。这种敏捷指导方式对于创建团队和执行基本实践是有帮助的，但是它无法通过充分发掘每个成员的潜力来提高团队的整体绩效。

所以，我去了教练培训学校，在那里，我发现专业的工作/生活指导可以完全应用到敏捷指导中。我在那里学到的所有技能都可以直接应用到我在商业领域指导的敏捷团队身上。你可以想象我当时是多么开心和激动！

本章学习结束后，你将能够回答如下问题：

- 什么是敏捷指导？在指导过程中所追求的目标是什么？
- 如何知道何时应该一对一地指导单个团队成员而何时又该指导整个团队？
- 该使用什么指导风格来激发团队追求高绩效的斗志呢？
- 该如何一对一地指导单个团队成员？从何入手？期望得到什么成果？
- 如何使得一对一指导中的沟通交谈不只是友好的闲聊？
- 产品负责人和敏捷经理们需要哪些指导来提高他们自己对团队的价值？
- 该如何指导新敏捷教练，让他们可以独立工作？

当我明白了指导（Coach）和辅导（Mentor）之间的区别后，才意识到我长期以来都只做到了一个方面：辅导。一旦我将指导的思想和方式引入辅导，我才发现这二者结合是如此强大。不仅我这么认为，我所指导的团队也意识到了这一点。现在，我是一个专业的工作/生活教练，我将这些指导技能和敏捷辅导技能融合在一起，用来指导其他教练、团队成员、整个团队及他们身边的人。

在本章中，我会带着大家去探索大量我所学到的关于如何将指导技能应用到敏捷场景中的方法。首先，给敏捷指导一个更清晰的定义；然后再介绍不同的指导级别——单个团队成员级别和整个团队级别，更加深入地了解如何一对一地指导单个团队成员，以及在指导其他敏捷教练、产品负责人和敏捷经理时有哪些需要特别注意的地方。

什么是敏捷指导

为了理解什么是敏捷指导，让我们先看一下什么是专业指导。在专业指导领域中，教练往往通过一系列巧妙的谈话，来帮助被指导的对象明白新的观点和可能性。然后让被指导对象想象，为实现个人和专业上的进步自己下一步该怎么走，并真正完成这一步。

在指导敏捷团队时，需要同时结合指导和辅导两方面的优势。的确，就和一个专业的工作/生活教练所做的一样，你是为了帮助一些人去实现他们人生中的下一个目标。你在辅导他们的同时，也是在和他们分享你的敏捷经验和想法，是在带领他们去正确地使用敏捷。在这种方式中，为了培养出有天赋的敏捷人员，需要结合指导和辅导两方面，二者相辅相成，这样才会让敏捷带来更多更好的业务成果。

在整个团队级别中，我们会反复采用这种形式。通过一系列你所采用、团队所选择的步骤，指导并帮助提高团队的绩效。辅导能够将你的敏捷知识和经验传给团队，其中某些特定的知识会直接有助于解决团队身上正在发生的事情。

不论是指导还是辅导，每一方都有用，且本身都很强大。二者的结合可以帮助大家很好地学习和使用敏捷。敏捷场景会将你变成一个导师，而注重团队绩效会将你变成一个教练。这两部分一起，就会使敏捷变成可能，且能够被团队所掌握。

在敏捷领域，指导和辅导被包含在一个综合性术语中，这个术语就是指导。不需要大惊小怪，这没什么大不了的；只要记得敏捷指导包括指导和辅导两方面即可。记住，虽然我们会借鉴专业指导中的技能，但我们不是真正的专业教练。专业教练一直坚持着一个严肃的关于职业道德规范的观点：被指导对象的日程安排必定是指导关系中唯一的导向。教练完全是因为徒弟而存在的，而不是为自己而存在的。我们敏捷教练不能完全依照被指导对象的日程安排，因为我们必须同时将被指导对象的日程融入我们自己的日程中，从而影响被指导对象，让他们很好地使用敏捷方法。

其实，这同样不必大惊小怪；只要记得我们是教练一类人，会从专业指导中借鉴工具，但同时是一个有着敏捷领域专业技能的导师。我们利用敏捷领域的专业知识，并使用敏捷指导技能来帮助每个人很好地使用敏捷方法。当我骄傲地说“我是一个敏捷教练”时，我的脑海中想到的是指导和辅导这两个方面。

指导的目的是什么

敏捷教练倡导智慧地应用敏捷方法，使业务目标能够更快更好地实现。如果要延伸至敏捷方法所具备的全部效力，那我们需要在上一句话中加上“带着令人不可思议和意想不到的创新”去更好更快地实现他们的业务目标。这正是敏捷方法的目的。

为了实现这些目标，你需要指导大家，从而：

- 帮助团队获得那种会从本质上影响整个行业和团队成员的、惊人的成果。
- 帮助团队进步，使大家一起变得更加健壮（或者当团队发展不顺利时，需要帮助团队恢复到健康发展的状态中）。
- 帮助每个团队成员在他们的敏捷旅途中迈出下一步，这样他们才能成为更加成功的敏捷人员，在自己成长的同时回馈团队，帮助团队一起进步。

提高人们在工作中的喜悦感和成就感，这可以是你的一个单独的或者附加的目标。对我就是这样，因为我坚信，既然大家把大部分醒着的时间都花在了工作上，那就应该从工作中获得满足感。另外，我注意到，那些注重创造工作中的愉悦感和成就感的团队往往会获得很多让他们觉得很开心的成就。这就是一个典型的良性循环的例子。

两种指导级别

当你指导一个敏捷团队时，其实你是同时在两个级别上一起指导他们：单个团队成员级别和整个团队级别。二者相互交替着使用。而且，指导往往是基于你所选择的敏捷框架，而不是取代任何敏捷框架。首先也是最重要的一点是：我们赞成敏捷，然后我们去指导。

在项目的开始和收尾阶段，指导的介入能产生最强大的效果（Hackman，2002）。在敏捷项目中，我们更注重创造出能满足业务需求的产品，而不仅仅是为了在某个预设的日期前完成项目，所以敏捷项目的边界并不那么清晰。既然敏捷的理念在于灵活和变化，所以对于我们而言，用整体项目的开始和截止时间来标记进度不如直接用 Sprint 和产品发布（Release）中自带的那些分界线。不过，本段的第一句话同样适用于 Sprint 和产品发布：对于敏捷团队，在一个 Sprint 或产品发布的开始和收尾阶段，指导的介入能产生最强大的效果。

尽管我们前面提到 Sprint 的开始和收尾阶段中指导的介入能产生最好的效果，但是在 Sprint 的中间阶段，敏捷指导同样必不可少。你仍然需要帮助团队去扫清障碍，让他们称职地履行各自的角色，并且保证团队在整体上一直在进步。但是，在 Sprint 中间阶段，你应该谨慎思考和决定是否要向团队公布你那些重要的观察结果或者他们需要提高的地方。通常，你应该让团队独立地进行自己的工作，而你只需要在新一轮团队指导开始的时候为他们总结上一轮工作的经验教训。

如图 5.1 所示，在整个 Sprint 阶段，你的指导级别会先从整个团队级别转换到单个团队成员级别，而最后又会转回到整个团队级别。一个不合时宜的指导所带来的效果肯定是弊大于利的（Hackman，2002），尤其是在敏捷框架下，我们赋予了团队在一个 Sprint 中必要的专注性。把指导方式从整个团队级别转换到单个团队成员级别，然后再转回到整个团队级别，这就可以避免弊端而增加益处。

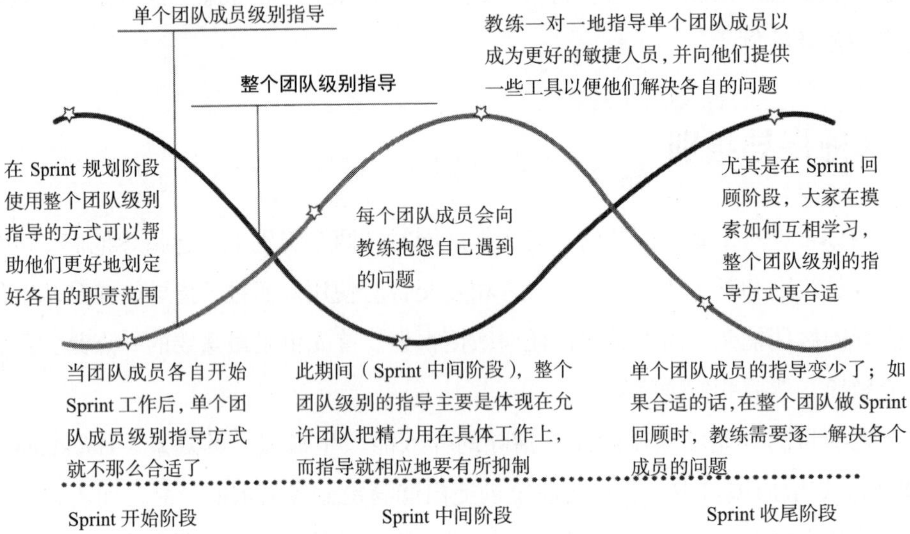

图 5.1 Sprint 中整个团队级别和单个团队成员级别指导方式的介入

无论何时，你都要做团队的坚强后盾。当他们遇到麻烦时，你要帮助他们；当他们由于太纠结于细节而忘记初衷时，你要提醒他们当初所设置的目标是什么；还要支持他们团结友爱，并鼓励他们将这些重要的东西一直保持下去。

Sprint 开始阶段的指导

在上一个 Sprint 结束、新 Sprint 刚开始的时间段，正是指导整个团队的大好时机。教学型指导应该占主导地位，比如，帮助团队进行敏捷实践或教他们如何真正地进入各自的敏捷角色中。在这个过程中，要时刻铭记你的目标：帮助整个团队了解敏捷是如何完美工作的。当一个可以教大家某个具体概念的绝佳机会出现时，记得要把握住，并“大声地”指导他们。或者，当团队需要时，可以安排一次讲座来介绍或加深某块具体的关于敏捷的知识。比如，如果他们在保持注意力和提高工作效率的同时，需要学习如何更好地利用他们的工作效率信息来进行 Sprint 规划，那么你就要做好准备在 Sprint 规划的中期去教他们如何利用自己的工作效率信息来进行规划。在一个活动的中间阶段，教学型指导能发挥最强大的功效，而且一定会帮助团队进步和成长。

请参阅 在第 6 章中，你会了解如何帮助团队保持注意力和如何有意识地承诺恰好合适的工作量。

在第 1 个 Sprint 的开始阶段对团队进行的敏捷指导，会为后续的指导奠定一个大方向。这个时候的指导旨在“给团队的组织框架（在这里指的是敏捷架构）带来生命，然后帮助团队开始独立工作”（Hackman，2002）。为此，在团队成立初期，你需要进行教学型指导，教大家即将使用的敏捷框架，教他们了解彼此及如何在一起成为一个团队，教他们关于即将要开始的项目的愿景和即将要开展的工作。

请参阅 在第 7 章中，你会了解在团队成立初期阶段需要教大家哪些内容，以及如何进行教学型指导。

中间阶段的指导

在一个 Sprint 的中间阶段，要减少整个团队级别的指导。只要团队工作进行得比较顺利，你的指导方式就应该更加温和。只有当教练有意识地要发表对大家有非常大意义的见地时，才进行整个团队级别的指导。

由于对绩效策略沟通的指导适合在 Sprint 中期介入（Hackman，2002），你可以询问团队，如果进行 Sprint 中期检查，是否会有效（特别是当燃尽图看起来像跳高滑雪时）。比如，在团队成员间，以一种轻松谈话的方式进行中期检查，这能碰撞出一些关于如何完成后续工作的新想法和计划。如果中间检查会引发 Sprint 中间的回顾，就必须马上停下来，教练要确保避免这种情况的发生。

在 Sprint 中期阶段，既然敏捷教练会通过放手让团队独自工作来保护团队的专注能力，因此 Sprint 中期阶段是进行一对一指导的绝佳时机。很巧的是，此时也往往是团队经常向教练请教问题的时候。

在为单个团队成员做一对一的指导时，敏捷教练会逐个解决每个成员的问题，同时要时刻铭记敏捷的规律，不要影响团队的正常工作。如果两个成员之间有些矛盾，鼓励主动提出问题的这个成员和另一个成员一对一地把问题解决掉。如果问题没有严重到威胁整个团队，你可以提议在做项目回顾时再提出来讨论。你可以在任何时刻建议某个问题作为项目回顾的话题，但最好在接近 Sprint 尾声时建议。

Sprint 中期同样是一个很好的时机来认可和强化自发的优良团队行为（Hackman，2002），这可采用在团队工作间中"大声说出来"的指导方式。当有人做了特别有帮助或作用很大的一件事时，要在整个团队面前来讨论和鼓励这种行为。不过，要注意不要太过正式，只需要一个有礼貌的常规谈话，团队的其他成员会碰巧听到这个谈话的过程，这种形式会产生更好的效果。这就意味着你必须在现场，而且有一定的观察力，这样才能正好"遇上"有人正在做好事。

Sprint 收尾阶段的指导

在 Sprint 收尾阶段，要进行最后的指导。这个阶段，大家要一起回顾过去是如何共同工作的，并一起规划如何让下个 Sprint 做得更好。敏捷框架中所对应的环节是每个 Sprint 快结束时的暂停时间——回顾环节。在做 Sprint 回顾时，要创造条件来鼓励团队积极讨论，并就下个 Sprint 中要做哪些改进的问题达成一致。长远来看，确保你在回顾指导过程中，不仅仅只帮助他们形成一份改进清单。应该指导团队成长到"团队成员懂得相互学习是多么美好的那种境界"（Hackman，2002）。

前一个 Sprint 结束和后一个 Sprint 开始是一个如此快速的连续过程，所以我们要把 Sprint 收尾阶段和 Sprint 开始阶段的指导介入合并在一起，作为一件事情的两个部分：向后的回顾和为将来的任务进行培训。

产品发布层面的指导

在产品发布层面，也要重复这种指导介入周期。每个产品发布层面，有类似的最佳指导时机，即在发布开始阶段的教育，在发布收尾阶段的回顾，以及在发布中间阶段的整个团队检查和对单个成员的一对一指导。

我们要留意团队当前处在 Sprint 或发布周期的哪个阶段，以确保整个团队级别和单个团队成员的一对一级别的指导能够真正帮助团队。要在这些情况之间找到一个平衡点：在同一时间既要指导个人，又要对团队进行指导，选择最有影响力而又最少干预的指导方式。

指导的基调

无论你是在进行整个团队级别的指导还是单个团队成员级别的指导，指导的基调都应该包括有爱心、有同情心和永不妥协。乍一看，似乎这三个词不能放在一起。我是真的想说在指导时要有爱心、有同情心，而且永不妥协吗？哦，是的。

因为大家和你一样，都是一个个活生生的人，所以要爱他们每个人，并认可他们，这样他们才会相信在他们努力奋斗成为一个更优秀的团队成员（或人）时，你会一直在背后支持他们。要保持一颗同情和怜悯之心，这样他们才会相信你会尊重现在的他们，并帮助大家成为想要成为的那个人。当他们知道——或感觉到——你对他们充满了爱心和同情心时，他们才会去掉掩饰，把真实的一面展现给你。这时，你就可以开始指导工作了。

在指导的时候即使需要融入爱心和同情心，你也不需要在工作场合表现得过于感情丰富。拥抱某个人并大声叫“我就是很爱这个家伙”，这种表达方式就显得有些过头了。爱心和同情心必须是真实的，这样大家才能从你的眼睛里、你聆听大家说话的方式里和你尊敬大家是各自生活中的高手的态度里，看到和感受到它们。

你永远都不要直接用“爱”或“同情”这些词来表达你是支持和尊敬他们的。事实上，你不用这些词语更好。你所做的事情*就*充满爱心和同情心。富有爱心和同情心会让你坚定信念不妥协，而这正是它们的强大之处。

将这种对信念的坚持传递给他们，因为一旦你发现了他们每个人身上的优点，你就会希望他们每个人都成为最杰出的人，并且你完全相信他们能够成为自己想成为的人，取得自己想取得的成就。敏捷指导并不是刻意地去消除队员们可能具有的不自信心理，或者让他们自我感觉良好。相反，教练应该始终向队员们强调每个人都具备不断提高自身敏捷能力的可能性和需求，并且通过提升每个人的技能水平来达到整个团队能力提升的目的。指导正是要帮助每个人提高这种专业能力，并且让他们能够将工作中获得的技能推广、应用到整个生活中。通过行之有效的指导，每个成员在团队中的作用都可以得到完全的发挥，整个团队可以不断收获远超预期的结果，而不仅仅是用稍稍短一些的时间来完成既定的目标。

关于指导他人这项工作，有一个古老但准确的说法：你的朋友喜欢你现在的样子。但通常，教练不会因为万分喜爱你而让你保持这个样子。

万分喜爱他们因而让他们不要永远保持现状，教练可以把这个作为自己永不妥协的依据。有爱心，有同情心，并且 100%地永不妥协。

如果团队为了避免公司里存在的各种障碍，而想要“裁剪敏捷”，那么这就是他们自己的选择，你是无法改变的，但是也不要赞同他们。要时刻牢记自己还充当着导师的角色——你深知一个杰出的敏捷人员应该如何表现，应该如何讲话，应该如何行动。不要期望团队成员的表现能够立即达到你的高要求，但也绝不要容忍他们用他们的折中去改变敏捷标准的定义，并据此认为他们已经“到达”最佳敏捷状态，因此不需要再为此付出努力。

在我以前的教练经验中，有很多团队因为团队周边或者整个组织内其他人的阻碍而随意扭曲自己对敏捷思想的定义和理解。作为他们的教练，我始终向他们强调真正高效的敏捷应该如何进行，并且我自始至终也没有改变自己对他们的要求。如果他们不想提高自己的水平，可以，但是他们也绝不会听到我说，他们现在的状态已经能够满足敏捷的要求了。我始终坚持着自己对敏捷人员要求的水准，这是在为他们考虑，为了让他们成为合格的敏捷团队成员，成为一个敏捷团队，直至成为一个敏捷组织。

然而，坚持自己对于敏捷人员高要求的水准其实并不是一件容易的事情。例如，当你和某个队员在进行一对一的谈话时，他不停地向你倒苦水，而你也被这种情绪不断地影响着，最终你会觉得他不能按照你的标准成为一名优秀的敏捷人员是有合理而又不可抗拒的原因的。然而，越是这种时候，你越需要坚持自己的标准。接下来的这一部分会告诉你如何做到这一点。

一对一指导

在你的工作中，总会出现需要你对某人进行一对一指导的时候。或许是某个队员带着问题来找你，或许是你自己希望能够就正在发生的一些事情和某个队员谈一谈，迟早你都会遇到一对一谈话的场合。本节正是要教会你如何应对这样的情况。首先我们需要确立一对一指导的四个前提条件，然后我们会将整个谈话过程分解开来，分别进行梳理，这样你就能更好地了解在进行一对一指导的时候应该注意哪些事情。

进行一对一指导的四个前提

在进行一对一指导之前，必须先确立以下四个前提条件。

- 在超前半步的层次上进行指导。
- 置身于充满安全感的环境。
- 与管理者们合作。
- 创造一种积极的氛围。

这四个先决条件合在一起，形成了开始进行有效的一对一谈话的基础。

1. 在超前半步的层次上进行指导

在专业的指导理论中，有一条非常经典的原则：我们需要基于被指导对象“目前所在”的层次来进行指导，不是基于我们自己所在的层次，也不是基于我们觉得被指导对象应该达到的层次，甚至不是基于我们明知道被指导对象有能力达到的层次。指导必须基于他们“目前所在”的层次。因为我们在敏捷指导过程中扮演了思想启迪者的角色，我们不妨把这条原则改为：我们先确定自己所指导对象目前所处的层次，然后站在超前半步的层次上对他们进行指导。因为我们正在用敏捷思想中包含的工具，从实践、理论、价值观、思考方法等多个方面，来对他们进行启蒙，所以作为教练，我们所处的层次对他们而言已经超前了。

我们虽然了解杰出的敏捷人员应具备的素质，但不代表我们的指导从一开始就以此为标准。这就是为什么我们只需要在超前半步的层次上来进行指导，不是超前十步，甚至也不是超前两步的原因。比如，你总不会要求一个从没离开过沙发的人突然变成田径场上的飞人。

超前半步的地方是一个非常适宜的位置。站在这个位置，我们可以给队员们提供能够帮助他们不断前进所需的知识和经验。虽然我们会像一名工作/生活顾问那样关心每个队员，但我们并不只是为他们提供泛泛的、单方面的工作或者生活指导，我们的目标是不断提高他们的敏捷能力。所以我们需要立足于队员的现状，我们对他们的指导不应该仅限于工作或者生活的单一方面，而应该是全方位的结合。我们这样做的原因是：要想在工作上出类拔萃，首先要从改善自己为人处世的态度和方法开始。所有敏捷思想中的核心价值观都和我们的日常生活息息相关。

为了搞清楚他们目前所处的层次，首先要用心倾听每个人的内心，了解他们对于自己职业生涯发展和规划的各种想法，听他们谈论自己以往经历中的高潮和低谷。让他们告诉你他们目前正面临的各种矛盾和麻烦，询问他们是如何理解敏捷理论的，是不是觉得这个新的理论能够改变他们已知的一些东西，他们是否从中学会了一些新的工作方法。

这个时候，你可以想象一条“敏捷之路”，然后根据你听到的，判断你的指导对象目前到底处在这条路上的哪个位置。或许他们对于敏捷思想的理解还处在比较初级的阶段，但是他们有一个开放的心态，那么你不妨把他们的定位稍微提前一些。或许他们接触敏捷思想已经有一段时间了，但是他们仍然拒绝真正地接受敏捷思想，改变自己的工作方法，那么你可以把他们视为仍然处在这条道路的起点附近。或许他们已经了解了一些敏捷的基本知识，并且想理解更加深入的理论，这时你可以想象他们正处于这条道路的中间位置。

不要烦躁，你不必要求自己每次都能立即给出正确的判断。只需想象你的指导对象正处在这条路上的某个位置，而你就站在提前半步的层次上对他们进行指导。然后，注意观察你的指导带给他们的改变。或许你会发现他们所处的位置要比你想象的要靠前，并且他们已经准备好再前进一步了。或许他们虽然侃侃而谈，你却认为他们所处的层次远比你当初设想的要低，而你需要重新调整对他们的期望。没问题，只管调整就好了。还记得检查并调整吗？这个方法对教练也同样适用。

2. 置身于充满安全感的环境

敏捷教练经常会处在一种不断尝试和不断冒险的环境中，因为只有在这样的环境中才能迸发出更多的思维火花。敏捷团队需要一个自由的环境，在那里允许他们犯错，允许他们跌跌撞撞，允许他们抱怨，同时所有的这些行为都不会受到业绩考核程序的限制。

团队成员们不希望他们的教练在办公室里随意泄露他们曾经说过的“可爱的”话语，更不希望教练会在休息室和他们的经理随意谈论这些“有意思的”话题。“噢，茉莉的脾气真的不怎么好。”类似的言语绝不要在正式场合从教练的口中随意说出，甚至不要在闲谈或者开玩笑的时候流露出来。

在团队内部发生的事情就让它留在团队里。即使团队成员们还不太适应这种开放和富于创意的气氛，他们仍然需要一定的空间来容许他们犯错，并且作为一个团队来共同改正自己的错误。否则的话，他们可能永远都做不到这一点。

当你在指导个人或团队时，他们需要确认你们之间存在足够的空间可以让自己表现人性固有的一些弱点，并且你会对你们之间发生的事情，以及在团队内部发生的事情保密。为了做到这一点，不妨开诚布公地说明你会保密，让他（们）感觉安全，然后坚持这个原则。

当然，你也不要刻板地坚持该原则。在某些情况下，还好这样的情况比较少见，你不能一味地尝试在团队内部解决所有的问题，例如，在团队中出现了骚扰、歧视或者任何形式的暴力时，在这样的情况下，你必须打破既定的保密原则。作为教练，你需要从身心两方面保护自己的队员，这一责任要远高于允许队员犯愚蠢错误的责任。

请参阅　在任何团队中都免不了出现各种冲突，尤其是在敏捷团队中，因为在敏捷实践中，我们总是鼓励队员们能够相互协作，这就意味着人与人之间无时无刻不在互相发生着影响，而冲突的产生就不可避免了。如果想了解如何指导团队在冲突中继续建设性地工作，你可以参见第 9 章。

除了这些很少发生的状况，在其他时候，你应该信任自己的团队能够并且一定会在你的指导下自行处理日常发生的一切。你应该引导他们共同努力使各种问题在团队内部加以解决，还要教会他们认识到他们面临的问题何时会超出团队自身能力，而需要对外寻求帮助。指引他们处理一些较为复杂的情况，并且注意观察他们独立处理问题和自我更正的能力是否获得了提高。我敢打赌，他们经历过每次考验之后，都会有所提高。

3. 与管理者们合作

如果我们秉承“让团队内部发生的事情就留在团队里”的原则，那么与团队的管理者们进行合作看起来像对这一原则的违背。如果你的动机和目的不恰当，那么这的确是一种违背原则的行为，所以你需要先审视一下自己的动机和目的。作为一个敏捷教练，你希望通过自己的工作来帮助每个队员完全发挥出其在敏捷上的潜力。你所有行动的动机和目的都应该来自这种积极向上的愿望。只要你在与管理者们合作的时候能够时刻以此为核心，你就能坚持对队员的保密性和安全性的原则。

每个队员的直属经理是他们真正“汇报”的对象，掌管着团队成员的绩效考核结果。而且，他们至少能够影响到每个队员是否能够参与到敏捷团队中。最坏的结果是，他们通过鼓励个人主义的行为来破坏你试图营造的团队协作的气氛。因为这些原因，你必须对这些经理们也进行指导。

每个队员的直属经理都能在显性和隐性两个层面上对整个团队造成影响。在显性层面上，这个经理进行绩效考核的某些标准和期望就能够促进某些特定行为方式的产生。在隐性层面上，这个经理通过日常谈话体现出的、对敏捷支持与否的态度，也能对队员造成影响。如果直属经理对这件事不支持，那么这个队员很有可能就无法全身心地投入团队工作中来。

所以，与管理者们建立合作的关系，能够让你了解他们对那些你正在指导的每个队员的工作是如何“规划”的。他们期望队员们在今年的表现必须满足哪些标准？为了满足这些标准，队员个人需要为公司做出多少贡献？而且很重要的是，你要弄清楚管理者们为你的队员设立的奖励机制，是会促进还是会妨害你试图营造的共同奋斗的工作气氛。如果你发现管理者们的思路或者工作方法会对这种共同奋斗的团队氛围造成不利影响，你必须对管理者们进行适当的引导和教育。

与管理者们合作解决团队出现的问题

压力大到连空气都变得凝重，整个团队感到窒息，却无人能够解释这种局面产生的原因。每个人都受到这种气氛的影响，尤其是正忙于开发这个产品中一块新内容的一小组人。如果你有机会听到三人之间“正常”的谈话，你会觉得他们彼此怨恨。刻意提高的声调，互相抢话头，旁若无人地要求按照“自己”的想法来做事情，这都是他们谈话中经常出现的情景。他们实际上在朝着三个不同的方向做自己的工作（而且工作“进度”很快）。你需要担忧的不仅仅是他们三个“在一起”工作的方式问题，就连他们究竟最终会创造出一个什么样的产品也成了让人头疼的问题。产品负责人觉得他们的工作效果不佳，在某些方面太深入，而在其他方面又太浅薄。更糟糕的是，他们的态度正在影响着其他团队成员。

当我们试图弄清当前问题的核心所在时，我们发现他们每个人刚刚收到自己的年度业绩考核结果，并被直属经理告知：“如果你明年想要获得自己期望的评级分数，那么你必须控制一些东西，然后把它变成自己的。我们需要看到结果，并且看到是你促使了这个结果的发生。”这三个人把经理的话牢牢记在心里。他们都在尝试着单独控制眼前的工作，都在试图创造表现的机会，并且他们也紧紧扼住了其他人的咽喉。

直到我和每个队员单独进行了一对一的谈话后，我才发现这其中的原委。他们每个人都想知道为什么和其他两个人相处这么难。差不多在我第二次听到他们提起最近刚公布的绩效考核结果时，我才开始推断整件事情的前因后果。

通常，某个直属经理的某些无意识的合理行为可能对整个团队造成自己不曾预料到的不良结果。在这种情况下，这种行为会毁掉团队的合作气氛，以及大家共同奋斗的决心。还好这三个人之间的不愉快迅速得到了处理。意识到问题的症结后，我让他们互相分享了自己来年的业绩考核计划，然后他们就意识到他们之前之所以朝不同方向努力的原因。我也跟他们的直属经理进行了谈话，让他们了解到他们的行为对这三个人及整个团队的影响。我非常坦诚，而且毫不犹豫地做了这些事情。我让他们了解到如果每个人都在试图保卫自己的“领地”，那么整个团队将绝无可能达到预期的目标。

那几个直属经理对我的观点有些抗拒，因为他们认为是更高一级的主管希望他们向自己的下属传递这种“保卫自己领地”的想法。所以，我直接与那个主管进行了对话。通过我们的谈话，他意识到其实传递这种信息会严重妨害他想要达到的主要目的——通过敏捷团队的工作来获得更多更好的产品，所以，他最终放弃了之前的这种想法，而我的团队成员也能更好地互相理解、互相原谅，并且整个团队的工作也回到了正轨。所以，与管理者们合作通常是一种行之有效的方法。在上面提到的例子中，这甚至是解决一切问题的必要条件。如果没有敏捷教练与管理者之间的谈话，那么所有的问题可能继续存在，并不断发酵。

你还要让管理者们知道你所指导的对象是他们的直接下属。你们两个可以一起努力帮助每个团队成员不断进步。要做到这一点，其实并不需要你打破“团队里发生的事情就留在团队内”的原则。你不必为了能和管理者们合作，就把团队内的每个细节都告诉他们。

在指导某个队员时如果你感到遇到了一些困难，不妨让这个队员的直属经理也加入行动中来。至少，管理者应该知道自己的下属正在经历着某些改变，或者某些不那么愉快的阶段。这是你加强保密和安全感承诺原则的好时机。你需要向直属经理们讲明，你会和他们分享每个队员的表现和由此带来的后果，但你不会跟他们说明每个细节，更不会一步一步地分析每个队员的行为，也不会复述“他说过”什么。

通常，队员们采取的、可能阻碍一个敏捷团队成长的错误行为，很有可能也是他们的直属经理曾经反复跟他们提到并要求改正的，虽然之前可能并没有好的方法来纠正这些行为，而敏捷思想在这一点上可以很好地帮助管理者们。因为敏捷要求全身心地投入，这意味着队员们可能经常要直面自己的缺陷，同时意味着敏捷团队能够为自身的成长和改变创造出很好的环境。

4．创造一种积极的氛围

你不必喜欢每个接受你指导的人，但你必须帮助他们。当你在指导一个你不喜欢的人时，你的个人好恶很可能轻易地表现出来，尤其是这种不喜欢的情绪本来就非常容易流露出来。当你在“处理”一个人的时候，他一定会有所感知。每个人都能判断出你对他的态度，到底是把他当作一个亟待解决的“问题”，还是把他看作一个有希望、有梦想、有需求的活生生的人。

Leadership and Self-Deception 一书是这样描述的：你可以想象一个盒子。当你把他人看作一个物体、一个亟待解决的问题的时候，你就被关在这个盒子里。这个盒子是一个充斥着埋怨、辩解和扭曲的感觉的空间。这些负面的情绪多到让你无法看清事实真相。在这个盒子里，我们会夸大别人的错误，就像夸大自己的英明一样（The Arbinger Institute，2002），因为只有这样，我们才会一直把所有人都看作麻烦。当我们被关在盒子里时，世界上所有的管理、指导、协助、合作思想和技术都会从脑海里消失。

那些曾经是有用的思想和技能一旦被放进这个盒子，它们终将变得没任何正面效果。它们唯一的效果就是，让你（教练）有了更多的、用来谴责他人的途径和套路（The Arbinger Institute，2002）。

作为教练，我们的工作就是时刻将自己置于这个盒子之外。为了做到这一点，我们必须“诚实”地看待每个人——把他们看成和我们自己一样的活生生的人，看成和我们自己一样有着欲望和需求的人（The Arbinger Institute，2002）。

想要做到这一点，你必须相信，每个人都在通过自己的能力和拥有的资源尽全力来达到最好的结果。这能够让你时刻认识到你们之间所共有的人性的特点，只有这样，你才能“诚实”地看待他人，才能够看清事实真相。

请参阅　更多有关如何将自己置身于盒子之外，并且能够“诚实”地看待他人的方法，你可以参见第 3 章。

当你准备指导某个队员的时候，先审视一下自己。如果你把被指导对象视为需要解决的问题，那么你当前的心态就不适合进行指导工作。如果你保持这样一种心态，那么你所掌握的所有教练技巧和敏捷经验就没有任何意义了。

当你面对的是你自己不喜欢的人，或者你只是不喜欢他的行为带给他自己或者团队的影响时，如何把控自己的心态就变得更加富于挑战性了。然而即使在这样的情况下，你作为敏捷教练的职责仍然要求你力争创造出一种积极的氛围。你可以通过改变自己审视他人的角度来做到这一点。把每个人都视为和自己一样的，有希望、梦想和欲望，这样你就能满含爱和关切地与他们交往，这两种情绪无疑是好的教练所必备的素质。

我们要对每个人在生活和工作中所处的真实环境有真正的关切之情，要真正关切他们的行为带给自身和他人的影响。然后，向自己强调，没有任何人会有意做坏事，并且要真心相信每个人都在尽自己最大的努力。

现在，满怀着爱与关切，你已经可以坚持用你所理解的一个好的敏捷人员的标准来指导你的队员们了，你可以帮助他们朝着那个目标前进，而他们也会积极、自愿地回应你。

如何进行一对一指导

如果你已经了解了被指导对象在敏捷之路上所处的层次，并且站在领先半步的层次上来指导他们；你已经为他们创造了充满安全感的环境；你已经掌控自己从而创建了积极的氛围；你已经和管理者们进行了合作，那么你就为自己的指导工作建立了良好的基础。现在是时候去实践它了。

你下一步应该学习的是怎样开始谈话，并且知道在谈话过程中具体应该做些什么。一旦你掌握这些技能，那么教练的工作对你来说就是轻车熟路了。不过还是让我们一步一步地来学习吧。

1. 开始谈话

如何开始一次指导谈话可能是最难掌握的步骤之一。教练与被指导对象之间的谈话可能让两方都觉得窘促，尤其如果教练是一名新手，而且是在用一种很“认真和正式的”态度来对待自己的指导对象时。几乎可以肯定所有的被指导对象都不习惯在工作的地方进行正式的谈话，所以他们从一开始就会觉得很不舒服。而且，真正的谈话都包含着激烈的交锋。

慢着，“激烈交锋”的谈话？“激烈交锋”不是意味着充满威胁、无礼和野蛮吗？感觉“激烈交锋”的必然结果是刻意提高的嗓门、激烈的反对和满地血迹，这看起来非常无趣。但在 *Roget's Thesaurus* 一书中，“激烈”一词还包含着以下的含义：精力充沛的、强烈的、有力量的、有激情的、热切的、不受限制的和难以抑制的。一场“激烈交锋”的谈话最基本的表现形式就是，我们都暂时放下了自我，而真心投入谈话中去，并且让谈话更加切实，更富有成果（Scott，2007）。

真正的谈话都包含着激烈的交锋，只有这样的谈话才是切实、有成果的。在真实的商业环境中，这样的谈话其实并不常见。

虽然很多人害怕这种“切实”的谈话，但是其实那种“不真实”的谈话才应该是我们真正害怕的东西。这种“不真实”的谈话对于个人和公司来讲，代价都过于昂贵。人们不必刻意改变自己，但每个人在与别人的谈话时都应坦诚相待。如果双方都能坦诚相待，在谈话结束之前，自我改变就会自然而然地完成（Scott，2007）。

当你准备开始谈话时，要做到真实、诚恳，而且要求你所指导的对象也做到这一点。如果你们双方都能做到这一点，那么就很有可能在谈话中取得实质性成果。这种成果体现在被指导对象获得的某一方面的提高——也许是行动上的、思想上的或情感上的。这正是你想要达到的目的。

如果被指导对象主动开始谈话，这属于一种比较容易处理的情况。你只需要被动接受就可以了。一旦开始谈话，你不需要刻意控制，只要顺其自然即可。不断地对自己重复“我现在只是在考察被指导对象到底处于哪个层次，这样我才能帮他把目标设定在跳起来可以够得着的地方。我将会给他一个宽松的环境来表达真实的自我，并且我会和他的主管充分合作，一起去帮助他达到他想达到的更高的目标。我会带着正面的情绪来审视他，并且在整个谈话过程中都对他充满关切，这样他才会感觉到我对他的支持”。

其他时候，作为教练，我们需要去主动启动谈话。此时，不要把谈话形式变得太正式。比如，在休息室或工作间隙站起来伸伸懒腰时“碰巧”遇到某个团队成员，接着很自然地以观察或邀请的方式开始谈话。

以观察性的开场表明自己的观点：“我注意到在今天的站立例会上，你好像很沮丧。现在好些了吗？”邀请的开场白则一般是个问句，留给他人一个比较宽泛的空间来做多种可能的回答：“在今早的站立例会上，你有发现什么吗？” 不管你选择哪种方式，一旦开始谈话，都记着保持沉默，而等待对方的回答。不管需要等多久，都要等下去。只有这样，对方才会开口交谈，而且很有可能接着一直说下去。

表 5.1 列出了一些以观察和邀请作为开场白的例子。

表 5.1 以观察和邀请作为开场白的例子

观察式开场	邀请式开场
“看起来你最近总是有些心烦意乱。别人和你谈话的时候，你总是拒人千里之外。到底发生了什么事情呢？”	“我们最近为什么突然变得心烦意乱起来了呢？”
“哦，我们这突然多了这么多麻烦。跟你有关系吗？”	“今天早上我们团队在一起谈话的时候，你觉得当时的气氛怎么样？”
“有些事情不对劲。你最近表现得不像往常那么积极了。发生什么事情了？”	“关于你最近的表现，我能够替你想出几千几万个理由。不过我只想告诉你：我就在这里，准备好聆听你的倾诉了。”

请尝试

在接下来的一周里，尝试着做四次指导谈话。注意观察整个团队或者某个人的具体反应。然后，试着计划一下自己的开场。你会采用观察式开场还是邀请式开场，又或者你会采用无声邀请的方式，静静等待被指导对象主动开口？

然后，注意观察你的行为对团队造成的影响。整个团队或者某个个人有什么改变？其实真正的改变是很难被察觉的，它们一般都发生在人内心深处，所以要注意观察细微之处的变化。

一旦开始指导一个团队，你就要立即进行一对一的谈话，因为此时团队内部还没有太多矛盾和压力，也因此会有很多机会让大家能够畅所欲言。要时刻牢记你的工作：帮助每个队员在他们的敏捷之路上不断提高。为了做到这一点，你需要弄清楚他们目前所处的水平。如果你还没有做到这一点，不妨今天立即开始着手去弄清楚。

在一个新成立的团队里，你需要进行必要的一对一谈话，以此来认识和了解每个人，并且思考自己该如何帮助他们提高。你可以直截了当地向队员询问："我该如何帮助你在敏捷的技能上不断提高，从而为公司（还有你自己）做出更多贡献？"这样做对整个团队是非常有益的，并且当你想要解决团队里存在的某些问题时，你已经拥有了从这些谈话中不断积累而来的知识和经验。

2．注意掌控谈话的进度

在进行一对一指导的时候，务必注意掌控整个谈话的进度。你会发现在不断地聆听和问答之间，整个谈话会经历几个不同的阶段。

注意控制整个谈话的进度，让被指导对象全身心地参与进来，这样的谈话产生的效果要比几个月的随意闲谈好得多。

> 在被指导对象开始念叨的时候，要记住这一点：与说对应的不是听，而是等。
>
> ——弗兰·莱布维茨

如图 5.2 所示，一般这样的谈话都包含开始、中段和结尾——这是一个完整的行为过程。整个谈话的过程不必过长。实际上，一旦你熟练之后，有时候只用花不到十分钟的时间就能进行富有成果的指导谈话。

（1）谈话的开始。无论是教练还是被指导对象先开始谈话，开始的阶段都是差不多的。在最开始，念念叨叨是不可避免的。被指导对象总想把心中的一些事情（或者很多事情）一吐为快，这个时候他需要被倾听。在他她念叨的过程中，教练需要认认真真地做好一名倾听者。

这种念念叨叨的过程最终会自然结束（如果教练感觉这样的念叨似乎无穷无尽，可以自己把握时间来结束这个过程）。然后，被指导对象才会吐露自己之所以要找教练谈话的真正原因。然后，教练可以向被指导对象确认其烦恼和疑虑所在（"在我听来，你之所以烦恼是因为团队里其他人忽视了你的一些感受，对吗？”)，然后你们两个人就可以把谈话的中心转移到这些烦恼和疑虑上。在这种时候，重新强调一些关于敏捷的知识可能是很有帮助的。或许回忆一些敏捷思想中的实践方式、价值观或者角色定义能够帮助你们找到问题的症结所在。如果你觉得这是必要的话，那么就可以这样做。没准你能够帮助被指导对象回想起他们曾经提起过的与自己烦恼相关的一些个人目标或者行为，这样你们的谈话就能顺利地进行下去。

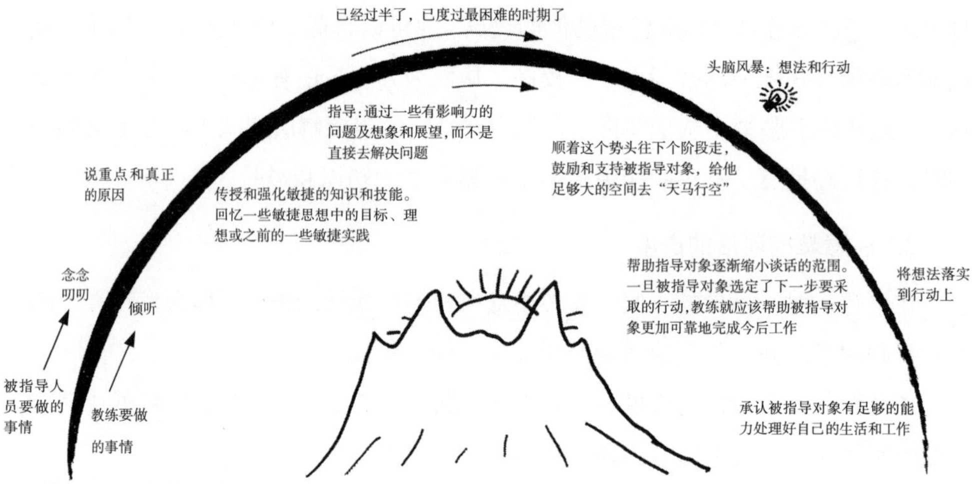

图 5.2　指导谈话的进度

（2）谈话的中段。随着被指导对象不再喋喋不休地念叨，你已经渡过了整个谈话过程的“难关”，并且逐渐接近整个过程的中间阶段。

之所以会进入这个阶段，是因为教练通过一些有影响力的问题来引起被指导对象的自我反思，或许是因为教练为被指导对象描绘出了一个所有烦恼都将得到妥善解决的未来。从这个角度，或许被指导对象能够更加清醒地依靠自身找到解决烦恼的方法。这个时候他会大呼一声：“原来事情根本没有那么糟糕！”而你们的谈话也来到了整个过程的中间阶段。

请参阅　在第 6 章中，你能够看到“强有力的问题”都有哪些，以及你应该如何运用这些问题。

或许此时他已经看到了解决烦恼的新方法，或许他看到了一些自己身上的弱点导致自己不能够继续进步，又或者在他和你分享了自己内心的烦恼和疑虑之后，他会感觉如释重负。

接下来，被指导对象会开始寻找解决烦恼的具体方法，而你可以鼓励和支持被指导对象与你一起进行头脑风暴。在大多数时候，所谓的支持就是指：给被指导对象充足的空间，让他能够“肆无忌惮”“天马行空”地去设想所有可能的解决方法。这也意味着教练也要变得“肆无忌惮”“天马行空”。要注意教练在谈话过程中应刻意回避的事情：解决问题。如果你一定要提供一些备选的解决方案，你的目的也只是让被指导对象能够不断地思考，所以，你不必在意被指导对象最终是否接受你的建议，因为只有他自由选择的结果才是最有意义的结果。

（3）谈话的结尾。当被指导对象开始逐渐缩小谈话的范围，与你讨论下一步应该采取什么具体行动时，你就可以预计这次谈话即将结束。那么，就让这次谈话在此时结束吧。即使你们又发现了一个新的要讨论的问题，也不要再继续讨论了。让被指导对象尽快地按照他的想法去行动吧。你大可放心，如果这个新话题真的足够重要，以后总会有机会就此再进行谈话的，到时候你们再解决这个新的问题。

一旦被指导对象选定了下一步要采取的行动，教练就应该帮助被指导对象更加可靠地完成今后工作（Whitworth 等，2007）。这种可靠性可以是显性的，也可以是隐性的。显性的可靠性是被指导对象做出的承诺，这个承诺会规定每步行动的时间，以及与教练之间的沟通机制。然而，被指导对象的所有行为都应该建立在自愿的基础上，而不应该是由于教练的“强迫”，所以你不应该强迫他一定要表现出这种显性的可靠性，只需要确保他切实承担自己该承担的责任即可。

可靠性也可以是隐性的，例如，教练可以问：“咱们五天之后可以再在一起聊聊你的新进展吗？”通常这种要求，如果是结合了具体的业务，会让人觉得更容易接受一些，因为所有人都不喜欢被“特殊处理”。（如果在工作场合无故提出这种要求，会显得被要求对象是非常不可靠的，不是吗？）

当你不断地对某个队员进行指导，让其自主地选择自己的每步行动，慢慢地该队员就会表现出越来越强的可靠性，而在这个过程中被指导对象赢得他人信任的能力也在不断增强，这其实是敏捷人员所必备的一种非常重要的技能。

谈话结尾的时候，一般来说，教练都会肯定或者强调被指导对象的某些特质。例如，“我想让你知道，此时此刻我从你身上看到了莫大的勇气。”表示肯定的话语一定不能是这样的：“非常感谢你能够勇敢地承认这个问题。”这一个“非常感谢”虽然会让你显得很有礼貌，却无形中显得教练的地位是高于被指导对象的，并且会让被指导对象感觉失掉了一些自信。一个妥当表达的肯定语句，则能让人清楚地认识到被指导对象是依靠自己的能力和表现让你从其身上感觉到勇气。能够听到这样一句肯定的话语，也会让被指导对象获得更多自信。

在整个谈话的过程中，教练与被指导对象应该始终处在平等的地位上。确实，教练已经具备了一些技能，例如，你在这本书中学到的一切，但是这也不意味着教练的地位就应该高出一等。为了做到这一点，教练应该承认被指导对象有足够的能力处理好自己的生活和工作。

深入了解一次指导性谈话进行的整个过程，能让你很好地把握自己，让整个谈话始终保持积极向上，并且富有建设性。能够敏锐地感知到何时应该将谈话从一个阶段过渡到另一个阶段，也可以帮助你让整个谈话过程保持流畅。但是你要牢记，活生生的人远比冷冰冰的公式重要。因此，如果被指导对象需要理论之外的、不同的东西，那么就满足他们。你可以像实践其他理论一样去实践这一点，并最终将之灵活运用。

3. 领域专家与敏捷指导

在你培养一支优秀的敏捷队伍的过程中，你需要对各种各样的人进行一对一的指导，如你的队员、产品负责人、管理层或者其他敏捷教练。所有这些人在他们自己熟悉的、特定领域内的造诣或许要比你高出许多，这没什么关系。实际上，在大多数时候，这对你的工作是非常有益的。而且，你也不必非要是某个领域的专家才能指导在这个领域内工作的队员，因为你的角色是一名教练，而不是代替他们去直接解决问题的人。当然，如果你有兴趣，也可以学习一些最新的软件开发技术或者了解一下最新的软件市场信息，但是千万不要因为自己有这些知识，就去代替别人解决他们自己的问题。相反，你应该做的是为他们提供一些思路，然后帮助他们找到属于自己的解决方案。

如果你习惯把他人的问题当作自己的问题，那么你就要多审视自己的行为，避免无意间把被指导对象应该面对的问题揽到自己身上来。他们自己的问题应该依靠他们去解决，你不能为他们解决问题从而让问题远离他们。你的帮助只是暂时解决问题的方法，而不是长久之计，所以不要这样做。你应该做的是指导他们寻求属于自己的解决方案。

4．远程指导

指导与被指导的关系一经确立，你就可以通过电话或者视频会议的方式来进行指导工作。尽管如此，在进行远程指导时，你可能无法及时观察和发现团队中曾经发生过的事情。你只能听其他团员跟你复述团队里的具体情况，而这种复述一般都经过很多层的个人加工，因此你得到的信息很有可能并不准确。为了避免“他说/她说”可能造成的误解，你需要把所有的心思都只放在被指导对象身上，只去了解他在接下来的敏捷过程中需要些什么。你还是可以为团队提供有影响力的指导和敏捷理论应用建议，但是这种指导关系应该更多地基于一对一的场合，而不是对整个团队宣讲。因为对整个团队的指导是需要合适的时机来配合的，一旦错过时机，这种指导就会变得没有任何意义。

5．了解你的界限

你作为敏捷教练的工作内容应该始终围绕在如何让其他人能够更好地运用敏捷理论这一核心问题上。有些时候，这意味着你要反复强调特定的实践方式，并且帮助某些人看清楚敏捷理论如何能帮助他们解决自己的烦恼。通常，这意味着你要深入了解其他人对其本职工作，以及他们自己在团队中所扮演角色的看法。换句话说，这意味着你要完全了解你面前的人。

敏捷过程常常会使工作和生活的界限变得模糊，因为如果想要成为一名杰出的敏捷人员，人们必须全身心地投入当前的敏捷工作中来。我们不会预先检查我们的队员是否有足够的勇气。实际上，我们会努力创造一种团队氛围来鼓励所有的人找到属于自己的勇气。我们也不会让别人住嘴或者继续说下去，因为我们需要每个人都贡献他们富有多样性的想法和建议。

敏捷思想的核心是一系列有影响力的价值观和信念，其中一条非常核心的信念就是通过一个简单有效的框架组织，一小组人可以取得巨大的成就。人与人之间的关系是敏捷思想的中心。如果你能够很好地履行自己教练的职责，你会发现你的队员们渐渐开始向你敞开心扉，并且向你倾诉所有关于他们自己的事情——他们的工作甚至他们的生活。

专业的工作/生活教练会清楚地知道他们工作内容的界限所在，而你也应该如此。当你的指导对象跟你提起了自己家庭生活中的一件伤心事或者麻烦事的时候，你可能觉得和他一同“探讨”这件事似乎与自己的工作不相称。如果你这么觉得，那就不要这么做。你可以建议他们去找专业的工作/生活教练，可以向他们介绍“国际教练联盟”网站（coachfederation.org），告诉他们可以自己在上面找到关于专业教练的知识，并自己找到一个教练。再或者，你也可以让自己成为一名合格的工作/生活教练。

你或许会发现自己在谈话中逐渐变成了所谓的“专家意见”——你成了那个知道被指导对象下一步该做什么、该怎么去做，甚至该如何感受的“专家”。

当你发现自己在做这样的事情时，你就该意识到自己违背了作为教练非常重要的一条原则：被指导对象才是他们自己生活的真正行家。你可以提供各种关于敏捷的专业知识（毕竟，你是他们的敏捷导师），但是千万不要自以为是地告诉他们究竟要怎么过自己的生活，毕竟只有他们自己才知道自己想要什么。

像其他很多场合一样，如果你违背了这条原则，那么你大可直截了当地承认自己的失误，并为此道歉。然后，稍微冷静一下，重新把自己的精力放到本职工作上来。一旦你自己认识到你刚刚越过了一条重要的界限，你就不会再轻易犯同样的错误了，因为你知道不应该轻易对他人的生活指手画脚。

指导产品负责人

与产品负责人合作意味着你要向他们阐述他们在敏捷团队中应该扮演的角色，然后告诉他们如何才能最大限度地利用敏捷来获得最佳效果，这也属于敏捷教练的本职工作。敏捷教练还会继续帮助他们转变为一个更加出色的产品负责人。如果他们之前的背景是从事管理工作，并且习惯了“命令加控制式”的行为方式的话，他们学习和掌握敏捷理论的过程或许和你差不多。

和你一样，他们需要首先摆脱这种“命令加控制式”的行为方式。和你一样，他们需要专注于商业价值的达成，而不是去具体管理每个团队成员下一步的行动。和你一样，他们需要学会去信任团队。你和他们之间可以互助互利，因为你们需要学习如何一同提高自己的敏捷能力。

当你感受到敏捷给你带来的新的乐趣和力量时，你不妨和产品负责人共同分享你的发现，这样他们或许能够发现让公司及自己的职业生涯从中受益的新途径。为了能够指导产品负责人，你们之间需要一种共同语言。这一共同语言包含了一系列团队成员们期望产品负责人扮演的角色：商业价值推动者、愿景管理者、日常决策者、团队保护者及最终责任人。

一旦产品负责人了解了自己的角色，你就可以开始履行教练的职责了。这意味着当他们无论是做出妨害团队还是支持团队的事情时，你都要及时给他们反馈意见。就像我们告诉团队成员他们可以自由地发表意见一样，我们作为教练也要假设自己可以自由地向产品负责人阐述自己的见解。毕竟，作为教练，我们的职责是提升团队的表现，而一旦产品负责人的工作和行为严重影响团队的表现，那么理所应当，我们也需要指导他们！

然而，和产品负责人进行这样开诚布公的谈话，或者有时候甚至向他们提出一些负面的反馈意见，这听起来实在是一项让人为难的工作，尤其是产品负责人的职级通常要比教练高出几级。这么做无疑会让教练处于一个尴尬的境地。

为了减轻这种尴尬的感觉，你需要切实主张敏捷教练这一角色的职权和影响力，然后以此为基础，与产品负责人展开这样开诚布公的谈话，而无论他在公司中处于什么样的职级。作为清道夫、领头羊、服务型领导者及质量与绩效的监护者，你必须帮助团队扫清一切可能阻碍其发展和进步的障碍。按照一个专业的敏捷教练那样去推进自己的工作，让所有人了解到你所关心的只是自己团队的不断进步，而教练与产品负责人之间谈话的唯一目的是确保团队的健康成长，与个人恩怨或办公室政治毫无关系。这种专业精神及对自己角色内容的澄清能够赋予你更多的正式权力，所以要好好利用它。

请参阅 要了解如何才能澄清和强调产品负责人及敏捷教练各自的职责内容（分别包括商业价值推动者、愿景管理者、日常决策者、团队保护者和最终责任人；清道夫、领头羊、服务型领导者和质量与绩效的监护者），请参阅第 7 章。

为了指导产品负责人，你首先要像看待其他队员那样来看待产品负责人。你为了指导团队成员而做过的事情也同样适用于产品负责人。这包括从无到有地建立起指导与被指导的关系，了解产品负责人在他们自己的敏捷之路上正处于哪个阶段，以及与产品负责人的上级主管合作。所有这些步骤都是适用的。

对产品负责人的指导最终可以归结到三个比较宽泛的领域内：做好自己的本职工作、做一个为团队着想的产品负责人、提高自己履行产品负责人这一角色的能力。根据被指导对象具体的业务熟练程度、业务技能及以往敏捷经验的多少，你可以选择是在全部还是部分领域内对产品负责人进行指导。

指导产品负责人做好自己的本职工作

敏捷的理论框架向我们一再强调要关注商业价值的达成；我们要以已达成的商业价值作为衡量工作进度和价值的唯一标准。我们会请产品负责人以商业价值为导向，重新审视整个产品开发流程，并以商业价值作为他们制定每个决策的基础依据。那么，什么是商业价值呢？这一关键问题的答案显然不仅限于投资回报率或者利润数字。诚然，这个（或两个）衡量标准的确是商业价值的组成部分，但是商业价值还包含很多其他成分，例如，一些非数字化的成分：要承担的风险、要获得的认识等（Cohn，2006）。

我们不断追求和平衡各种商业价值观，并朝着最终完整的价值理念系统前进，这个过程可能延续好多个月。产品负责人则需要一些阶段性的短期目标作为台阶来帮助他们不断地朝最终目标前进。我们不妨称这些台阶为“商业价值的微定义”。这些“微定义”是产品负责人制定团队前进方向的基础性依据，在每个 Sprint 内都会被使用到。

商业价值的微定义

在构建产品的阵痛中，产品负责人将在权衡之后做出折中的决定，也许从一天几个决定到几十个决定。产品负责人是基于什么做出这些决定的呢？他们根据商业价值的微定义来进行权衡和折中，并做出决定，而商业价值的微定义传达了接下来的关键业务目标。

也许，为了提升利润我们必须增加当前产品的用户量，同时，我们还需要为新的渠道合作伙伴做些必要的准备工作。如果是这样，那么这两个目标就是当前的微定义。以这种方式来考虑微定义：在整个开发产品的过程中，微定义传达了我们必须要达到的下一个关键业务目标。

在弄清楚微定义的定义之后，产品负责人所做的每个决定都可以通过微定义进行过滤："我们正在考虑的事情"是为了增加用户数或者为了渠道合作伙伴做准备吗？

例如，在对待处理事项进行优先级排序时，支持微定义的列表项放在列表的前列。甚至，对是否接受一个会议请求这样的事情也要按这种方式来过滤：这个会议会帮助我们增加用户数量或者为渠道合作伙伴做准备吗？如果不是，这个会议就应该被推迟。

产品负责人在任何时间都必须了解商业价值的微定义。如果必要，通过指导来帮助他们发现价值微定义。利用强有力的问题和你的洞察力，帮助他们发现下一个微定义。一旦微定义被发现，帮助产品负责人在达到产品的短期目标和长期目标之间寻找一条平衡的路线。帮助他们认识到，什么时候应该进行折中，为了符合短期目标而做出有可能影响长期目标的决定，反之亦然。

你可能遇到一些产品负责人，他们很明显不具备驾驭产品（和团队）的工作所需的业务洞察力。他们可能不知道如何为发行版本定义一个清晰的框架、如何找出什么才是真正的客户需求或者如何处理公司政治斗争。即使他们有这些技能，他们也可能不是这一产品领域的专家。

在停车场表演特技

敏捷专家里奇·谢丽丹通过讲述这个故事来阐述产品负责人在处理与敏捷团队相关事情上令人难以置信的能量（Sheridan，2010）。

来到门洛创新中心（Menlo Innovations）参加我们课程的人往往着迷于我们的纸质规划游戏的威力和简单性。当我还在上一家公司 Interface Systems 时，我们就引入了这个规划游戏，我的老板，也是公司的首席执行官鲍勃·尼罗看到我们每两周要做一次新的规划并重审旧计划，非常高兴。他看到了他之前一直梦想的事情，那就是业务和技术团队之间进行富有成效的交互。这个游戏持续了几个月，直到有一天鲍勃过来表示对这个流程有严重的顾虑。我相信鲍勃当时的用词是之前任何一个业务总监对一个技术团队带头人都从未用过的。

“里奇，我对你做的这个工具有一个很大的顾虑。它太灵活了。”

“鲍勃，你是什么意思？”我问道。

他说：“里奇，我们每两周就要为了这个规划活动聚在一起，我们筹划我们想要你们完成的功能需求，而你们也完全按照我们筹划的功能需求进行工作。”

我说：“是的。它就是这么运作的。”

他说：“我们可以在两周后再聚到一起，彻底改变正在进行的计划，然后你就会再一次地执行改变后的计划。”

我确信他说的是正确的。

他说：“里奇，我们用这个工具来做规划就等同于‘在停车场表演特技’（意思是很花哨、方向一直在变化的行动。——译者注），你的团队会遵从我们的指挥。”我知道他想要说什么了。

我试着通过打比方来指导他。我说：“鲍勃，今晚你开着你的雷克萨斯回家，在沿 I-94 向下走时，你会把手放到方向盘上，并且你应该这么做，这时你是否意识到你有可能把你的方向盘卡到右边或者左边，而你的车会翻掉，然后害死自己并且可能杀死其他人吗？”他回应说：“是的，但是我永远都不会那么做！”

我说："正是！所以也不要对这个流程工具这么做，它需要一个负责任的司机坐在驾驶座上。如果对业务部门来说，重大的改变是必需的，我们会据此来执行。但是，如果只需要进行微调，那么这就是项目进行过程中很常见的事情，无须刻意强调。"

规划游戏是一个强有力的工具，也是一个危险的工具。如果业务部门选择"在停车场表演特技"，而缺乏长远的眼光，且迷失了项目的前行方向，那么到最后什么都完成不了。然而，有了一个允许业务部门进行监督的简单工具，并且有了一个流程工具可以让团队真正地遵循，我们就可以为两个团队之间强有力的合作创造一个机会，而在此之前这两个团队协作太过频繁，但从未学会以有效的方式进行沟通。

通过简单的工具可以获得意义深刻的成果。

当你遇到这样一位产品负责人时，向他人求助。正如我们与每位团队成员的经理培养关系一样，与产品负责人的经理和发起人（如果不是同一个人的话）培养关系。依靠这些人来填补产品负责人的业务敏感度空洞，或者如果这个洞太大而不能填补的话，就换掉产品负责人。

只有在你使用敏捷实践引发了阻碍工作的事情，并能诚恳地面对它们时，这才有用。记住：你没必要做产品负责人的工作或者为他们的缺点裹上糖衣；你只需要使用你解决障碍的职责协助他们获得他们所需的帮助。

建立以商业价值为导向的思想体系

如果你要求产品负责人对待处理事项进行优先级排序，你得到的可能是一个混乱的排序结果。排序结果之所以混乱，是因为产品负责人在进行这样的排序的时候会衡量很多方面，而每项工作对于企业的商业价值的大小只是这众多方面中的一个（商业价值是由价值、成本、风险和获得的认识所组成的复合体）。

如果你不相信这个结果，可以在产品负责人进行过排序后，和他们交谈一下。你应该关注产品负责人在判断一项工作是否比另一项更加重要时，所使用的标准是什么。你可以通过提出开放性（简洁有力）的问题来对这些标准进行了解。一旦你了解了排序标准，你可能就会发现决定最终排序结果的是很多“无关”的因素，例如：

- 产品负责人针对一个特定的功能对某个人曾做出过承诺，如果改变这个功能，会令产品负责人在那个人面前觉得尴尬。
- 产品负责人的个人绩效评定标准。
- 产品负责人对某些特定功能存在偏好。
- 哪些外部组织已经“准备好”与团队合作。
- 哪些外部组织不愿与团队一起合作。
- 产品负责人个人认为不可移除的“硬”依赖关系。

不过，制定排序标准最基本的依据应该（如果足够幸运的话）是重视哪些产品功能能够带来最大的商业价值。在指导产品负责人时，你的工作就是帮助他们理解和掌握这一正确的价值体系——把达成商业价值作为他们排定优先顺序时的首要标准。

为了实现这一目标，下一次在产品负责人对待处理事项进行优先级排序时，你可以要求他分成两步来完成。第一步，只以商业价值为导向来进行排序，第一步时的排序结果可以不那么“符合情理”。指导他站在一个特定的立场，那就是开发这个产品是整个公司目前唯一进行的工作，并且对公司至关重要。要求他想象自己处在一个新的环境中，在这个环境中，为了给公司带来最大的商业价值，他可以获得自己需要的任何资源。

通过这种“不合理的”方式进行排序而得出的待处理事项，其中具备最高商业价值的开发工作拥有最高的优先级。从最高商业价值的列表项开始，在完成这个列表项过程中遇到的任何问题都需要一一解决。他可以再次按照商业价值的高低来排定这些问题的优先解决顺序。

第二步，产品负责人可以将实际工作中可能存在的种种障碍因素纳入排序标准，每次只考虑一个。在这一步中，要邀请团队成员一起参与到排序工作中。他们可能发现有些障碍是切实存在的硬性技术依赖，它们不能被忽略或者无法移除。如果是这样，团队可能需要将一项商业价值较低的工作优先排在一项商业价值较高的工作之前。其他实际工作中可能遇到的障碍因素几乎都落入“我们想要帮你，但是……”的范畴，这就意味着公司对这个产品的重视程度不足以替团队消除这些障碍，或者消除该障碍所需的成本远高于收益。不管是哪种情况，不要试图简单地掩盖可能存在的障碍。要直截了当地做决定，并且让团队了解这个决定对团队可能产生的影响。如果公司选择让团队交付较低价值的待处理事项，那么就应该让所有人知道这个事实。

举例来说，在商业价值面对商业价值受限这样的实际障碍时，应该指导产品负责人采取这样的态度：“我们团队只需要完成最后一项工作就可以占领青少年的细分市场了。但是这最后一项工作需要一名客户关系管理专家从下周开始与团队一起全职工作两个星期。我们知道客户关系管理团队需要两周的时间才可以为我们团队分配一个人。这对我们来说太晚了。您作为客户关系管理部门的副总经理，可以帮助我们解决这个棘手的问题吗？”如果不采取这种积极尝试的态度，团队主管可能主观地假设公司不会帮助他解决这个问题，所以他决定接受“现状”。在这种情况下，他的态度可能是这样的：“好吧，我猜我们不得不把占领青少年细分市场这一工作的优先级降低，因为客户关系管理部门太忙了，他们没有多余的人员分配给我们进行后续工作。”假如你是产品负责人所在公司的首席执行官，你更希望他采取哪种态度？

指导产品负责人成为为团队着想的优秀产品负责人

当某个敏捷团队请我帮他们找出团队目前存在的问题时，我常常发现敏捷教练和产品负责人的角色以一种错综复杂的态势交织在一起。我发现这两个人可能彼此刁难，也可能在他们中的一个人没有完全起到他们的角色作用时，另一个人无意识地扮演了一部分他们的角色。

由于产品负责人的“缺席”而产生的空白，敏捷教练会无意识地进行填充，这种情况相对来说发生的频率更高些。敏捷教练也可能已经接受了这种现象的合理性，开发教练会认为产品负责人因为太忙而没有时间与团队在一起，因为太忙而不能管理产品开发的后续工作，或者由于太忙而不能尽到产品负责人这一角色应尽的职责！

作为人类，即使超出了我们本来的职责和能力范围，我们也倾向于帮助他人，试着让正在进行的事情继续运转。但请听清楚这一点：敏捷教练不能因为产品负责人的缺席或者表现差而不自觉地去填补相应的空缺，因为这样会对教练和团队自身造成不好的影响。

如果敏捷教练仍在因时间表和预算问题而表现得像“热锅上的蚂蚁”，你就会了解到，此时敏捷教练对于填补产品负责人职能空缺的倾向性已经成了一个不容忽视问题。这是一个很容易掉进去的陷阱，特别是当该教练在从事敏捷指导之前的工作角色是一名项目经理时。因为许多项目经理非常习惯于处在常态性的焦虑状态之中。如果这样的描述符合你的个人情况，那么千万别把这种焦虑的状态带到敏捷团队之中。一旦你这么做了，各类外部人员——经理们、其他团队、其他相关人员——都会找你去了解团队不能交付特定功能的原因、团队接下来的任务安排及经费开销计划等。这些都不是敏捷教练所要回答的问题，而是产品负责人需要回答的。

任何与产品开发工作的方向、时间进度及预算相关的事情都属于产品负责人的工作范畴，因为产品负责人的业务决策会影响所有这些方面。在一个敏捷教练和产品负责人都能充分发挥自己角色作用的健康环境中，当被问到关于开发工作方向、时间进度及预算相关的问题时，敏捷教练通常只需简单地回答：“这对产品负责人是一个很好的问题。她知道所有详细信息。”

通过指导（或者重新指导）关于敏捷教练和产品负责人各自角色内容的相关知识，团队通常能够解决相当数量的问题。在你这么做时，需要调动整个团队，要求他们严格按照敏捷教练和产品负责人各自的角色定义来与之互动，并要求敏捷教练和产品负责人完全履行各自角色所对应的职责。一旦这样的做法得以推行，你起码能消除日常工作中的一大障碍。

一旦产品负责人接受了关于自身角色内容的知识，并且你也为其提供了适当的指导，那么你的责任就完成了。我们可以举一个产品开发工作安排的例子：作为敏捷教练，你需要确保产品负责人知晓如何对产品开发工作进行优先级排序，并且知道他什么时候应该完成排序。你可以指导产品负责人，共同思考如何进行优先级排序。但如果他拒绝你的指导，并且在未经深思熟虑的情况下，要求按照他自己的方法和逻辑来完成这项工作，那么你应该顺其自然。换句话说，就是放手让产品负责人体验失败。

通常，这样的失败在团队中不会长时间存在和延续，也不会造成特别恶劣的结果，因为团队会频繁地进行自我回顾和总结。如果你让这样的失败发生，那么这种不好的结果很快就会在回顾会议上呈现在大家面前，并且大家会追根溯源，最终发现导致这种不良后果的原因是产品负责人没有深入思考整个后期规划。一旦团队和产品负责人都很清楚地看到了问题所在，他们就可以一起去改善目前的状况。

如果你介入了，你替产品负责人准备了一套后续工作计划，“帮助”其掩盖了问题，那么结果将是灾难性的。在你介入时，你为自己假设了一个中间角色，处在这个角色位置上的你只能靠自己的猜测来尝试完成对待处理事项优先级的排序。这样得到的排序结果通常是错误的。更糟糕的是，没有人能从这样的错误里学到任何东西。因为你出于好心的帮助，整个局面都被你搞乱了，这使得团队看不清真正的情况。他们今后也不会直接向产品负责人提出自己的需求。产品负责人也无法从中学到任何东西，而你会深陷在这样一个中间角色中。

在你指导产品负责人要为团队考虑时，请记住：传授角色定义，指导角色扮演，并要求团队督促产品负责人很好地承担自身角色的责任。除此外，一切都应顺其自然。如果产品负责人无法完全履行自己的角色，你应该帮助团队和产品负责人从失败中学习，一起改正错误，然后变得更加强大。

指导产品负责人“善其事”

要成为一个“好”的产品负责人意味着他们不能满足于仅仅履行自身的角色定义，例如，制定工作项规划，与团队及其他相关人员一起努力为产品规划出有吸引力和有利润空间的前景。虽然做到这些已经需要很多工作了，但还不够。好的产品负责人不但要关注履行自身职责的结果，同样要关注达到预期结果所采用的方式。风格重要，意图也重要。

产品负责人可能承受着来自他们所在组织的压力，需要把一些事情做完（快速！）。在最好的情况下，产品负责人会与团队和敏捷教练协作，一起来决定如何应对这种压力，以及如何在合适的时间达成满意的结果。在压力增大和期望变得不切实际的时候，团队必须认识到这一点，并且把这种情况作为一个工作障碍提出来。敏捷教练和产品负责人必须一起判断压力的来源，并且设法抵消或者至少降低压力。

然而，如果产品负责人只是盲目地接受压力，他们可能在压力之下出现一些反常的行为。常见的行为包括：强迫团队接受超出正常量级的工作，或者未提前认识到特定功能的复杂程度，当发现复杂程度的确超乎想象时，会对团队施压要求其完成。在压力之下，一些产品负责人会无法思考，也逃避做出任何决定。其他的产品负责人则会变得“太忙”，进而忽略了与团队合作的重要性。我们要相信产品负责人并非狡猾的人，对于团队也没有任何恶意。相反，我们要充分理解他们所承受的压力，以及这些压力对他们行为产生的不良影响。

作为敏捷教练，当产品负责人因为自身承受的压力而导致其行为怪异的时候，必须随时准备好与其正面交锋。当然，只有在必要的情况下，正面交锋才是你应该做的事情。通常，在你指导他掌握应对压力的新方法的过程中，你们可能面临潜在的冲突。

- 从以时间进度为导向转为以商业价值为导向的思维方式。大多数的产品负责人可能已经习惯于对时间进度和功能达成的不断追求，他们在不断地调配着所有资源，徒劳地尝试着保证时间进度和功能完全按照计划进行。这种做法从来都是不现实的。为了切合实际，产品负责人必须下决心将自己的思维方式从时间进度驱动型转为商业价值驱动型。应该教会产品负责人将某一特定的产品功能分割成更小的功能模块，这样便于团队持续不断地达成阶段性成果，并且每个阶段性成果都能为公司创造实质性的商业价值。这要求产品负责人要精通业务管理，因为开发新产品的终极目的正是要促进业务的切实发展，同时要管理自身业务领域内持续发生的各种变化。要与产品负责人合作，教会他们将这些变化视为是促使更加优秀产品产生的催化剂，而不是要去消除或者忽视的强制性力量。帮助产品负责人主动接受变化，并且通过商业价值驱动的思维模式来驾驭和消化各种不确定因素，而非刻板地按照他最初的想法和时间规划来强行消灭这些变化。
- 在所有的互动中保持商业价值驱动型的思维方式。商业价值驱动型思维模式并不仅仅指为待处理事项排定优先级排序，或者把它分为不同的对公司有益的发布。它会影响所有的事情：决定哪些会议要现在开，而哪些以后再开也可以；需要放弃那些不会对商业价值产生不良影响时间进度的要求，甚至是产品负责人在一段对话中陈述的不同主题之间的先后关系。这些对于产品负责人来说都是有益的、以商业价值为导向的思维实践。最后一条，按照商业价值大小的顺序来组织自己的讲话对于团队内部的日常工作组织非常有益。敏捷架构将团队置于很大的压力之下，他们需要在几周之内完成一些有价值并且有质量的开发。时间对于一个健康的敏捷团队来说是珍贵的。体现时间珍贵的一种方式，就是产品负责人首先与团队谈论具有最大商业价值的话题，而将一些（在当前）价值相对小一些的话题放到后面说。

- 与发起人的想法保持一致。产品负责人和产品发起人必须在产品当前和未来的方向上完全保持一致，就像他们是亲密无间地站在一起一样。你可以随时向产品负责人询问她是何时最后一次与发起人讨论这个产品的，以及他们讨论的结果如何。要保持与发起人的经常性沟通，以确保产品负责人的想法与发起人始终一致。当这两个人的想法不在同一条轨道上时，团队和产品开发工作往往会遇到各种问题。
- 提出更多（或者更少）的要求而非进行细节管理。如果产品负责人认为自己有必要了解团队成员是如何执行工作的细节时，你的脑中就应该响起警报。这种情况往往发生在产品负责人没有分配给团队足够的工作量或者已经向团队分派了太多任务的时候。产品负责人对团队真正有效的控制手段应该是通过调配所分配任务的多少来实现的，而不应该是控制团队执行任务的具体方法。指导她牢牢记住这一原则，并在制订每个开发周期内的具体工作计划时坚持这一原则。让她时刻将自己置于细节管理之外。
- 督促团队兑现他们的承诺。没有人说过应该对一个敏捷团队放松要求。也没有人说过产品负责人需要一直充当“好人”。事实恰恰相反。在团队成员没有达成他们为团队设置的承诺目标时，产品负责人会对此感到失望。你应该让产品负责人了解将这种失望之情表现出来是完全可以接受的。同时要求产品负责人保持一种开放的心态去了解团队没有能够兑现当初承诺的原因。原因不意味着借口，而是可以改变的境况，所以这一次失败的原因并不会干扰未来承诺的兑现。情绪的表露永远都不应成为一种表演或者戏剧化的夸张表现。相反，指导产品负责人真实地表现失望，而避免把这种情绪表现用作控制他人的方法。当产品负责人确实感觉到失望的时候，要让他们知道这种感觉是完全合理的。

- 利用关键时刻。产品负责人对于团队的价值主要体现为，在短开发周期期间，为团队设立前进方向；在每个短开发周期中，确保团队处于士气高昂的状态。产品负责人可以通过对所开发产品进行可靠的远景预测，以及制定一个周密的后期开发工作安排表来准确地把握团队工作的前进方向。然而让团队时刻保持向上势头的秘诀在于产品负责人要保持他们在团队中的曝光率，以及与团队成员的经常性沟通。指导产品负责人与团队保持沟通，时刻准备回答团队提出的各种问题，或者做出一些灵活变通的决定。这无疑会使团队保持旺盛的前进动力，并且愈战愈勇。任何时候，如果你发现团队在等待与产品负责人交流的机会，或者等待产品负责人做出某些决定，这就意味着在产品负责人和团队之间已经产生了隔阂。队员们可能憋了一肚子的话在等着有一天能够与产品负责人进行交流。你可以经常问产品负责人："今天团队的干劲如何？"然后可以由这个问题引出一段对话，谈论产品负责人对团队来说到底起到了正面还是负面作用。

为了做到上面谈到的这些事情，教练要和产品负责人一起，花一些时间来讨论当前产品开发工作的进展，团队目前的运行状态，你们俩是不是很好地扮演了各自的角色，以及你们以后如何互相帮助。这样的沟通应该是简明直接，并且开诚布公的。在帮助团队创造惊人成果的同时变成团队的盟友。

指导敏捷教练

随着时间的推移，你也许遇到一些机会来培训其他敏捷教练，可能是因为你被调到一个新的工作地点或者一个新的团队，或者你的本职工作就是培训新的敏捷教练。不管是什么情况，一旦你觉得对自己的技能足够自信（之前可能只是有一点自信），那么带一位敏捷教练学徒对你自身的成长来说也是一个不可多得的机遇。把你自己的教练指导技能传授给别人的过程对于你自己来说是深化自己技能的绝佳途径。在你向别人解释如何指导敏捷团队时，你可能吃惊于自己嘴里竟能说出如此出色的想法。我常常会想："哇，很不错。我得把它写下来。"本书中的许多内容都是如此诞生的。

在指导其他敏捷教练和 ScrumMaster 提高自身技能水平这方面，有一个有用的流程结构，它由三部分组成：探索、学习、指导。如果有人想要成为一位敏捷教练，他们首先可以通过观察你作为敏捷教练所进行的各种实践来探索这个角色。他们观察的结果可能是发现这一角色跟他们之前所设想的完全一样，或者他们可能受到你的感染而重新喜欢上敏捷教练这一角色。又或者他们会发现敏捷教练跟他们的职业规划或者个人志愿并不匹配。总之，让他们先观察你一小段时间。这显然会帮助他们自己客观冷静地做出自己的决定，从而确保没有人浪费宝贵的时间和精力。

在探索期结束之后，如果他们决定成为一位教练，邀请他们做你的学徒。我发现将一名学徒培养成一名能够独立工作的敏捷教练通常需要三个月左右的时间。第一个月，你可以向学员展示敏捷教练这一角色的各项工作，并且向学员介绍和解释你的每个行动（或者不行动）背后的动机和意图。通过观察你的工作方式，让学员更加善于客观地观察和做出选择。看看学员是否能够洞察到团队中正在发生着什么。询问学员对于某种特定情况会做出何种选择。向学员解释你在与团队或者某个团队成员互动过程中做出选择的依据是什么及想要达到何种目标。让他们在观察你的过程中了解敏捷教练这一角色的全部含义：指导整个团队、指导特定个人、教授敏捷思想、协助敏捷会议，以及通过谨言慎行来把控自己。

在进行一对一的指导谈话时，你或许觉得有"第三个轮子"在场是一件很别扭的事情。的确是有那么一点，不过你可以耐心地向被指导对象解释你希望通过让教练学员在旁聆听，让她学习如何进行这类谈话。也许在几个月后，现在的这个教练学员就会正式成为这个人的敏捷教练。所以，让她参与现在的一对一对话可以让之后的过渡变得更加顺利。

进入第二个月之后，你可以开始向教练学员移交一些日常指导事务。例如，你可以在开发工作规划会议上淡出一线，只做观察者。教练学员则走到前台，来协调整个开发工作规划会议。一旦你决定开始向教练学员移交这些职责，就要让团队了解这个教练学员已经开始逐步进入角色，而你将慢慢淡出目前的角色。在教练学员真正挑起领导各项事务的职责前，你要与她一起规划每次行动。但是你要记住，学员自己应该承担起规划自己行动的责任，你只是在旁辅助而已。在每次行动完成以后，你要给出自己对行动的评价。你可能觉得教练学员可以换一种方法来完成同一个任务。你可能对于某些事情感到好奇。你也可能发现他们在敏捷思想的贯彻执行上存在误解，甚至存在可能导致整个工作陷入困境的致命错误。你要向她提出你的建议和看法。在这种时候，你应该扮演教练学员的私人教练角色。

在这个月中，你在不断地向教练学员移交各种敏捷指导的工作。到第二个月结束的时候，学徒教练实际上已经成为团队的主要教练，而你已经转化为顾问的角色。

在第三个月，你只负责指导这位新教练，而不再直接干预团队。团队日常的敏捷指导工作应该由新近“毕业的”教练学员全面接管。你应该与新教练一起合作，向她提供一些窍门或者自己的见解，帮助她更好地确立和贯彻自己独特的教练风格——一种对于新教练来说自然而又能对团队成员产生切实影响力的风格。这种风格往往会在最后的一个月里形成。你应该静观其变。

你们此时的关系已经不再是师徒，而是同事和同伴了。你已经对你的教练学员指导两个月了。作为新人，她应该已经有足够的经验来完成本职工作了。例如，在团队需要进行一项新的敏捷实践时，你可能提出你的处理方式，但是要相信新教练有足够的能力按照自己的方法来完成任务。你们之间的互动更多的时候应该是一起比较不同的方法之间的优劣，而不是由你单方面地发号施令。随着时间的推进，你应该逐渐淡出。到这个月结束时，你将完全淡出这个团队的视线，新的教练已经接替了你的位置。

指导敏捷经理

当团队在敏捷的道路上不断前进时，有太多的人会对他们产生影响！各种各样的经理就是这些人中的一部分：团队成员的直属经理、团队所在的开发项目或平台的管理者、其他具有合作关系（或者不是那么友好的）的团队的经理，或者整个公司范围内的利益相关人（那些是管理者的人）。

他们实际上都是敏捷经理，但是他们可能连自己都不知道这一点。

他们可能仍然按照他们旧有的方式工作：告诉团队成员要做什么；在不征求团队意见的情况下，对人、小组及整个公司进行重组；单独地做出针对关键技术的决定。当在他们“之下”的团队能够自组织，并不断取得切实的成果时，经理们很多旧有的行为方式变得不再有用，甚至可能是有害的。他们需要采用一种新的工作方法，一份可以充分发挥团队（和敏捷思想）的力量来为公司创造最大效益的工作方式。在我和敏捷教练兼组织变化专家迈克尔·斯佩里德一起工作之前，他对敏捷经理这一角色已经认真思考了很长时间。他确信，如果能够指导经理们了解自己在敏捷过程中所应承担的责任，这将有助于团队成功地完成向敏捷工作状态的转化。我不得不赞同他的观点。我已经多次见过有些经理试图将自己传统的工作方式强加给那些有活力的、能够自组织、遵守承诺的敏捷团队，却最终导致团队丧失了敏捷的活力。

为了促进敏捷思想在团队中的应用，并使其目的更加明确，我们应该指导敏捷经理们在如下三个基本方面改变他们传统的思维方式和行为。

- **团队管理**。现在的主要目标应该是将团队的自组织能力与经理们的有效领导相结合。对敏捷经理来说，团队应该是他们持之以恒研究的对象，要研究团队是如何随着时间的推移而不断完善和发展的；如何将队员们有效地组织起来并培养他们；以及如何从长计议，评价、奖励和支持他们。敏捷经理的职责应该是作为“亲密的局外人”和团队的支持者，而不是在团队内部进行微观管理或者作为团队的“密友”。
- **投资管理**。指的是应该减少对时间进度和“下一个重大截止日期”的关注，而更多地关注和探究在当下最有价值的投资应该是什么。为了达成最大的商业价值并获得更大的竞争优势，在敏捷环境下的投资管理应该更加关注“在当前条件下，什么才是最有商业价值的投资”，而不是单纯地关注“我们现在是不是按照计划进度，并且没有超出预算”。要想从敏捷思想中获取最大的价值，团队就必须从“以计划为导向”的思维方式转化到“以价值为导向”的思维方式上。

- **环境管理**。指帮助整个组织以“高效”的方式思考。敏捷团队是在一个完整的组织环境中运转的，这个环境由各种流程和外部资源提供者组成。当敏捷团队以超出以往的速度和敏捷性运转时，组织内的其他部门的效率可能无法与之匹配。敏捷经理的任务正是促使整个组织以一种更加“高效”的眼光来审视组织内各种流程的设计及消除对各种组织资源的浪费（Spayd & Adkins，2008）。

这三个领域对经理们来说并不新鲜。经理们早已习惯于管理团队、投资和环境。然而敏捷经理要按照敏捷思想的相关要求来重新安排和组织自己的管理工作。我们教练的任务正是让敏捷经理逐步适应这种新的敏捷工作方式。通过掌握一套完整的技能，敏捷经理们能够掌握敏捷思想所要求的思维方式，并且按照敏捷思想的要求来管理相关的组织变化。这无疑是需要技巧和悟性——这是真正的精髓——来帮助组织顺利地吸收（或者重新吸收）敏捷思想的真正含义。作为组织变化管理的艺术家，敏捷经理们需要对一系列的情形和环境做出响应，而这些情况和环境中比较主要的有：改造现有的绩效管理体系，与其他经理们合作来精简业务流程，拒绝接受更多的工作负担——这些都是敏捷经理可能面临的棘手情况。当一个组织想要引入敏捷思想的时候，他们自身必须进行大量的组织结构改革。只有这样才能确保团队借助敏捷思想的力量不断增加自己所能贡献的商业价值。敏捷经理们必须提升自身在组织变化管理方面的能力，以及全程引领整个组织完成对敏捷思想进行吸收和利用的能力（Spayd & Adkins，2008）。

你是如何指导敏捷经理的

指导敏捷经理的过程看起来和对任何其他人进行一对一指导的过程非常类

似。首先要让他们了解自身所要扮演的角色的内容。让他们了解对于团队来说什么样的行为是有益的，而什么样的行为是有害的。可以特别强调他们做得出色的地方，帮助他们分析团队是如何从自己的帮助中受益的。当他们无意中做了有害于团队的事情时，也要将他们的具体行为揭示出来，让他们了解。自始至终你都是他们的敏捷教练。帮他们发现自己在职业生涯和生活中下一步需要什么，并且帮助他们了解敏捷思想将如何帮助他们实现之。

请参阅　如何教授敏捷经理的角色内容在第 7 章中有详细描述。

在你发现经理们对团队“指手画脚”时，指导他们的机会就自然地出现了。经理们之所以能胜任自己的职位通常是因为他们擅长解决问题，而这往往意味着他们要为团队做些什么或者对团队做些什么。通过与个别团队成员的交流，或者通过在定期评审会及站立例会上的观察，他们可能得出关于团队现状的结论。这些结论通常是错误的。如果经理们固执地坚持这些结论的话，他们可能着手采取行动“修补问题”。

想象一下一位经理在大厅里走向你说：“我想团队最近有些士气低落。在昨天的站立例会上，我注意到他们没什么活力。我们得做些什么。也许带他们玩一天来帮助他们充电？”作为团队的敏捷教练，你接受经理对团队的观察结果，但你也会告诉这个经理你会把这一问题交给团队自己解决，而不是由自己插手代劳。你要向经理再次强调一个事实，那就是敏捷本身就蕴涵着一个自然的循环周期，在这个周期里，团队可以做出规划、努力工作、达成有价值的成果，然后审视和改进他们的工作方式。在敏捷工作方式中，发现问题及解决问题的过程都应顺其自然。旁观者不需要通过额外干预而让一些事情发生。

经理的观察和结论可能是正确的。团队也许的确士气低落。如果是这样的话，教练可以探究这一问题的根源。教练可以强化团队可持续发展的观念，也就是说，让队员们了解每个人都需要按照一个让自己感觉舒服，并且适合自己目前生活状况的节奏来工作。只有这样，整个团队才真正是可持续发展的。教练可以召集一次讨论，然后提出团队目前士气低落的话题，让队员们自由讨论，并且最终找到解决方法。经理并不需要刻意计划通过让团队放松一天来帮助他们舒缓可能存在的职业倦怠。

你指导敏捷经理想让他们掌握的，同时是你自己正在学习的智慧，是“把问题交给团队”。将你发现的任何问题交给团队。只有他们才知道真正发生了什么及需要做什么。每个人都可以依赖敏捷思想赋予他们的知识和思维方式来想清楚这些问题。这一过程叫作回顾。

总而言之，不要让经理从团队之外的角度来“修复”问题。他们的见解和观察是受欢迎的、有价值的和重要的。他们的擅自行动则不然。

有时你可以及时发现并制止他们的行动，有时你不能。当经理擅自干预，并对团队造成破坏或是困惑时，让其后果自然发生。如果有团队成员对敏捷经理代替他们“解决”了一些事情而感到不满时，鼓励团队成员跟经理谈一下这个问题。如果整个团队都因为觉得自己被经理的行为所操纵，从而产生了严重的抵触情绪，那么帮助他们组织一次正式的团队和经理的对话。不必保护任何人让其免于承受任何自然发生的结果，因为每次挫折中都潜藏着学习的机会。你还可以对经理进行一对一的指导，以帮助他们进一步从中学习和领悟。这样你就可以有效地控制矛盾，让经理充分了解目前的状况，并且可能促使他在对敏捷思想的理解和掌握上更上一层楼。

通常情况下，有一类特殊的局外人可以扮演更加特殊的角色，并且对团队产生更大的影响。这类人就是团队的发起人，在一些组织中也被称为客户（不要与那些使用团队所研发产品的真正最终客户相混淆）。不管这类人的角色名称是什么，你都要知道这样一个特殊角色是切实存在的——发起人——因为他们为团队提供资金支持。

发起人是一种特殊类型的经理

发起人有着和其他敏捷经理类似的角色形式，因此也可以像其他经理那样被指导。发起人也有一种特殊的权力——掌握钱袋子的权力。简言之，你需要让发起人知道，只要她在各种事务上保持与产品负责人的合作和沟通，她最终一定可以获得想要的结果。

你要指导发起人来为团队服务，只有这样团队才可以取得辉煌的工作业绩。

- 站在他们的立场阐述愿景。尽管产品负责人在绝大多数情况下都理所当然地充当着团队愿景规划者的角色，但如果由发起人向团队阐述相同的愿景，就会发生一些神奇的事情。当由发起人向团队阐述为什么他们开发的产品对公司及外部世界是如此重要的时候，神奇的事情就开始发生了。如果发起人能进一步解释为什么这个产品对于团队成员个人而言也很重要的话，神奇的事情就会继续发生。知道这些“为什么”对于团队来说可能是强大的动力。
- 在开发周期评审会中出席并且保持专心。可以肯定的是，发起人应该出席并重视开发周期评审会。团队总是想了解他们在上个开发周期中做得有多好（或者多不好）。如果每隔一段时间都能听到来自“高层”的反馈，他们会觉得自己的辛勤工作是值得的，而且他们的个人价值是得到公司认可的。尤其是，如果产品负责人在公司内部的管理结构中所处层级很低，发起人的直接参与就会对团队产生特别的影响力。也是在这种情况下，发起人可以代表公司发言，而产品负责人不可以。从发起人口中直接听到反馈可以帮助队员们回答这些问题：我们对于公司重要吗？我们研发的产品重要吗？听到这些反馈，团队可以一身轻松地投入下一个开发周期中。
- 讨论业务权衡和管理预期。指导发起人，让他们了解他们带给团队的所有事情几乎都会落入两个类别：业务权衡和管理预期。

例如，在开发周期总结会上，发起人可以告诉团队和产品负责人公司愿意在一个特定的方向、技术或者理念上投入多少资源。这就是业务权衡。在团队准备规划他们下一个开发周期的工作时，这对团队是重要的而且是有帮助的约束信息。

类似地，在总结会上，发起人对团队的讲话内容多数围绕着他是如何与产品负责人一起管理来自外部其他人员对团队的期望的。团队需要知道发起人和产品负责人两个人在共同努力，有效管理着团队之外的其他人的期望，并为团队提供了很好的“空中掩护”，这样团队就可以专注于自己的本职工作——开发性能卓越的产品。发起人应该只提供大致的信息让团队了解目前的状况，而不应涉及太多细节，更不应该让团队担忧一直存在的办公室政治。

- 保持团队的责任心。发起人应该与产品负责人一起保持团队的责任心，保证他们能够完成自己的承诺。指导发起人应该对团队保持高要求，并且期望（也是真正地相信）团队可以达到他的要求。

对发起人进行指导的最好时机是在开发周期总结会即将召开之前。和他一起讨论你刚刚总结出的发言要点。与发起人一起讨论你期望产品负责人和其他敏捷经理应该遵循的行为方式，因为这些行为方式也是你希望发起人去遵循的。

记住，你正在指导发起人了解自己在敏捷体系中的角色，所以帮助他们准备开发周期总结会是你的本职工作之一。他们的“薪酬等级在你之上”这一事实不影响你是他们的教练这一事实。做好敏捷教练意味着每个人都需要从你这里学习新的行为方式，即使发起人也一样。

让他们知道你会在开发周期总结会之后与他们再进行一次对话。与你指导其他学徒教练一样，在这次对话中，你会为发起人提供你的个人评价。让他们了解他们自己怎样的行为对团队是有利的，怎样的行为对团队是有害的。让发起人了解怎样的互动方式能够从更高层次上为团队创造更好的工作环境，给予团队更大的帮助。这样一来，团队就可以达成发起人所希望的成果。发起人也学会了该如何更好地支持团队，从而促进团队产出更好、更多的成果。发起人也能增加其所得。每个人都是赢家。

内容回顾

下面总结一下本章提到的观点。

- 敏捷指导分为针对单个团队成员的一对一的指导和对整个团队的指导两种形式。一个优秀的敏捷教练会根据团队当前所处 Sprint 或产品发布周期的阶段，去选择合适的指导方式，而且通过指导可以起到预期的效果，不会给团队造成麻烦和混乱。
- 在敏捷中的敏捷指导=指导+敏捷辅导。作为敏捷教练，需要参与到所指导团队成员工作和生活的方方面面，并帮助他们成为杰出的敏捷专家。

- 立刻开始与团队沟通和交流。这样，当遇到问题时，你已经和团队之间建立起了指导与被指导的关系，你已经清楚相关人员目前处于敏捷旅程的哪个阶段。
- 要认真指导产品负责人，因为一个优秀的产品负责人对建立一个健康、积极的敏捷团队至关重要。
- 教会其他人如何做敏捷教练，从而能拓宽自身的技能和知识。一旦可能，应立刻收一个敏捷教练学徒。
- 要认真指导经理们，因为他们的表现会影响整个团队的工作绩效。
- 发起人是一种特殊类型的经理。他们也需要我们的指导，这样他们就能学会如何从自组织的团队中，获得比自己所想象还要多的东西。

延伸阅读

Hackman J R. 2002. *Leading Teams：Setting the Stage for Great Performances*. Boston：Harvard Business School. 这本书从头到尾都很有用，尤其是“Expert Coaching”这部分。

Scott S. 2007. *Fierce Conversations：Achieving Success at Work and in Life One Conversation at a Time*. New York：Berkley. 这本书不仅适合阅读，而且在每章中还有很多供个人或团体练习的实例，其中很多范例都适用于项目回顾。

Whitworth L K,et al. 2007. *Co-Active Coaching：New Skills for Coaching People Toward Success in Work and Life，Second Edition. Mountain View，CA：Davies-Black.* 这本书系统地阐述了什么是专业指导，并着重介绍了“指导”在语义上所包含的内容。

第 6 章 教练是协助者

我可以就医疗服务、天然气分销、市政供水系统、信用卡恢复、油井生产、网站内容管理和国家防御系统精简等主题，与人进行富有见地的对话。事实上，我对于这类主题了解相当多，这里只是列出了其中几个。我本性好奇，但尽管如此，我还是没有获得兼收并蓄的专长来满足我对知识的渴望。我之所以了解这些，只是因为工作需要而不得不去学习。做项目经理，在各种各样的领域成为专家是成功的关键，有时甚至是生存的关键。

作为项目经理，我理解每项决策的原因，我也经常站在团队的立场发言，即使是复杂的技术话题。对于不是面对面一起工作的团队成员，我就是他们之间沟通的枢纽。我把知识从一位团队成员带给另一位团队成员，最终这些“零散的部件”得以组成整体。在我的头脑中（或者我的项目时间表上）保持着项目相关的所有片段，并且确保这些片段最终都能很好地完成。过去，我往往是唯一一个掌握项目整体的人员，所以培养自己在某个领域的专业技能是必需的。

本章学习结束后，你将能够回答如下问题：

- 标准敏捷会议的目的是什么？我如何教授团队从而帮助他们达到这些目的？
- 什么时候我应该介入团队的对话，什么时候不应该？
- 如果我没有参与到对话的细节中，我还可以做什么？
- 如何利用有力的观察、有力的提问和有力的挑战来帮助团队改进他们的正式和非正式的对话？

我以前经常为自己对团队的贡献感到自豪，行业知识就像我佩戴的荣誉勋章。曾经有一次，我记得一位同事惊呼："她谈论阴极保护的方式，你会以为她已经做了一辈子的天然气管线！"能被认为是一个知识渊博的内行，我当时觉得很荣耀。

到我第一次指导敏捷团队时，我才如梦初醒。他们不仅不需要我告诉他们要做什么，甚至不需要我参与他们的对话。一个健康的敏捷团队总是可以保持完善的、高质量的沟通。他们知道"计划"，这个计划或者是一个又一个的发布计划或者是日常计划。这与我之前做项目经理时的经验完全相反，同时我也确实发现团队不需要我去协助他们的工作、去做他们的代言人或者他们之间沟通的纽带。我当时意识到行业专家已经不存在了，也因此对自己的价值产生了怀疑。

从一位拥有行业专长的项目经理转变为一位敏捷教练，这对当时的我来说非常困难。直到我意识到：我可以只是作为团队的一分子参加团队日常的讨论，或者我需要完全进入敏捷教练的角色，帮助团队变得越来越好，这种状况才发生了转变。这是非常重要的，是别人没有做过的事情。

要帮助团队变得越来越好，就意味着我必须大幅地提高我的协助技能。很快我了解到，从标准敏捷会议及日常对话中帮助他们获得经验，对他们来说是有价值的。

敏捷教练通过给团队创建一个"容器"来进行协助，这个"容器"中盛装的是团队成员新奇的想法和创新，通常表现为一组例行的问题或者一些其他轻量级的和灵活的框架。这个框架恰到好处地在保持自己目标的同时又激励了一个更丰富的交互环境，在其中可以听到绝妙的想法。教练创建容器，团队填充内容。

在本章中，我们将探索敏捷教练作为团队协助员，如何在站立例会上和非正式对话中帮助团队，并按逐个会议进行介绍：站立例会、Sprint 规划会议、Sprint 评审会议和回顾会议。牢记"我们为什么举行这次会议"的宗旨，我们来探索教练指导团队的方法。这些方法可以帮助团队抓住会议的主线，之后再让团队自己去寻找答案。

在非正式对话中，教练应该对如何提高团队沟通质量保持关注，只有高质量的沟通才能促进团队提高他们的产品质量。与只是作为一个行业专家相比，这样做责任更大，也更有价值！

保持轻微的接触

在站立例会上和非正式对话中，协助的基本意图永远是：支持团队的自组织和增强团队自始至终交付真正商业价值的能力。当团队创建的产品将使团队自己震惊同时让客户感到满意时，你便会了解到它起到了作用。

一个自组织团队创造出令人自豪的产品，他们的工作为团队带来了惊喜。这就是我在为团队服务时，为什么推荐“轻微接触”的原因。轻微接触式的协助意味着，教练要时刻提醒自己“这是他们的会议，不是我的”。一天当中的每次会议都重复它，让它深入骨髓。

协助的数量和类型，随具体的会议有所不同，但是教练应该保持自己的目标，那就是团队最终可以自己进行这些会议。自给自足不会立竿见影，甚至对于有些团队，自给自足也许永远都不会发生，但只要教练保持这种意向，就可以保证自己不会成为团队的中心，而破坏团队的自组织性。

协助站立例会

对于每天的工作，为了提前进行自组织，团队成员需要回答三个直接的问题：

- 从上次站立例会到现在，我做了什么？
- 在下次站立例会之前，我会做什么？
- 哪些障碍阻止了我工作或者使我的工作放缓？

这个简单而强大的公式可以促使每位团队成员每天都要制订自己的工作计划、获得清除障碍的帮助，以及对团队做出承诺。如果团队站立例会进行得好的话，团队就可以获得如下效果。

1. 共济压力

健康的敏捷团队都会经受共济压力（Peer Pressure）。在这些团队中，所有的团队成员都承诺要一起完成该 Sprint 的工作。这就使得工作（和人）相互依赖并且对彼此负责。如果一位团队成员说她将连续三天做同样的事情，她显然缺乏前进的动力，而你对此不能视而不见。因为她未完成的工作会变成其他某位团队成员的障碍。

2. 细粒度的协作

在站立例会中，团队成员的交流应该快速且有重点。“哦，我不知道你计划今天下午做这件事。这意味着我需要调整我的工作顺序，这样你今天下午才可以按照你的计划进行。好吧，我可以调整我的工作。我很高兴你说了这些。”这种细粒度的协作使得团队成员知道他们之间如何及何时去仰仗对方。一个敏捷团队应该追求零等待，因为等待就是浪费。如此细粒度的协作无疑会增加团队零等待的机会。

两个比萨饼大小的团队

在《Scrum 敏捷软件开发》（*Succeeding with Agile*）一书中，作者麦克·科恩提出了一个简单的方法用来辨别什么是合适的团队规模，那就是，如果两个比萨饼够整个团队成员吃的话，那么这个团队的规模比较合适。

因为两个比萨饼大小的团队跟家庭的规模相似，站立例会的目标可以轻松达成。当团队是家庭规模大小时，人们在头脑中就往往很容易追踪到团队中发生的事情。人们可以很容易地记住每个人每天的承诺，以及每个人对于其他成员或团队成果的责任。

3. 聚焦少数任务

在站立例会期间，通过故事/任务板，团队中的每个人都可以知道哪些工作正在进行，哪些工作已经完成。健康的敏捷团队关注事情的完成，也就是说，任务不能在整个 Sprint 期间一直处于进行中。每天的站立例会，团队确认哪几个少数任务是当前的焦点，这样团队成员就可以尽快把这些任务做完。做完 30 件事比正在做 50 件事更有意义。

4. 每日承诺

每位团队成员每天都需要对团队做出承诺。这样团队就可以知道每位团队成员每天会交付什么成果并如何保持彼此负责。

5. 提出障碍

任何时候团队都可以提出障碍，但是站立例会是一个黄金时刻，团队成员可以停下来，并认真考虑“有什么事情阻碍了我或者让我的工作放缓”？

在站立例会期间协助

在一个新的团队中，或者在任何你采用教授风格进行指导时，强调站立例会的规则：15 分钟、三个问题、杜绝长时间的对话及其他的附加规则。在教授这些规则之后退后，团队不需要你跟他们站在一起，也不需要你作为主持人引导团队成员发言。

团队自己可以做得很好。所以请教练退居幕后，最好能在团队的视线之外。

请参阅 对于何时及如何使用教授风格，第 4 章中有详细介绍。

作为一项指导原则，如果你不想教授或者不想重申站立例会如何进行，那么，在站立例会期间就不要去干预。一般来说，在一个新团队成立初期，你干预会多一些，这时候团队成员会学着如何遵循站立例会的原则。很快，教练就应该停止干预，而把更多的注意力放到对团队成员的观察上。相反，可以在站立例会之后，提供观察和见解。你可以询问团队：“我可以说一下我对站立例会的一些观察吗？”如果团队成员的回答是肯定的，那么就可以简洁地说一下自己的观察，不需要带有任何评判，只需带着好奇感来引发他们的反思。如果他们会针对你的观察进行讨论，并且知道了如何把下次站立例会开好，那就太好了。如果对话没有发生，那也没关系。

在 Sprint 期间，团队的工作就是冲刺。因此，如果团队没有接受来自你的观察，并做出改变，别强迫团队去做改变。因为这样做可能引入额外的检查并调整周期。如果这些周期可以在几分钟内完成，它们可能就是有益的，而如果团队引入了太多干扰，这些干扰导致团队不清楚自己如何继续完成 Sprint，那么这些周期可能就是有害的，所以要把一些轻微的违规行为留到回顾的时候再解决。

请尝试

让团队自己启动站立例会。在这个“魅力时刻”到来时，教练不需喊着“到站立例会的时间了”，只要站着就可以了。

当团队注意到站立例会时间已经开始（或者如果他们错过了站立例会时间）时，团队成员就会乖乖地站在那里。你要保持安静，让其他人宣布站立例会开始。因为如果你不宣布站立例会开始，团队成员中就会有人做这件事。

不管团队什么时候开始，保持时间框不变。一旦从计划的时间开始过了 15 分钟，你就要宣布：“15 分钟到了，站立例会结束。”你在刚开始的时候可以这样做几次，而几次以后，团队就会习惯于自己开始站立例会并在 15 分钟内结束该会议。

修补站立例会

有些时候，对于不好的站立例会行为，最好尽快解决。这些不好的习惯可能是一些团队成员已经习惯了不参加站立例会，也有可能是在站立例会期间，团队成员之间彼此交谈、收发邮件，或者在站立例会期间忽略其他成员。

这些问题不是小问题，你需要及时干预。

对于教练来说，什么时候修正站立例会所存在的问题，而什么时候对此不做任何处理通常是很难决定的。在一个新的团队，当教授团队如何运转站立例会的时候，你可以决定，如果发现问题，就马上解决。对于一个已经成立了一段时间的团队，你需要选择要还是不要解决站立例会所存在的问题。与建设一个“完美”站立例会相比，如果团队从目前低效的站立例会中能学到更多有益的东西，那么你就可以让他们保持现有的做法，即使认为它看起来很可怕。在做这种判断时，要基于当前的做法是否会破坏团队的自组织能力。真的，这是一条很好的准线。

假设你已经认真考虑过是否要对团队进行干预，并已决定进行干预。有如下两个方法可用来进行有效的干预，以解决站立例会的一系列问题。

（1）强调站立例会的目的。教授团队通过站立例会，我们所要获得的成果是：产生共济压力、利用细粒度协调、聚焦少数任务、做出每日承诺及提出阻碍。然后询问团队成员“站立例会对你们来说怎么样？你们得到了所有这些成果了吗”？通过随后的交谈，团队可能选择使用目标声明作为每天的度量，在每次站立例会之后，团队成员对自己的表现做出相应的评价。这对于团队成员来说是一个强有力的自我管理工具。

（2）要求眼神支持。这可以当作一个游戏介绍给团队。游戏是这样的：当一个人在站立例会中发言时，要求其他每位团队成员都直视发言的成员，并进行眼神交流。别让发言的人抓到你在看别处！这个游戏可以帮助发言的人发言简洁，同时可以加强团队成员对每位发言人所讲内容的理解。反过来，这可以帮助团队加速达成一个更加完善的每日计划（Devin，2009）。

记住一对一的指导对于你来说总是一个可供使用的选择。如果团队的行为已经很有局限，如果公开解决这个问题，整个团队并不会从中受益，那么可以尝试一对一的方式。

请参阅 尽管对站立例会最有害的行为可以在小组中解决，一对一地指导团队成员对于教练来说也不失为一个不错的选择。在第 5 章中对于何时及如何进行一对一指导有详细介绍。

如果你对站立例会进行了干预，而团队仍然不做任何改正，又会发生什么呢？记住成就和挫折都是团队的，而非你的。只有当团队学会如何彼此依赖的时候，敏捷才会发挥效用。这与你自己是不是一位好教练无关。所以如果他们不做改进，那么暂时接受这些不合规的行为，为他们创造空间并在回顾时把问题提出来，而不是马上寻找其他方法去解决问题。

同时，他们会为站立例会的低效付出相应的代价。别放过这些瞬间。人们常常看不到因果之间的关系，所以你一定要把团队的注意力引到因果关系上。放大团队感觉到付出代价的瞬间，帮助他们了解因果之间的关联。你或许可以强调站立例会的目的，并且反复但非挖苦地问：“如果站立例会不是这样的话，你认为这个问题会避免吗？”

行为的改变会发生，但往往来得比较慢。在改变他们的站立例会行为之前，一个团队通常需要从不同的角度进行多次尝试。要有耐心，并且坚持尝试。只有你不去屏蔽因差劲的站立例会导致的自然后果，他们才会在需要时做出改变。

协助 Sprint 规划会议

Sprint 规划会议需要很少量的协助，即使在开始阶段。如果你可以向团队提供一个用来执行 Sprint 规划的框架，那么团队就可以自己进行 Sprint 规划。一些议程问题或者我们要尝试从 Sprint 规划中获得的成果列表都可以作为框架。

不管你使用何种框架来指导团队，都需要确保框架支持 Sprint 规划的目标。

（1）了解工作。为了让团队可以着手面前的工作，团队成员必须理解、选择、分解和志愿认领任务。对于产品负责人要求添加到 Sprint 中的、具有最高商业价值的待处理事项，团队需要理解其范围和规模。有了理解，团队才可以选择哪些待处理事项可以被添加到当前的 Sprint 中。然后团队可以为选中的工作创建任务。在完全理解工作及相应任务的基础上，团队成员就可以在 Sprint 进展过程中自愿挑选任务。

（2）获得一个全新的开始。不管上一个 Sprint 如何结束，当前的 Sprint 都是全新的。团队成员带着在回顾会议中达成的一致的、新的责任感，来参加 Sprint 规划。过去的已经过去，而未来还是未知的。当前的 Sprint 是团队唯一可控的。

（3）对共有目标做出承诺。所有的团队成员都要理解当前 Sprint 中的所有工作，并且一致同意要达到的 Sprint 目标。对于他们已经选入当前 Sprint 的待处理事项，他们要承诺完成。

（4）创建重点和充裕感。根据团队之前的成绩，通过为当前的 Sprint 选择适当数量的工作，团队为自己创建了重点工作。因为他们不再需要担心全部的事情，他们可以全身心地投入选定的重点工作中。心理负担没有了。取而代之的是，团队只要关注他们承诺的事情。这就给了团队一种充裕感：“哦，这足够了。”足够的时间、足够的人力和足够的创造力。他们有了完成该 Sprint 所有工作所需的一切。

Sprint 规划框架

在一个海报上写下这些话，并将这些话作为框架，团队在 Sprint 规划期间用它来指导自己。

当我们可以回答如下问题时，Sprint 规划就完成了：

- 如果 Sprint 的目标是报纸的标题，那么它会是什么？
- 本 Sprint 的团队构成是什么？
- 本 Sprint 中团队总人力投入是多少？
- 什么是具有最高商业价值的待处理事项？
- 对于这些待处理事项的顾虑（技术的、政治的、文化的）是什么？
- 团队还有什么其他顾虑？
- 鉴于这一切，哪些故事、满足条件、任务和工作项的估计将组成本 Sprint 的待处理事项？
- 鉴于这一切，这个 Sprint 的故事或者满足条件有什么变化吗？有没有待处理事项需要从 Sprint 中移出？
- 团队对本 Sprint 的最终承诺是什么？

（来自 Tabaka，2006）

当我们达到这些目标时，Sprint 规划就完成了。我们从 Sprint 规划达到这些目标了吗？

- 了解工作——理解它、选择它、把它任务化、志愿完成它。
- 获得一个全新的开始。
- 为共有目标做出承诺。
- 创建重点和充裕感。

为 Sprint 规划做准备

在为 Sprint 规划做准备的时候，教练有两个任务：把一个结构（会议“容器”）

整合到一起和确保产品主管已经准备好待处理事项。结构可能是任何引导问题或者是议程项的列表，它们可以帮助团队达到 Sprint 规划的目标，就像我们刚刚讨论过的那些。

第二项任务需要产品负责人的参与和努力工作。教练需要确保产品负责人知道为 Sprint 规划而收集并准备待处理事项的重要性。当具有最高价值的待处理事项被标记出来，产品负责人就已经为给团队展示这些工作项的商业价值做了必要的工作，并且这些工作项也已经被分解为适合 Sprint 的大小时，你就知道产品工作项已经准备好了。

请参阅　如何指导产品负责人在第 5 章中有详细介绍。现在，教练需要意识到，需要时间教授产品负责人了解自己的角色，需要时间指导产品负责人充分体现其角色作用，也需要时间允许产品负责人在执行该角色的过程中失败，并最终成功。

产品负责人通常与团队一起整理待处理事项，包括团队对待处理事项中的每项所做的工作量评估。这个过程可能贯穿整个 Sprint，或者发生在 Sprint 规划之前的某一次会议中。在罗曼 · 比基勒（Roman Pichler）的书 *Agile Product Management：Creating Products That Customers Love* 中，关于产品负责人何时及如何准备产品待处理事项，并为 Sprint 规划做好准备，以及产品负责人如何通过与团队合作，准备产品待处理事项，都给出了很直接的建议。书中以缩写词“DEEP”来说明“一个好的产品待处理事项有四个特点：适当地详细（Detailed Appropriately）、被评估（Estimated）、紧急性（Emergent）、已设定优先级（Prioritized），合在一起就是 DEEP”（Pichler，2010）。

在 Sprint 规划期间进行协助

为了协助 Sprint 规划，你需要介绍计划会议的结构，以确保所有的团队成员理解并赞成使用该结构（或者此时与团队成员一起调整该结构）。通过这样，让团队成员了解你将只负责掌握计划会议的时间框，其他的由团队成员负责。

为了掌握时间框，你需要先询问团队成员，以确定为了完成 Sprint 规划所需要的时间。一旦时间到了，Sprint 规划就将结束。这样，由于时间框的压力，团队就会把关注点放到即将要做的工作上面，从而完成相应的计划。需要注意的是，时间框应该以小时计而非以天计，随着时间的推移，团队在 Sprint 规划会议上应该越来越高效。

一旦时间框启动，你可以退后，而让团队成员用自己的想法来填充时间框。当然这并不是说你可以到走廊上与朋友长时间地聊天。相反，你需要跟团队在一起，倾听团队的对话，并注意他们的进展。从局外人来看，你看起来好像只是坐在那里没做任何事情，实际上，你正在积极地做一些事。你需要倾听，并捕捉可以教授的瞬间，在这些瞬间，几个恰如其分的词就可能使团队了解他们正在讨论的事情，并引起他们更加深入的思考。之所以会这样，只是因为教授发生在最恰当的时间，与团队在那一瞬间正在讨论的问题紧密关联。

在团队进行 Sprint 规划的过程中，你可以检查几次。“这些议程问题，你们现在可以回答哪些”？通过问这个问题可以帮助团队成员自己跟踪他们的进程，同时让团队成员清楚地知道 Sprint 规划的责任在于他们。在整个 Sprint 规划会议过程中，掌握他们的时间框，并给他们一些时间提示：“你们还有两小时……你们还有一小时……你们还有 15 分钟……好的，Sprint 规划已经结束了。我们该走了。”

在 Sprint 规划阶段，可教授瞬间通常跟团队在该 Sprint 中考虑的产品待处理事项有关。因此，一定会出现关于用户故事的可教授瞬间：什么是好的用户故事？我们如何创建好的用户故事？为什么这个用户故事描述这么冗长？谁是真正的用户？这些问题及很多类似问题都是通用的。针对这个主题，迈克·科恩写过两本书，即《用户故事与敏捷方法》（*User Stories Applied：For Agile Software Development*）和《敏捷评估与规划》（*Agile Estimating and Planning*）。这两本书不仅仅对软件项目适用，因此不要被书的副标题“以软件为中心”给迷惑了。

在 Sprint 规划阶段中，其他常见的可教授瞬间给了教练如下机会。

（1）专注于交付的商业价值。向团队发出这样的挑战，首先要保持交付真正的商业价值。你可能要问：“很棒的用户故事，但那有什么用？这个用户故事可以交付的真正的价值是什么？”“到底为什么要做这项工作？真正的用户可以从这项工作中得到什么？”注意这里反复用到“真正的”一词，当然这是有意的。

（2）提升强烈的产品所有权。强化产品负责人作为团队愿景管理人的角色，这个角色可以帮助产品负责人待在产品层次。作为愿景管理人，产品负责人经常说的是需要做“什么”，而不是团队经常提到的“怎么”去做和做这件事需要“多少”工作量。当团队询问你关于产品的问题时，把他们引向产品负责人。强化产品负责人的角色，让产品负责人始终作为产品愿景和决策的唯一声音。

请参阅　关于产品负责人角色的完整描述，以及产品负责人角色如何与其他敏捷领导角色交互，在第 7 章中有详细介绍。

（3）维护健康的角色边界。角色迟早会变得模糊。产品负责人也许欺压团队或者被团队欺压。敏捷教练（也就是你）也许更多地介入 Sprint 规划阶段的任务细节而忘了自己是一个教练。如果这些事情发生了，那么就需要站出来维护产品负责人和团队，以及敏捷教练和产品负责人之间的健康边界。同时要允许团队帮助你坚守自己的角色。我们不是为了维护一条规则而这样做。我们要做到的是坚持健康的角色边界，这样产品负责人、敏捷教练和团队成员三个角色之间就可以协同工作来获得最大的效力。

（4）改进任务组织。团队在组织任务时，经常会卡壳，这时候任何推进任务组织的要素都是受欢迎的。每当团队渴望推进任务组织时，教练需要确保团队不会以牺牲理解为代价。因为整个团队承诺了当前 Sprint 中的所有工作，每位团队成员都必须理解每个故事。使用思维导图和静默任务分解来同时改善会议进程和共同的理解。根据维基百科（Wikipedia）所述，“思维导图是一张图表，它有一个中央关键词或想法，连接或者环绕在其周围的是相关的字词、想法、任务或者其他项”。使用思维导图，各团队成员同时画一张图，而这张图包含完成一个故事所需的所有任务。故事本身位于思维导图的中心。他们只需要很少的对话就可以完成思维导图，每个人在思维导图中添加自己的内容。另一个方法——静默任务组织方法就是静默地组织任务。每个团队成员对于所有的用户故事创建任务，相互之间不做交流，然后把任务贴到故事板上。最后，每人都浏览所有的任务并确保团队成员完全理解任务。重复的任务自然会出现并被合并。遗漏的任务也会显得很明显，并且被增补进来。

协助 Sprint 评审

在 Sprint 评审时，敏捷教练通常扮演一个后台角色。在即将进行 Sprint 评审前，提醒团队需要把 Sprint 做过的所有任务整合到一起，并且演示当前 Sprint 期间开发的真正产品。把所有任务整合到一起并不意味着做一个大的演示或者提升个人的公众演讲技巧。它意味着花费最小的努力向干系人展示团队真正创建的产品。为使展示更完美所花的时间等于损失掉的创造产品的时间。你应该记住这一点并且帮助团队在这方面进行平衡：更多的时间应该花在真正的工作上，更少的时间花在让事情"看"起来更好上。随着 Sprint 评审时间的逼近，记住评审的目标。

（1）真实展现。在 Sprint 之初，团队做出了承诺。现在团队需要了解在本 Sprint 期间哪些做完了而哪些还没有完成，并且正式要求产品负责人对工作进行验收。

（2）展示和说明。用真正的产品展示哪些完成了，而不是用一些花哨的幻灯片或者精彩的演讲。

（3）获取直接反馈。听取干系人、客户和用户对于刚刚创建的产品的反馈。产品如何有用？产品是否符合他们的预期？在演示过程中，他们还有什么好想法？

（4）提供内部情况。让干系人了解团队内部，以及团队与组织中相关部门是如何一起工作的。如果团队在 Sprint 评审之前进行了回顾，团队也许可以分享一些新鲜的内部情况，前提是这些情况对 Sprint 评审的听众或者团队是有用的，并且团队觉得可以安心地分享它们。

（5）寻求帮助。团队可以提出一些大的障碍，这些障碍需要帮助才能得到解决，因为这些障碍不论是团队、团队的敏捷教练，还是产品负责人都解决不了。通过 Sprint 评审，让所有人知道这些障碍，并且从外部相关方那里获得特别帮助，以清除这些障碍。

牢记上述目的，你就可以指导团队按照价值第一的顺序发言。试想：雷已经同意在 Sprint 评审时演示网站新的“提醒我”功能。雷不去告诉听众他在完成这个功能时的所有相关事情，包括他所遇到的所有死胡同和跳过的所有障碍，而只是简单地声明“这就是这个‘提醒我’的新功能，它可以帮助我们的客户在填写在线申请表的时候节省大约三分钟”。他从价值入手，“为什么我关心”的想法概括了他在产品上投入的所有努力。这就让 Sprint 评审与会者看到了他们想看的：产生真正价值的真正产品。如果雷认为对与会者有益，他也只把自己从遇到的死胡同和越过的障碍中学到的精华与大家分享。

在 Sprint 评审期间，教练并不重要（或者至少从旁观者看来并不重要）。教练坐在后面，远离主要的活动。这个建议对你来说可能比较难以接受，特别是在团队刚刚组建或者团队已经形成但还比较散时。也许即使团队做得不错，对于你来说还是比较难。在 Sprint 评审期间，你也许非常想加入进去，并且扮演主持人的角色。在这种情况下，你的本意是好的。这样做了，你就是试图要确保 Sprint 评审进展顺利，团队可以展现他们（和你）有多出色，并且没有人在相关方面前陷入尴尬。然而你要知道，团队并不需要你担当主持人或者负责保护团队成员。如果你给团队空间让团队自己处理 Sprint 评审，团队会处理好的。你有其他事情要做，而这些事情可以产生更高的价值，所以坐在后面，保持安静并注意观察。

没有参与评审并不意味着你可以休息。在整个 Sprint 评审期间，你需要把注意力放在团队内发生的和针对团队发生的事情上。注意观察并且做好笔记。当你在观察团队时，牢记 Sprint 评审的目标：真实展现、展示和说明、获取直接反馈、提供内部情况和寻求帮助。你应该记住目标，警觉地考虑如下问题。

- 团队成员之间是如何进行交互的？当一位团队成员发言时，其他团队成员是否把他们的注意力、精力和支持都放到该成员身上？他们注视发言人了吗？效果怎么样？他们是不是只是把部分注意力放到发言人身上？效果如何？
- 团队成员和产品负责人、客户、其他相关方之间交互的形态是什么？这些人中是否有人向团队提出过要求，团队是盲目地接受了还是忽略了？

- 产品负责人采用的是不是产品待处理事项作为管理需求的方式？有没有明确接受和重新确认新的需求，以便理解它的商业价值，并与待处理事项中的其他需求进行对比来考虑其商业价值？
- 有没有人被欺压或者被强制沉默？
- 团队成员之间是否能让关注点顺利传递？是不是每位想发言的团队成员都得到了发言的机会？
- 在对话中有哪些对敏捷的误解或者错误使用？

记下任何吸引你注意力的事情。敏捷教练瑞秋·戴维斯和莉斯·塞德利推荐记录下“迷你引用——只记字词”，特别是当听到有人说的是对敏捷的误解或者错误使用时（Davies & Sedley，2009）。

在 Sprint 评审之后，跟团队分享笔记。不管之前记了什么都可以；笔记不需要修饰甚至可以不总结。你的笔记上也许记得觉得好奇的事情、没有关联的事情或者没有搞清楚的事情。要相信，说出这些东西，团队就会把它们关联起来。他们知道这是怎么回事。你带来最大的好处就是帮助团队看他们知道的事情。

团队也许对这些观察结果有争论。也许他们只是听取了这些结果但是没有回应。他们也许只是太累了或者被伤得太深，因而现在不能吸收太多。这些结果都是可以接受的。只要分享你的观察就足够了。

观察类型

一旦开始按照这种方式在 Sprint 评审期间进行观察，你可能发现观察会分为两类：加强的观察和深化的观察。

加强的观察是为了坚持敏捷。它们会提醒关于敏捷的东西，也许是实践、原则、角色或者价值。这些东西通常表述为“这一条用得好”或者“哎呀，错过了那一条”。例如：

这一条用得好：“很好地运用产品待处理事项来管理新的需求。”

哎呀，错过了那一条：“客户指着燃尽图并且质问你们，为何燃尽图中间有个大尖角。你们错过了机会告诉她燃尽图该如何使用和中间的大尖角没有任何意义。”

深化的观察是指可以给他们揭示团队的内部工作方法。当这些观察被传达时，一般遵循这种模式："这是我看到的，你看到了什么？"

作为教练，要知道你深入的观察也许是准确的，也许是不准确的。你看到的东西也许事实上不是这么回事。这些观察是否准确并不重要，只要你提出的观察结果能引起他们提问就好——这才是观察的真正目的。因此，要直接分享你的观察，不用管他们是否"正确"。然后提出问题来邀请团队成员把你的观察作为他们自己反思的原始材料。

在 Sprint 评审之后，如果团队没有精神和情绪来回应你的观察，那么不要强求他们现场交谈讨论它们。也许你只要说出自己的观察，然后就结束了。也许可以把这些观察写在海报上，然后贴到房间的某处。这些观察很有可能在后来引发一些讨论。

观察示例

下面是在 Sprint 评审期间的一些观察示例。看看你能否区别哪些是强化类的观察，哪些是深化类的观察。

- "发起人在评审会上很投入！她来了，全心参与 Sprint 评审，并且支持我们。真是太奇妙了！"
- "我注意到发起人提问'敏捷方法效果如何'时，现场安静了好一会儿。回过头来想一下，当时你们在想什么？"
- "相关方要求我们提供更多的数据。你们觉得这个问题的根源在什么地方？他在担心什么？"
- "有没有人觉得有其他人在为他们讲话？"
- "我注意到没有人在 Sprint 评审时发送短信或者电子邮件。相当好！我能想到这有助于使相关方了解你们相互鼎力支持。"
- "我看到了对需求的主动管理！这有益于产品负责人捕获新的需求，并且重申我们如何使用产品待处理事项，即基于最高商业价值来管理需求。"
- 有人在会议期间显得漠不关心吗？你发现在别人发言的时候你走神了吗？在你注意到自己走神的时候你做了什么？"

- “我听到有人说要把某个人添加到团队中。我想确保你们知道，团队对谁在团队中有发言权。有发言权意味着你们需要说点什么。否则，其他人就会给你们做决定。”
- “当我们开始谈论下一个版本要做的事情时好像有点冷场。我当时有做什么弥补吗？”
- “有几位相关方好像在反复讨论同一个主题。我当时觉得好奇。你们当时是怎么看待这个问题的？”
- “我注意到你们的发起人今天强调了几件事情。我记得好像有‘接近你们的客户’和‘花些时间把它做好’。你们听到了什么？”

协助回顾

敏捷教练在回顾会议中担任明星（协助员）的角色，特别是对一个新的团队。因为教练是团队质量和绩效的监护人，教练在整个 Sprint 过程中要对质量和效绩保持关注。在观察时，教练要牢记回顾的目的。

（1）检查并调整。回顾要求停下手上的工作，让团队喘口气，并且回过头来探究在 Sprint 期间发生过什么。

（2）回头看“怎么样”而不是看“什么”。团队看看是如何把工作做完的——不只是他们生产了什么和产品怎么好，还有他们是如何一起工作来生产这个产品的。

（3）下次做得更好。团队承诺他们将在下个 Sprint 要采用一些不一样的做法，以便变得更好。变得更好对于团队来说可以是任何事情：变得更快、生产更高质量的产品，或者真正地感觉是一个团队的承诺。加强任何事情都可以帮助团队改进他们的速度或者其他跟速度一样重要的方面，如质量。

为回顾做准备

在 Sprint 过程中，敏捷教练记下了关于团队如何一起工作的观察——什么进展良好、哪些受到阻滞或者哪些感觉奇怪。教练可以选择将所发现的问题提出来，但除非这些问题非常严重，否则教练可以等到回顾会议，因为回顾是团队可以考虑这些问题的最好时间。在 Sprint 中间，团队专注在他们自己对 Sprint 目标的承诺上。教练需要尊重他们的这种承诺，让团队冲刺，而不用担心他们如何冲刺。记住，对于新的团队，因为团队成员在学习敏捷的基本方法，你需要提供多一些支持，这种情况下你可以多透露一些自己的观察。

在团队 Sprint 期间，教练要集中注意力，关注工作是如何开展的。在观察的过程中，教练也许会思考如下问题。

- 团队是否使用敏捷架构来保持协同？
- 团队正在忍耐什么？
- 工作流是否顺畅？
- 彼此的沟通、协调、关照、关注和协作有什么地方不足？
- 出彩的瞬间是什么地方？
- 觉得哪里进展慢，就像冬天里的蜂蜜一样黏？
- 整个 Sprint 期间，团队的焦虑程度如何变化？
- 大家是否在身体上、心理上和情感上都参与进来了呢？
- 兴奋程度何时及如何变化？

随着回顾的临近，细读你的观察列表。你也许发现一两个话题在回顾的时候，你可以选择其中之一作为主题。你也可以与一些团队成员和产品负责人进行沟通以了解他们的看法。他们在本 Sprint 期间看到了什么？他们对什么好奇？什么令他们烦扰？注意：不要把与他们的沟通转变为一个小型的回顾会议。当他们头脑中的想法可以成为回顾会议的输入时，让对话停止，不要阻碍他们的进度，因为他们仍然在为当前的 Sprint 而烦恼。

根据这些观察和输入来准备回顾议程。在帮敏捷教练准备回顾方面，我能找到的最好的书是 *Agile Retrospectives：Making Good Teams Great*，这本书提供了各种各样的方式，团队可用来从过去的 Sprint 中获取新的视角，这样团队就可以找到新的方法来进行改进，由此使团队内所有声音都能被听到，即使是那些沉默的成员的声音（Larsen & Derby，2006），也远比旁听一个圆桌会议要有效得多。

设计回顾议程需要解决在 Sprint 期间出现的最“物有所值”的问题。或者让它作为学习性的议程，在其中你可以介绍一个新的框架或者新的思考方式，然后问："我们如何用它？"

你也可以针对已出现的主题设计一个学习性议程。这样就可以关注主题而不用责备或者打击某人。例如，如果在 Sprint 期间频繁发生有碍生产的或者深层的冲突，你可以教授团队一个有用的冲突框架，然后问一些反思性问题：在过去的 Sprint 期间，我们在哪里看到了冲突？我们是否在把冲突朝对我们有利的方向转化？这个框架对于我们有什么用？

请参阅 可供敏捷团队使用的冲突框架在第 9 章中有详细介绍。

不论你创建的议程是什么，烦扰人们的事情都会出现。因此，别担心议程会阻止团队。如果他们已经受够了一些事，不论你是如何计划的，他们都会找到办法把这些烦恼的事说出来。

在回顾期间协助

敏捷教练要坚信，团队要知道做正确的事。回顾也一样。保持这种信念，展示议程，告诉团队都设计了什么活动，并且询问团队对议程是否认可（Tabaka，2006）。向团队询问："在今天的回顾会议中，这个议程听起来是否可以让我们关注重要的事情？"

当你问这个问题的时候，做好会听到"把它全拿走"的心理准备，或许团队会决定让会议朝一个不同的方向进行。如果他们说："议程很好，但我们最需要了解的是，更换产品负责人让我们付出了什么？"在这种情况下，你就需要保留议程但是改变回顾的主题。也许他们说："总的主题正是我们需要讨论的，尽管如此，我们真的不想讨论。所以也许一个非程式化的议程会好一些。我们能不能只是随便聊聊？"你可以接受该提议。在最坏的情况下，他们回顾做得不好，什么都没有得到。这同样也是学习。之所以接受冒险，是因为在最好的情况下，冒险回报的结果就是他们得到了他们需要的。

在回顾期间，不论话题是否结束，教练都要保持时间框。如果回顾本来要进行一小时，教练应该为团队计时。在还剩下 15 分钟的时候，教练可以进行提醒：“回顾 15 分钟后结束。我们是不是应该总结出几项大家同意在下个 Sprint 中执行的事情？”当一小时时间到了的时候，教练宣布“回顾结束”。如果团队成员想要继续，需要他们所有人同意，而且这个后续讨论可以在一个短的时间框内完成。这就不会让人觉得自己被关在一个看起来没有终结的会议中。这个附加的时间一到，任何人都可以直接要求会议结束。在整个回顾期间，在他们需要提醒的时候，教练通过议程将团队带回到他们的目标，尽可能地取得有建设性的结果。

一旦团队已经达成一些他们承诺将付诸实践的协议，教练就可以邀请他们把协议写下来，并且张贴在一个明显的位置。由一个团队成员去书写这些协议，这会使协议显得更有分量，所以只要可能，教练应该让团队中的一个成员把协议书面化。

在回顾后进行协助

在 Sprint 期间，要观察，并为下一次回顾收集意见。同时要注意当前回顾的协议是被遵守还是被遗忘了。不管是什么情况，在 Sprint 期间要多次对团队进行有针对性的提醒，以引起他们的注意。如果有人受益于回顾达成的协议而改变了他们的行为，那么你可以把这个例子分享给团队，并且在公开场合对该成员给予表扬。也许回顾的协议已被其他的海报冲掉，并且变成了遥远的回忆。很快会有人违反这些协议，且团队会感觉到（也许并不承认）其影响。别让这种机会溜走，把它说出来：“嘿，伙计们，你们达成的协议哪去了呢？协议上你们说过不会再这样做的。”这很可能促使团队中的某位成员把之前写有协议的海报翻出来，并让团队再次感受这些协议的存在。

在整个 Sprint 期间，都要寻找一些场合，帮助团队坚守他们的协议。一旦你做出典范，他们将会开始为彼此坚守协议。此时，你就可以退后了。

随着时间的推移，团队就可以自己协助回顾了。也许一位团队成员会跳出来说：“让我来设计下一次回顾的议程吧。”根据情况，你可以帮助他，也可以不帮他。也许可以让团队成员轮转来协助回顾。只要团队能够达成回顾的目标，那就让它发生。一旦团队准备好了，你就可以退后。当然，你也不能去其他地方，如果需要，他们会向你求助。你仍然会参加和观察回顾，如果回顾的目的被曲解或者被忘记，你再走出来进行干预。

在团队对话时进行协助

团队多数时间都是在进行正式和非正式的对话。你会发现这些对话会发生在小组内、整个团队或者两个人之间。所有的这些对话都提供了观察和指导的机会。你要指导什么呢？你要了解对话的质量，而非对话的内容。对话的主题没关系，而质量有关系。

在团队对话时，教练不应该表现得像一个普通的团队成员那样加入对话。因为已经有了足够多的团队成员参与对话，做好自己的教练就可以了。帮助团队改进他们的对话，这样他们就可以有一些高质量的想法，而这些想法可以被直接应用到他们构建的产品中。

你会因为团队内容丰富的讨论，而识别出这是一个有质量的对话，因为从这些谈话中往往会涌现出许多想法，这些想法又往往会相互催化而产生出一些新奇的想法，它们是团队中任何单个人都不可能产生的想法。他们会形成洞察力并且展望一个异乎寻常的产品，这也是他们将要构建的产品。随着他们对于一些难题的争论，他们往往不同意彼此的想法。他们进行争论的同时会自我管理对话的艺术，确保每位都可以发言，并认真地听其他人发言，要把每个新的想法都作为一件礼物并且一直向前推进。

现在你可以利用三个主要的工具来帮助团队培养高质量的对话：强有力的观察、强有力的问题和强有力的挑战。

强有力的观察

在观察团队谈话的过程中，你应该在自己的头脑中保留一个不断变化的问题清单。在整个团队的沟通、一小部分人的对话或者两个团队成员一对一的交谈时，你都可以使用这些问题。下面的问题可以帮助你改善对话的质量。

- 是不是每个想发言的人都得到了发言的机会？在对话的过程中，占主导的人当中有谁需要更多地倾听？有些比较低调的声音是否还需要让其他人听到？
- 这些想法是高质量的吗？
- 团队是不是尽可能地采用最简单的方法？
- 团队是不是疲劳了？
- 团队是不是很紧张？他们需要调剂吗？
- 团队是否足够大胆而不墨守成规？他们有没有想出一些绝妙的想法或者冲破束缚？
- 他们是不是尽可能多地完成工作，还是他们允许一些“可接受的”障碍阻止他们的工作？
- 团队在做任何事时是否都以客户价值为中心？
- 他们被卡住了吗？他们是否需要一个新的视角，一个可以带给他们更多可能性的视角？

在观察对话质量的时候，不管是什么情况，你都要停下来想一想是不是要分享它。作为一条通用的原则，你要对自己的观察保留几分钟，也许其中一位团队成员已经得到了相同的观察结果并且提了出来，也许团队的对话已经转向其他方面，而这已经与你的观察毫不相关。

请尝试

保留这个观察问题清单，这样当对话刚好发生在你附近时，你可以快速使用它。一段时间之后，你可能有一些自己的观察和问题。它们会在你观察的时候自然出现（就像这个观察问题清单最初是怎样被创建出来的一样）。把你的问题添加到清单中，并把它们分享给其他的敏捷教练。看看你是否可以帮助构建一个出色的敏捷教练观察问题库。

如果你决定分享观察，认真考虑观察的用词。记住团队确实知道什么是最好的，所以他们自己也会知道指向正确的方向。在这种情况下，你为团队提供了一个新的视角，而这个视角也许为团队找到一些新的思路或者让他们付诸行动。在你分享你的观察时，考虑使用强有力的问题。

强有力的问题

强有力的问题之所以有效是因为它们是真正的开放式问题。这些问题并没有“正确的”答案。正因为如此，这些问题可以引发自我反省。它们可能描述了额外的解决方案，或者会引出更大的创造力和洞察力。一个强有力的问题可以把人们带入发现的境界（Whitworth 等，2007）。为了了解强有力的问题如何有效，让我们看一下表 6.1 中列出的一些典型的团队场景，并且对比一下常见的问题和一些替代的强有力的问题。

表 6.1　敏捷团队可用的强有力的问题（Whitworth 等，2007）

场　　景	不　　问	尝试强有力的问题
团队已经谈了一会儿，你觉得他们需要听某位团队成员的意见	你的想法是什么	这事你怎么看 可能性是什么 现在什么地方还不够清楚 还有什么
团队进入了方案细节的讨论，而你觉得他们应该花更多时间讨论愿景规划	有什么其他想法吗	你们现在想要探索的是什么 还有哪些其他角度你们可以考虑 如果还有一种可能那会是什么
团队已经对一个解决方案做出了决定，但还没有开始实施	我们需要做什么才能开始	是时间开始行动了吗 如果你们的生活取决于所采取的行动，那你们会做什么 如果你们在这件事上可以自由选择，那你们会做什么

续表

场　景	不　问	尝试强有力的问题
一位团队成员又在提一件已经发生的事情	这件事为什么会被提出来	这件事的实质是什么 这事你怎么看
一位团队成员对行动还不自信	你对这个行动方案还需要确定什么	这会让你得到什么 你预想的是什么 对于类似的情况，你最好的经验是什么 为了成功，你当时做了什么
团队总是围绕同一个话题在谈论	我们为什么又谈论这件事	主要的障碍是什么 你们最大的顾虑是什么
团队在评估可选方案	这是一个可行的选择吗	这里的机会是什么 挑战是什么 你们的估计是什么
团队被卡住了	我们怎么才能闯过去	如何采用其他的方法处理它 如果可以做任何想做的事，那你们会做什么

在你说出强有力的问题时，对于提问的回应往往是死一般的寂静，特别是当团队以前从来没有听说过这种问题时。寂静是正常的，这是因为他们正在思考。在安静的时候，你可以环顾周围的团队成员，不是要求他们说话，而是无声地邀请他们说话。在他们准备好的时候，他们就会发言了。

强有力的问题强化了你作为他们教练的角色，因为这些问题不附加任何判断。它们是真正的开放式问题。在你提出强有力的问题时，你也为自己的信念提供了一个活生生的例子，那就是相信团队是有答案的。

为什么要提出奇怪的问题？

在提出这个强有力的问题“你的过去告诉了你什么”之后，你可能听到随之而来的七嘴八舌的对话，这也许是我提供给团队的一小点学习内容：“我提问这个问题并不是为了满足自己的好奇心，而是想为你们打开一个新思路。也许你们可以看到另一种可能性，这种可能性以前没有考虑过。一些轻微的改变可能已经出现，而一些东西会由此在接下来的几天里发生。也许我们只是浪费了五分钟，但是现在你的精神更为振奋了。”

一位团队成员也许做如此的回应：“哦，是的。这是为我们好，我们已经上了一个层次，并且重新考虑了我们在整个蓝图中的位置。我知道你为什么问这些问题了。”

在一小段时间过后，团队成员会接受教练问的这些强有力的问题，并且以后会用类似的问题来问他们自己。这是团队吸取你的教练技能并转化为自我管理的另一种方法。

强有力的挑战

对客户提出挑战早就成为一个工具而被职业教练所接受（Whitworth 等，2007）。利用挑战，教练可以帮助团队跨过通常会停下来的地方。他们有可能不能承担强有力的挑战（因为你会把它变得很艰巨），但是与没有这一挑战相比，他们通常会走得更远。

我们惊讶于那些让团队退缩的事情。他们接受了许多限制，这些限制可能来自他们的组织，或者他们之前的经验（一朝被蛇咬，十年怕井绳），而更多的是来自他们自身。有时他们需要一个“不合理的”挑战来帮助他们从一成不变的处理方式上寻求改变。

譬如，在观察团队讨论设计问题时，你注意到他们的思维不够发散。他们提出了一些想法，但是这些想法并不是很有趣，更别说惊人了。你觉得需要给他们一个挑战。

首先，注意听他们的谈话内容。（没错，现在要敏锐地关注谈话内容了。）为了向他们提出挑战，你需要用他们给你的素材，所以要听他们所谈话的东西。不管他们说什么，聊胜于无。放大他们的想法，或者把他们的想法带向一个全新的（和疯狂的）方向。要给他们重大或大胆的感觉。

如果他们刚刚决定他们的新流程一天可以处理 200 个新的呼叫，你可以这样插话："如果把一天的处理量提高到 2 000 个会怎么样呢？"这并不是让他们接受 2 000 这个数字，而是让他们有机会打破他们之前每天 200 个呼叫的假设和局限。让他们梦想得更多一些，然后看着他们想出更好的设计，甚至可能是令人吃惊的设计。

什么时候跟他们一块，什么时候躲到后面

在团队对话期间进行协助时，教练待在房间什么位置是有讲究的。如果团队是新的，你要跟他们坐到一块。在对话过程中坐得近一些，但是仍然需要几乎保持沉默。在决定说出自己的观察或者提出一个强大的问题或者强有力的挑战时，你必须跟他们在一起。这有助于他们习惯你的协助方式，并且他们会注意你是在一个不同的层次为团队做贡献。他们能清楚地发现你的注意力集中在整个团队，这样你就可以帮助他们进行更高质量的对话了。

一旦一个团队自己能管理高质量对话的基本元素，并且你发现自己越来越少地提供那些强有力的观察、问题和挑战，这个时候你就可以躲在团队后面了，自然并且积极地坐到团队工作室的主要区域之外。当然你仍然要跟团队在一起并且保持关注。当需要时，你可以站在团队工作室的边缘插话。从旁观者的角度对团队做贡献，这些贡献包括自己认真考虑过的观察、问题和挑战，别让自己成为中心。他们也不再需要你处于团队的中心。

当你不积极介入对话内容的时候，很容易走神。不管你是跟团队坐在一起还是不在一起，这种事都会发生。

你可能发现你的注意力会跑到别的地方去。也许你在想晚上吃什么，回顾某次与孩子吵架的情况，或者担心在 Sprint 结束的时候大家怎么看待团队。这很正常。维基百科中对这个问题的研究结果是：对于人类注意力时长的测量差异很大，从幼儿阶段的注意力持续 3 ~ 5 分钟，到成年人阶段最长大约 20 分钟。持续的注

意力或者一个人可以专注于一个主题而一点也不走神的时间很短，可能只有 8 秒钟的时间。在这段时间之后，一个人的眼神会移向别处或者将进入漫无目的的意识中。不过幸运的是，这些短暂的走神只是很小的分神，不太会干扰任务的进程。

我曾经观察过的大多数对话都会持续 20 分钟以上，这会让敏捷教练有分神的风险。不管对话时间长短，少于 8 秒钟的持续关注都是一个问题。如果你跟我一样，那么短时间的注意力不集中都足以让人分神去想一些跟工作完全不相干的事。对于我来说，在我观察其他人对话的时候，短时间的分神肯定会影响任务的效率。

不管你是不是像我，也不管你的注意力是否可以持续更久，早晚你会走神。只能由你把自己的注意力带回来。关注、分神、注意，这是你的练习方法。关注对话，哦，我分神了，把注意力拉回来。一遍又一遍地进行练习（Devin，2009）。

为了增强注意力，一个有用的方法是，你可以让你的手或头脑在一个背景活动中保持忙碌。乱画或用回形针随意刻是我最喜欢的两件事。其他人会在网上阅读敏捷的最新博客或者查看分形艺术图像。这些都是帮助你保持对团队注意力的很好的方法。当然，你需要注意什么时候背景活动转到了前台，并且成为你注意力的中心。一旦这种事发生，放弃背景活动，记住关注、分神、注意。回到团队中来，这才是你为什么在这里的原因。

大多数时间你可能远离主要活动。你已经帮助团队进行了高质量的对话，更重要的是你已经教会了他们必备的技能去自行管理高质量对话。然而，不管怎么样，教练都会有那么几次需要回到主要活动中。

当团队变得紧张或者你注意到团队存在焦虑时，你可以走到前面重新与团队坐到一起。有时你只需要坐在那里，并且给予充分关注，以分散团队的紧张。也许这只是因为每位团队成员知道他们被别人听到，至少是被你听到了。其他时候，一个强有力的观察、提问或者挑战也可帮助团队摆脱他们当前的模式。

或者，也许出现了一些恰当时机让团队学习一种新技能。也许你注意到他们需要学习如何更好地进行协作，或者如何更好地进行冲突引导。提供新技能的最好时机就是，一旦学到可以马上使用。因此，要随时准备抓住并利用这种有利的时机。

请参阅　敏捷教练与团队做的每件事都应该以向团队转移技能为目的。对于团队来说，两个核心技能是，在一起工作过程中的协作和冲突处理。构建一个团队的协作能力是第 10 章的主题，第 9 章则提供了如何帮助团队更好地处理冲突的模型和工具。

职业协助员和敏捷教练

敏捷教练可以方便地应用来自职业协助领域的许多技能。我鼓励你们自己做一些研究，并且找到最能帮到你们的工具。在本书中，我有意绕开了许多正式的协助技术，因为这个主题领域已经有很多好的资料可供参考。

随着你学到越来越多的协助技能，记住把它们应用到教授敏捷团队的目的中来。协助敏捷团队不是使用技术来驱使他们从一段正式的对话到另一段正式的对话，就像大家通常会在做项目时通过一系列的会议来完成工作。敏捷团队的环境意味着团队成员彼此之间不断地对话，包括正式的（作为会议）和非正式的（所有时间）。对敏捷团队进行协助，需要教练重点教授团队成员正式会议的规则，然后观察他们的行动，并且帮助他们进行更好的交互，所有这一切都依赖他们自己，他们要知道下一步该做什么。

内容回顾

下面总结一下本章中提到的观点。

- 每种敏捷会议都有一个特定的目的来回答这个问题："我们究竟为什么要开这个会？" 指导团队达到该目标，把这个问题作为一个检查性问题，来确保团队成员从各种各样的敏捷会议中取得尽可能多的收获。
- 在教授敏捷时，起初介入团队多一些，但要尽可能快地后退，支持他们持续地自组织。
- 在为一个团队提供任何帮助之前，有意识地做出决定，确保只提供那些比中断他们更有益的事情。

- 要擅长做一个敏锐的观察者。
- 摆脱协助内容，而关注协助方法，以便帮助团队来改善他们的交互质量。
- 变得善于提供强有力的观察、强有力的问题和强有力的挑战。这需要实践，所以通过实践培养这些技能。

延伸阅读

Tabaka J. 2006. *Collaboration Explained：Facilitation Skills for Software Project Leaders*. Boston：Addison-Wesley. 这本书是我的书架上的一个重要成员，每次指导一个新的团队时，我都会用这本书。不要因为书的副标题中的软件一词而觉得这只是一本与软件开发团队相关的书。

Davies R，Sedley L. 2009. *Agile Coaching*. Raleigh：Pragmatic Bookshelf. 这本书针对标准敏捷会议期间的指导，提供了一页又一页实用的提示，同时深入地介绍了教练技巧的实践方法。

Derby E，Larsen D. 2006. *Agile Retrospectives：Making Good Teams Great*. Raleigh：Pragmatic Bookshelf. 本书包含了回顾的五步公式，我至今都在用它。本书还提供了许多活动来帮助团队从不同的角度了解他们工作的方法，从而帮助他们想出一些可以很大程度地影响他们一起工作方式的创意。

第 7 章 教练是老师

敏捷教练在一个团队的生命周期中会多次担任老师的工作，因为有很多东西需要团队来学习。刚开始的时候，敏捷教练教团队最简单也是最强大的敏捷。然后，他们反复地教团队，以使得团队回归敏捷的简单和强大，这也是敏捷得以蓬勃发展的原因所在。

本章将详细介绍主要的教授时间和主题：在团队起步的时候、在团队重新启动的时候及在非预期的瞬间，教授敏捷，教授敏捷中的角色和持续地保持每个人对自己相应角色的最佳诠释。

第一次讲授的时间很快就会出现——在团队刚成立的时候。这次讲授如果做得好的话，团队的启动就像装上喷气燃料一样，可以帮助团队走得比他们想象中更远并且更快。

本章学习结束后，你将能够回答如下问题：

- 在团队启动时，我要教团队什么？在他们可以进行工作之前，他们需要了解什么？
- 我希望花多长时间来准备团队启动会议？
- 我如何让新的团队成员更好地融入团队？
- 我如何保证敏捷中的“领导者”角色——产品负责人、敏捷教练和敏捷经理，能被很好地理解并且保证这些角色所赋予的职责能被很好地履行？
- 当团队运行在一个没有清晰角色的环境中时，我可以运用哪些工具来帮助团队？

然后，当事情进行得有偏差时，教练需要再一次进行教授，辅导团队有针对性地做一些补救或者带领团队深入某个领域，在这个领域中，团队脱离了敏捷的基本原则或不必要地把敏捷复杂化了，以致迷失了方向。

在团队启动时教授

当一个公司想要采用敏捷时，他们去求助于敏捷教练，并且询问："我们该如何启动团队？"这会让你想到很多令人激动的问题。在启动一个团队之前，我需要了解什么？在团队真正使用敏捷之前，对于敏捷的相关知识他们需要了解多少？他们彼此之间需要了解什么？对于将要构建的产品，他们需要了解什么？对于一个团队本身，他们需要了解什么？你会感觉到这些事情很关键而教授时机转瞬即逝，确实是这样的。在与团队一起工作的过程中，尽管你会不断地强化敏捷的概念，而只有在团队启动时，你可以教团队最本质、最有力的敏捷。这种时机只会出现一次，并将一去不复返。

强有力的团队启动在一两天内就可以完成，不需要花费几天甚至一周时间。如果团队启动花了比较长的时间，那么要么是在启动过程中引入了多于团队构建所需要的内容，要么深入到了过于具体的工作，而这两方面的东西都最好是在 Sprint 中作为团队追求的共同目标来完成。团队构建更多的是让人们在工作场景中产生共鸣，而非为了团队构建这一"事件"本身，因此要保持团队启动过程简短而明确。

在启动结束的时候，第一个 Sprint 将正式开始。在团队的第一个 Sprint，你将把团队成员从个体的集合平滑地过渡到一个新的团队，在这两者之间不能有任何停顿。为了达到这一效果，在启动期间要解决如下主要问题（Vizos，2005）。

- 学习将要使用的流程。
- 了解团队。
- 了解将要做的工作。
- 前进!

在你设计启动时，多分配一些时间来学习流程和了解将要做的工作，而花费相对少的时间在了解团队上。这些事情在团队一起工作的某段时间是同等重要的，但是在启动期间，让团队重点关注面向任务而非面向人际关系的事情，他们可以更容易成功（Gratton 等，2007）。之后，当冲突出现的时候，你可以依赖关系导向的关注，而现在，对于手头的工作，要给团队更多的发挥空间（和注意力）。

请参阅　如何管理团队冲突是第 9 章的主题。

接下来我们进入三个启动领域的第一个：学习流程。

学习流程

学习将要使用的流程当然包括学习所选择的敏捷框架，在这方面，你是他们的老师。但是也有可能包括一些其他规程或者工具，例如，来自六西格玛、精益、以用户为中心的设计或者极限编程，或者可能是关于公司的标准和过程的培训课程。如果这些或其他的规程和工具都要用到，而你不是专家，那么请相关专家来教授这些内容。然后你可以帮助团队判断来自其他学科的工具和想法如何适应敏捷框架。为了了解这些，团队需要先学习敏捷框架。

如果团队成员以前曾经在敏捷团队中工作，你可以采用轻量级培训来保证所有人对敏捷有一致的理解。如果是一个从未接触过敏捷的团队，你将获得一份礼物，那就是真正意义上的新开始。教练要向他们教授完整的、充分的和令他们信服的敏捷。

对于已经在敏捷团队中工作过的人，他们会认为他们知道敏捷，并且不需要再接受敏捷实践、原理、价值和角色的培训。如图 7.1 中所描述的，他们通常不知道他们已经接受了他们之前所在团队的模式和局限，也许已经远远地偏离了敏捷核心。他们也许并没有意识到，“我的敏捷”不是“你的敏捷”，并且看起来一点都不像“他的敏捷”。更糟糕的是，所有的版本可能离做得不错的敏捷很远。

给有经验的敏捷开发人员教授敏捷，教练可以这样开始：“我知道你们在敏捷开发方面很有经验。给我 10 分钟，让我来给你们演示一下我的敏捷版本，这样就可以确保我们在对敏捷的理解方面是一致的。我将采用这个版本对大家进行指导，所以你们知道我的出发点很重要。”

然后，通过白板进行简单的交流，培训他们即将使用的敏捷框架。最常用的敏捷框架是轻量级的和简单的，如果你擅长于白板交流，那就很容易在 10 分钟之内传达敏捷框架。所以练习白板交流，这样就可以随时随地传达简单和可信的敏捷框架。

请参阅 特别是对于一个由有经验的敏捷开发人员构成的团队，一旦他们开始使用在第 2 章中提供的工具，你就可以期待他们的高绩效了。

具体如图 7.1 所示。

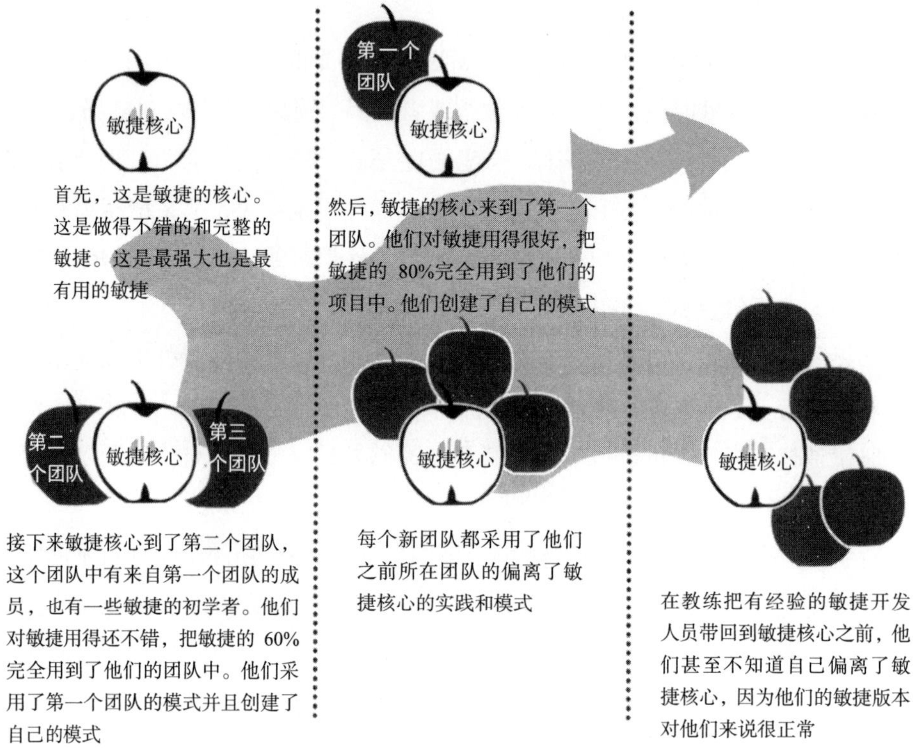

图 7.1　敏捷团队的发展需要不断培训团队成员以返回到敏捷核心

这短短的 10 分钟展示了敏捷的不同经验，也让大家意识到在他们加入团队之前，敏捷已经被裁剪过，现在他们了解到他们对敏捷框架的某些部分还从未使用过。大家由此了解到他们之前的团队在敏捷实践中如何附加了过多无用的形式。通过这些启示，教练开始讨论敏捷的核心及它曾如何被使用（或者被误用）。

任务卡技术

在每个新团队中，我们继承了之前几代团队的负担，但是不知道。即使是一件简单的事情，例如，打印任务卡也可能变成一个不必要的负担。一个团队不能按时完成 Sprint 计划，只是因为他们之前使用的用来打印任务卡的邮件合并程序不工作了。

他们确信他们不能继续做计划，但教练做了几个标签，并向团队演示手写任务卡也可用于制订 Sprint 计划。随着他们习惯了手写任务卡，他们发现了一些令人吃惊的事情：他们彼此之间聊得更多了。对于任务如何工作及谁最适合做这些任务，他们有了更深入的了解。他们也在探索一些备用方式来完成工作。这样，他们发现制订的计划达到了一个新的深度。同时，他们惊奇地发现他们只是花费了原先一半的时间。

打印任务卡可能并不是一个特别糟糕的想法，但是它不是敏捷核心的部分。最肯定的是，打印任务卡在过去解决了某一团队的一个特别的难题（不管这个难题是什么），但是它已经不再适用，对这个团队来说甚至是有害的了。

在此讨论期间，需要牢牢占据教师的位置，把这个团队中有经验的敏捷开发人员带回到敏捷的核心。在整个过程中，不要贬低他们之前的团队（和他们）在敏捷方面所创建的模式和所做的改变。既然我们要求人们检查并调整，说明“漂移”远离核心是可以预料到的，这可以成为他们健康地使用敏捷的标志。作为他们的教练，帮助他们意识到他们带给新团队的调整，并且帮助他们区分在什么地方他们应用了“复制和跟随”而没有应用“检查并调整”。这样做，整个团队可以决定是否应用这些调整。在这种讨论中，教练应该坚决地站在这样的立场上，即教练非常懂得敏捷的核心，教练能帮助团队像一个初学者一样看待当前全新的开始，这样团队才有充分的可能性正确地使用敏捷。

有了新的敏捷追随者，你就可以享受一个全新的开始！为了帮助团队成员在开始阶段了解敏捷的价值和原则，可进行多于 10 分钟的白板交流。充分利用你成为敏捷教练时接受的培训活动，选择那些构成敏捷核心并与团队相关的内容。

不管你做什么，是轻量级的培训还是更深入的培训，都要坚持敏捷的核心。注意监控你自己，并且谨慎地选择那些你将带给团队的、来自你之前团队的模式。有一些概念几乎被普遍接受，但并不一定是敏捷的核心，如用户故事。团队故事板的布局和团队的故事与任务应该写到什么颜色的卡片上，这些都不在核心的范围，即使它们看起来是合理的。当前团队是不同的，也许他们不会遇到之前所在团队遇到的障碍，所以你不需要把那些特别的补救措施带到这个团队。

保持敏捷的简洁，教练应该知道，对团队需要面对的任何阻碍，敏捷都提供了应对办法。

了解团队

了解团队需要从了解团队中的每个人开始，然后创建一个共有的团队特征。在团队开始阶段，你的讲授需要以类似导游的方式来帮助团队发现关于他们自己和他人的新鲜事情。

只有当团队成员首先作为人相互了解，然后从那种了解产生一种可以改变并一起工作的感觉时，不同的个体才会形成一个团队。在启动期，计划一些活动，这些活动允许团队成员在人的层次与其他人相关联，这样他们可以发现彼此的技能、天赋和任何他们可以带来的东西，这些将有助于实现今后的工作目标。这就为此后的自组织和跨职能行为打好了基础。

对彼此的了解构成了新鲜的洞察力，使用它们来指导这组个体来创建团队的特征。让他们设想一个他们作为一个团队的共享愿景，并且想象他们将如何行动以实现该愿景。通过这种方式，你在一开始就树立了团队本身就是一个产品的观念，而这个产品跟他们将要一起创造的其他产品一样重要。

1. 作为个体相互了解

有许多极好的活动可以帮助人们突破他们的羞怯，以便在一个新的小组中，他们可以彼此分享自己的希望、梦想、技能、观点和目标。你可以在互联网上搜索“团队建设”（Team Building）的字样来找到这类活动。值得注意的是：在你找到这样的活动后，避免强行把它们带给团队，这种活动的目标是让每个人都彼此感觉良好，并且一起唱一曲“到这里来吧”。我们以“团队建设”的名义通过活动来帮助人们了解彼此，这样他们就可以在追逐共同目标的过程中依靠彼此。不要采用那些滑稽的东西。

在我构建团队的这种相互了解时，有些活动已经成为我的标准程序，如“历程”（Journey Lines）、“技能市场”（Market of Skills）、“星座”（Constellation）和“价值观”（Values）。“历程”可以产生对一个人过去的深刻理解——他们的成就和失望、他们的技能和天赋，以及一些他们在外表之下的生活信息。“技能市场”作为“历程”的替代活动，主要突出人们的技能和天赋。“星座”提供了一个窗口，从这个窗口可以了解团队成员如何喜欢工作和如何不喜欢工作、什么激励他们，以及他们能驾驭什么样的技能、他们立志要成为什么和他们避免成为什么。“价值观”活动让每个人可以发现和表达自己最基本的东西，并成为他们思想中的一部分。

（1）“历程”。一段“历程”（Tichy，2002）描绘了一个人的职业经历。从什么时候开始说起都可以，每个人在海报上画出他们跌宕起伏的经历。就像你在图 7.2 中看到的，历程通常看起来像一个有标记的过山车，在每个高点和低点都有一个特定的标记提醒坐车的人。有些人在历程图中不仅包括他们的职业经历，也包括家居生活的细节。有些人在历程图中只限于他们的职业经历。这些都不要紧，没有两个人是完全一样的，这都很好。

在每个人都画出了自己的历程之后（大概 10 分钟），也就意味着每个人都把自己展示给了团队。当一个人发言时，小组内的其他人记下他们注意到的一些事情：这个人的技能，这些技能对于他们即将从事的项目的用途；也许以后会有用的、有意思的天赋；或者那些让他们独树一帜的经验和价值观。之后每个人大声朗读自己记录的笔记，并且把这些笔记贴到历程图上。下面是一些例子，它们展示了来自历程活动所记录的一些笔记。

- “会计背景——当我们和统计员打交道时，会派上用场。”
- “在医院帮助精神病患者——我知道，你能做这个，你就能做任何事情。”
- “你在每次职业决定时都尊重自己的意愿。你对于成为一个什么样的人从来没妥协过。”

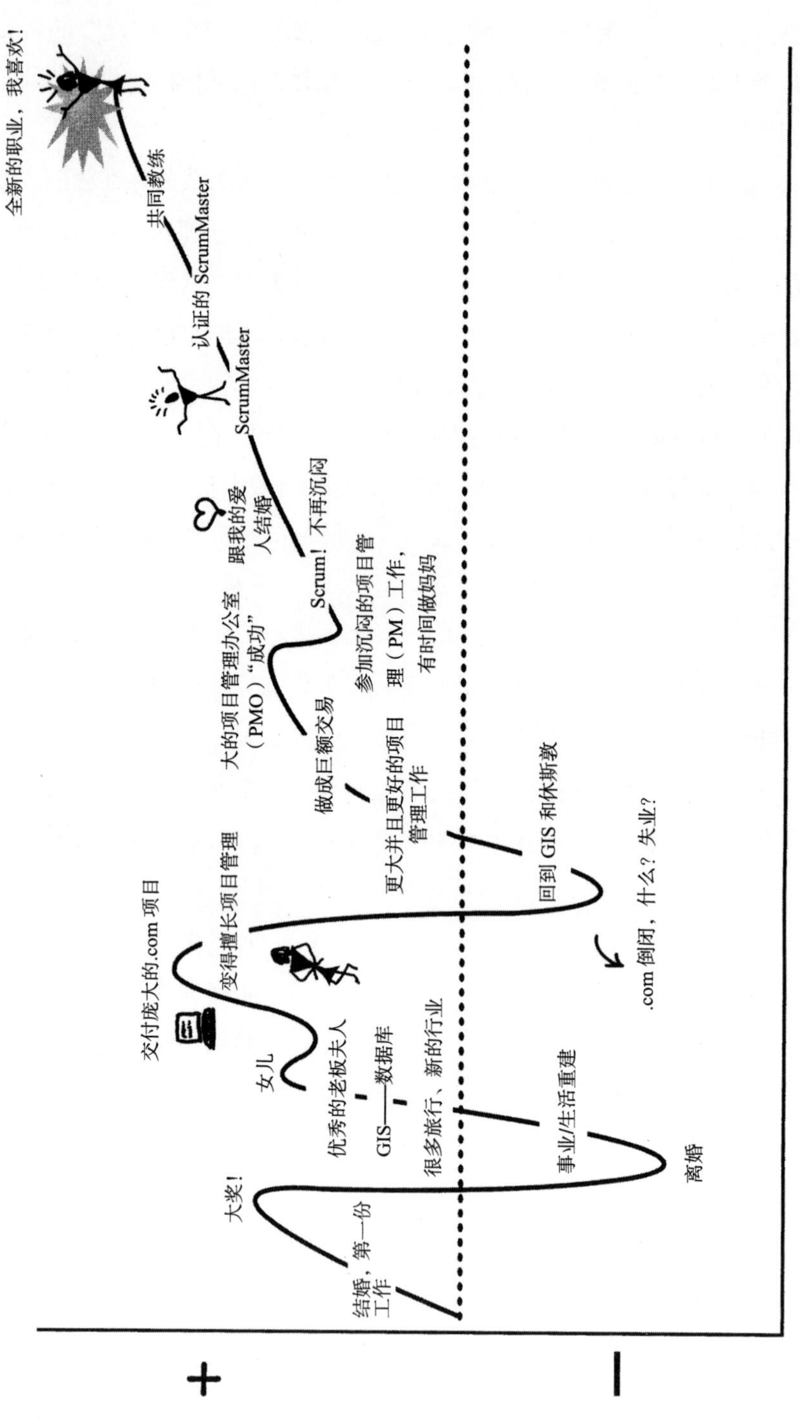
+
－
结婚，第一份工作
大奖！
很多旅行、新的行业
GIS——数据库
优秀的老板夫人
女儿
交付庞大的.com项目
变得擅长项目管理
事业/生活重建
离婚
.com倒闭，什么？失业？
回到GIS和休斯敦
更大并且更好的项目管理工作
做成巨额交易
大的项目管理办公室（PMO）“成功”
参加沉闷的项目管理（PM）工作，有时间做妈妈
Scrum！不再沉闷
跟我的爱人结婚
ScrumMaster
认证的ScrumMaster
共同教练
全新的职业，我喜欢！

图 7.2 历程图示例

通过分享一个人的历程并且真诚地从其他团队成员那里以笔记的形式收到反馈，每个人都肯定了他们自己及他们可以带给团队的东西。因为团队成员知道了彼此的背景，整个团队就构建了一个跨职能工作的基础。

> 没有什么事情比被重视、受到赞美，或因为你是谁而被人了解更能赋予你力量。
>
> ——卡伦·基姆西·豪斯

历程的结果有些时候是令人震惊的。我曾经在一个“新的”团队启动时遇到过这样的情况。团队成员在那之前已经在隔间中一起工作了好几年，然后他们聚到一起开始第一次敏捷经历。当一个人展示她的历程时，她谈到了一个艰难的阶段——她患癌症的那一年。随着她讲述癌症给她的生活所带来的影响，我注意到另一位团队成员变得越来越激动。几分钟之后，这位团队成员开始哭泣。她边流泪边说：“我一整年都坐在你的隔壁，但是我们从来都不了解彼此。我那时也得了癌症。”

通过历程，团队成员之间开始了深入的联系。可能并不像上面的癌症事例那么明显，然而他们之间的关系已经开始发生改变。即使深入的联系没有发生，历程练习也让团队每个人了解了其他人的技能、专长和所有的背景，以及每个人可以接受的对话主题。有了这些了解，团队就为自组织和跨职能打好了基础。如果没有这些，团队成员怎么可能了解他们各自能带给团队什么呢？

（2）“技能市场”。当我介绍“历程”活动时，尽管我没有遇到有人走开的情况，但是在开始的时候还是会发现有些人对于这个活动感觉不自在。作为他们的教练，如果你发现有人觉得不自在，那么就不要做这个活动。使用“技能市场”活动取而代之。“技能市场”活动被 Scrum 认证教练和系统认证教练本特·迈拉尤普在他的团队启动时广泛应用。跟“历程”一样，参加“技能市场”活动可以加强团队对于他们所有技能的了解，同时知道在一些领域哪些团队成员可以提供支持和培训其他人。这个活动既是对团队特点的欣赏，也是让团队成员更好地了解队友的一种方式（Mgllerup，2009）。

接下来我们看“技能市场”活动如何工作。

试想一下，每个团队成员拥有一个在市场上的摊位。在 20 分钟内，每个人都可以做一个海报来回答如下问题。

- 在你的摊位上面有哪些与团队相关的竞争力、技能和能力？

- 在你的摊位柜台下面有什么是可以出售的？（换句话说，你拥有的哪些竞争力、技能和能力可能与团队的目标无关？）
- 你想从其他团队成员那里学习或者获得哪些竞争力、技能和能力？

接下来，每个人展示他们的海报。在展示期间，其他的每个人做如下笔记（在每个不干胶标签上写一条笔记）。

- 对于这个人展示的竞争力等，令你特别兴奋的能力（这些可以写在绿色的不干胶标签上）。
- 你了解这个人拥有其他相关的竞争力、技能和能力，但是他没有提及（这些可以写在红色的不干胶标签上）。
- 你可以如何帮助这个人得到他想要的竞争力、技能和能力（这些可以写在黄色的不干胶标签上）。

在展示之后，其他的团队成员每个人给出他们自己的反馈并且把不干胶标签贴到这个人的海报旁边（Mgllerup，2009）。

迈拉尤普告诫道，只有针对某个特定团队成员的反馈才是有建设意义的，特别是针对“我如何可以帮助你”这一问题的反馈。如果展示技能市场海报的人没有要求反馈，这个活动不要被用来作为提供批评或建议的发射台。

“历程”或“技能市场”活动都可以使你达到同一个目的——团队成员相互了解彼此的技能，以便他们可以找到在工作中合作的方法。以此为基础，继续引导团队开展活动，以帮助他们了解工作风格和偏好。

处理情感型阻力

常常有人问我，我在与团队一起进行一些学习活动，如“历程”“技能市场”或者“星座”时，是否遇到了很多阻力。我的回答是没有。也许这是因为我邀请团队成员参与活动的方式，也许是因为我假设他们会配合的这一事实，或者也许是因为我相信这些方法和结果而不是在用时尝试它。他们很配合，而我到现在还没有遇到有人在活动期间走开或者大做文章的情形。如果你假设这些活动可以成功，并且知道它们如何运转，你就可能做得很好。

如果这行不通并且团队说，“这些东西完全不能让人心动”怎么办？有其他教练发现一个很有用的方法就是让团队带着目的和可能的结果来参与活动。如果一个活动进行得不错，可能有很多好的结果，有些结果也许教练从来没见过，这时，作为教练要保持开放的心态去接受这些结果。

通过这种方法，当你介绍“历程”时，你可以这么说：“‘历程’是一个我们可以了解彼此技能、天赋和背景的方式，这样当我们在不同 Sprint 中时，你就可以找出团队中谁可以被依赖。更多的结果可能发生，所以要保持开放和接受的态度，但是刚才提到的是一个常见的结果，也是我们通过历程想要得到的一个基本目标。”

这个方法也适用于能动性较弱的人，或其他情况，在这些情况下，要求他们改变活动以充分参与。如果他们知道这个活动应该产生的结果，他们也可以找出替代方式得到相同的结果。

（3）“星座”。“星座”（Adkins & Blake，2009）活动需要在一个开放的空间中进行，因为需要让大家有足够的空间来走动。选择任意的物体并且把它放到地板上，这个物体代表了星座的中心。邀请团队成员围着这个中心物体站立，然后告诉他们你将要对他们做一些陈述。让他们了解每个陈述，之后他们应该走近或远离星座中心，把它当成一个参照点。离这个中心越近，表明该陈述对他们来说就越真实，反之，离中心越远，表明该陈述对他们来说就越不真实。以类似于下面的几个陈述开始，让他们热热身。

- 我喜欢独处的时间。
- 我最开心的时候是当我置身于大自然中的时候。
- 我喜欢亲自动手做事。
- 我被人围着的时候最有精神。

在你读了这些句子之后，每个团队成员向中心物体靠近或者远离来标志这个陈述在他们的生活中是事实还是非事实。他们在同一时间移动，而不会太注意其他人的移动。一旦他们选定了位置，要求他们向四周看看以了解他们的队友站的位置。鼓励他们好好观察由每个陈述所产生的“大家的星座”。确保他们理解这个活动的目标——了解彼此。

在热身之后，转向为展示工作偏好和工作需要所设计的更具目的性的陈述。

- 我喜欢在人前发言。
- 我避免与比我资历高的人发生冲突。
- 我喜欢惊喜。
- 我不喜欢不自在的沉静，并且会试着打断沉静。
- 我喜欢公众的赏识。
- 我在不自在的情况下会保持沉默。
- 我是完美主义者。
- 我喜欢协助会议。我喜欢辩论。

再次要求团队注意整个团队对这些陈述的反应如何体现在每个星座的形状中。

在读了你预先设计的陈述之后，要求团队创建他们自己的陈述。让他们在纸片上写下陈述，你可以向小组读出该陈述。有些时候，人们提出的陈述可能暗示一些潜在的关注领域。陈述也可能预示一些人的需求，他们需要了解还有哪些人有这种需求；其他时候，这些陈述可能只是一个团队成员对其他团队成员的小测试，只是为了了解人们对特定状况如何反应，即使是那些想让团队明确避免的状况。

以下是团队成员提出的一些陈述例子。

- 我是从微观管理环境中成长起来的。
- 我觉得单独做事比与团队一起工作更有成就感。
- 对于提供直接的反馈，我没有任何问题。
- 在做一件事之前，我需要一些时间来考虑这件事。
- 如果事情无序，我会感到有挫折感。
- 我认为敏捷对于我们会有用。
- 为了把事情做完，我不介意改变规则。
- 即使敏捷减弱了我个人的影响力或者控制力，我还是觉得使用敏捷很舒服。

星座结果向团队展示了他们的队友会做什么和不会做什么、他们相信什么和不相信什么，以及他们会容忍什么和不容忍什么。这为团队的自组织提供了更为坚实的基础，因为这样可以在团队内的成员之间达成更好的了解。也许一两个月

> 不闻不若闻之，闻之不若见之，见之不若知之，知之不若行之。学至于行而止矣。行之，明也。
>
> ——荀子

之后，有人会说：“哦，我知道你为什么这么安静，不是你不关心或者没有意见，只是在有人提高嗓门时，你退后了。我记得在教练读这条声明‘在大声讨论的时候我感到自在’的时候你几乎站到了门外。”理解建立了。这是一个真正的、好的结果。

“这个星座的形状有哪些地方出乎你的预料？”当你问这个问题，并让他们也彼此提问这个问题时，“星座”活动就成功了。

（4）“价值观”。“价值观”活动（Kouzes & Posner，2007）允许人们用另一种方法挖掘他们的内心世界——通过价值单词。每个人收到一叠相同的价值卡。在卡片上写着类似下面的单词：

果断 幸福 耐心 合作

幽默 独立 挑战 差异

繁荣 灵性 生产力 成长

另外，再提供一张空白卡片，以便有人需要写下其他的价值单词。有许多价值卡片，50 张或者更多，这足以让人们在一个价值和另一个价值之间做出取舍。

“价值观”活动是这样进行的：每个人把自己的价值卡片进行排序，然后分成两份——重要的和不重要的。然后他们对重要的价值卡片进行排序并跟之前一样分成两份。他们重复这些步骤，每次都将重要的价值卡片排序以得到更少的重要价值卡，直到只剩下五张最重要的价值卡片。

然后每个人在一个大的海报或者白板上写下他们的五个价值，并把自己的名字写到所有价值的上面，这样团队就可以一下看到所有人及他们的价值。然后他们会认真考虑整个列表。在他们考虑的时候，问几个发人深省的问题，并等待他们的回答，比如，这些列表告诉了我们什么？这里的哪些价值令你吃惊？你想对哪些价值进行更深入的了解？我们什么地方有分歧？什么地方我们没有分歧？

在随后的对话中对小组进行指导，这样每个人就可以增加他们对于队友和他们自己的理解。为了做到这些，鼓励好奇心而非评判，没有人是错的。（Coaches Training Institute，2008）

为了帮助每个人了解他们所在团队中的其他人，举办一到两个活动，如“历程”或者“技能市场”“星座”“价值观”，或者是其他你发现的或者自己创建的活动。他们中的每个人都对其他人作为人类建立了深刻的理解，而这在人们将要一起工作并交付 Sprint 的承诺时会非常需要。他们也为接下来要发生的事情——了解团队做好了准备。

2. 了解团队

有了来自之前活动所建立的彼此关注，接下来开始进入了解团队阶段。“团队”其实还没有出现。团队将集人们聪明的、复杂的、好奇的、任性的、强大的意志为一体，团队本身也将是他们一起创建的第一个产品。

对于这个产品——这个团队——的指示灯是一个共享的愿景和团队规范。

（1）创建共享的愿景。团队必须有多个层次的目标：对于我来说团队意味着什么？我们作为一个团队意味着什么？团队对我的公司意味着什么？团队对于世界意味着什么？包含这些多样且丰富的维度的共享愿景可以很好地应对冲突和变化，而这些在团队一起工作的几个月或者更久的时间里一定会发生。

创建愿景从个人开始。在一些纸片上，要求每位团队成员写下他们的名字并完成这个句子：“当这个项目结束时，我想要说我获得了……”这些有可能是他们想要在自己工具包中添加的一些技能；对于其他人这些也许是一项品质，例如，变得有更多的耐心或者对别人的接受。不管这些是什么，让团队成员在单独的纸片上写下自己的句子。然后把纸片贴到一个海报上围成一个圈。让每个人都大声朗读自己的句子。然后询问团队：“你们同意支持这个吗？”大多数时间回答是不经大脑的“是的”，因为这个人的目标不会影响工作的完成，也不会影响其他队友的意愿。

然而有些时候，个人的目标会有冲突。最好现在就让冲突暴露出来，并且识别它们的存在，但是别试图解决它们。由于这些冲突还没有真正发生，它们现在并不能被解决。冲突会在团队一起工作之后才会出现。也许团队无法支持两个人在同一个 Sprint 完成他们的六西格玛黑带项目。这是一个冲突。当你了解到这个冲突并有可选方案时，你才能着手解决它。

你的关注点仍然是：这个活动明确地允许人们在新的团队中谈论他们的个人期望。这个活动为针对目标的持续对话和如何更好地支持彼此的目标打开了一扇大门。

一旦“对我意味着什么”这部分完成了，把你的注意力转向整个团队。回想在之前活动中团队成员通过了解彼此而得到的那些洞察力。引导他们为共同的愿望创建一个简洁而有意义的声明。把这个声明用大字体和粗体字写到海报的顶端。下面是一些例子。

- 我们是一群有创造力的人，我们带着彼此最好的东西来创造有意义的产品。
- 我们交付杰出的和有用的产品，我们听从我们的客户和我们自己，这样我们就可以变得出色，而不只是不错。
- 我们不会一塌糊涂。我们面对现实并且把它作为我们的优势，依赖每位团队成员的力量和渴望来克服逆境，并且在这方面做得更好。
- 有了团队想要变成什么样的声明，让我们一起到第三层目标：对于我的公司意味着什么？愿景声明往往是这个目标的基础，它可能是针对团队的项目，或者团队的产品，或者期望对客户或用户产生的影响。从愿景声明开始，引导团队让它变得对团队成员更有意义。这通常意味着去掉软弱无力的词语和“套话”，让真正的目标熠熠生辉。邀请一位团队成员在海报中央写下经过不断改写的声明，声明的周围则是环绕着写有个人目标的纸片。下面是一些公司层次目标的例子。
- 我们在重建我们的网站，这样我们就可以吸引更多的病人，并且让他们能更加方便地访问我们的网站，从而得到我们提供的服务。
- 我们让我们客户的问题得到解决从而使他们变得愉悦，这样我们就可以留住他们，并且从行业分析师那里得到高分的客户服务评价。
- 我们将要通过我们全新的和革命性的税务筹划软件来占领在线税务软件市场。

> 我从不教我的学生，我只试图为他们提供可以学习的条件。
>
> ——阿尔伯特·爱因斯坦

最后的目标层次是：“对于世界意味着什么”如果团队的努力没有以一个宏大的方式让世界受益，那么就引导团队把目光放到一个小一点的世界：“我们的产品可以帮助低收入人群挣更多的薪水。”“我们的项目为我们区域内的 1 000 个人保留了职位。”如果觉得“对于世界意味着什么”太令人沮丧，那么完全跳过这个层次的目标。有时团队被要求做的工作并不使世界受益。如果你足够幸运，有机会与一个团队一起工作，而这个团队的产品会对世界有很大的影响，那么引导他们也做到足够大：“我们的产品引领了保健的领域，所以个人就变成了整个系统中最有力的部分。”“我们的项目将拯救 100 000 个处在危险中的儿童的生命。”

一旦加工好了，把“对于世界意味着什么”的声明写在个人目标的圈内。把它与公司目标声明放到一块儿。图 7.3 展示了一个完整的团队共享愿景。

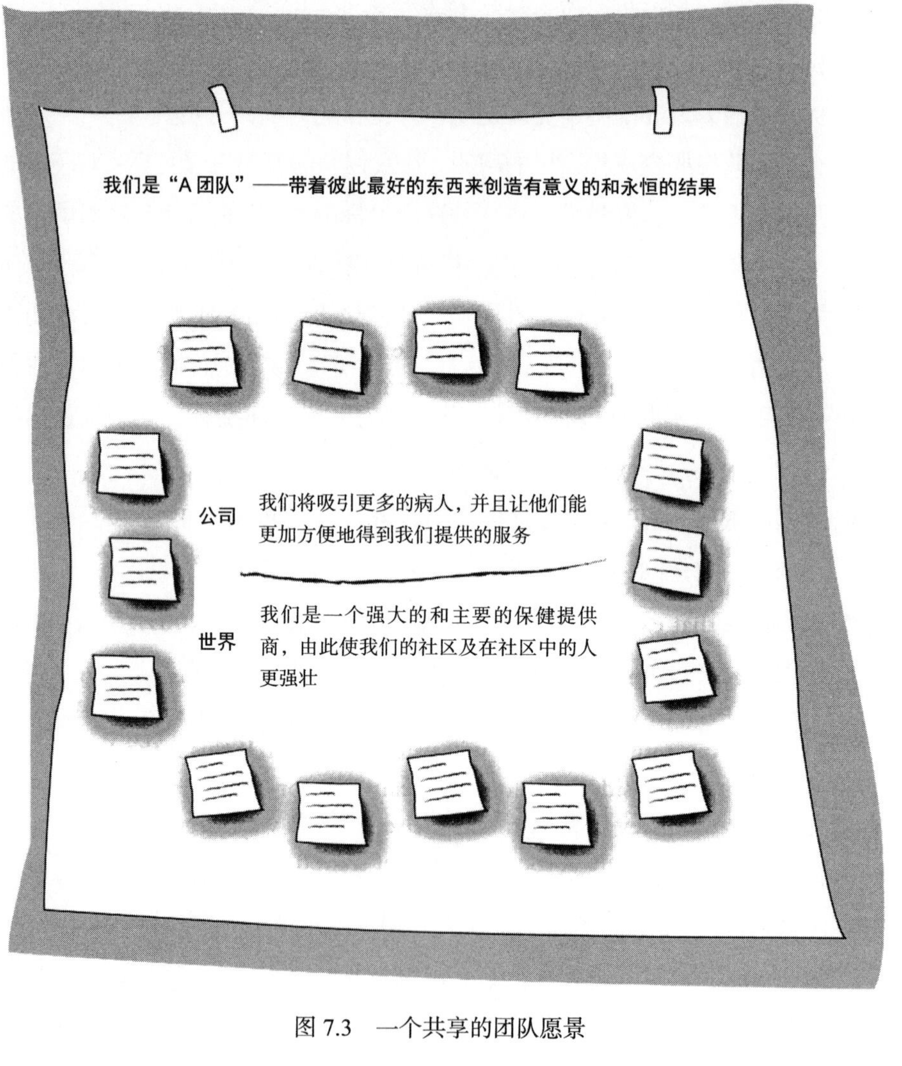

图 7.3　一个共享的团队愿景

用直白的语言马上写下这些目标声明——就像这些声明已经实现了一样。这就创建了团队的愿景。结束这项活动，将所有的目标放到一起组成一个统一的整体，这也创建了愿景。

在结束这项活动的时候，你让团队了解公司和世界目标融入个人目标是没有错的；通过关注个人的成长，我们创建了让我们一起获得业务目标的环境。然后将团队成员的注意力集中到海报的顶部，也就是用硕大字体书写的团队愿景声明。

团队愿景和个人目标，即大“A”议程，是他们的指路灯。这一议程超越了项目的开始和结束、业务目标的探索和实现及产品的推出和退出。这就是公司和世界目标为什么尽管大但有可能只是小“a”议程。它们代表了团队在这个特殊的时间点的追求。不论是大“A”还是小“a”都有它们的作用（Whitworth 等，2007），而大“A”是在风浪大的时候用来对船进行修正的。当困难发生时，大声地朗读团队愿景声明，也许可以提醒人们之前做出的、支持彼此的承诺。对话的结果通常是引导他们做回最好的自己，并且回到他们作为一个团队的最好诠释。

请参阅　你可以在第 9 章中找到更多共享团队愿景声明的例子，这些例子可以用来作为处理团队冲突的工具。

所有这些目标一起组成了这个新的团队的共享愿景。这个愿景给他们指明一个共同前进的目标。

（2）创建团队规范。有了共享愿景作为热身，团队就可以很容易地开始创建团队规范。最好的团队规范远不止站立例会时间、核心时间（团队成员在同一个工作区域内一起工作的时间。——译者注）和人们是否可以在团队工作室里吃东西。这些内容可以包含在团队规范中，但是在困难时最能帮助团队的规范通常会包含如下内容（Adkins & Blake，2009）。

- 共有价值。如果你之前做过价值练习，那么这个很容易。以他们对彼此的了解作为基础，他们很快就会得出一些东西作为一个团队的价值。如果这是他们第一次考虑一个团队的价值，问问他们之前所见到的最好的团队的特点。通过这种方法来得出他们眼中作为团队的价值。下面是一些关于共有价值的例子。

- 胆大不是一件坏事。
- 分享工作=分享荣誉。
- 注意到有人需要帮助时提供帮助。
- 即使觉得不自在也要保持开放的沟通。
- 团队的成功远比个人的成功重要。
- 保持简单。
- 在寻求帮助之前别挣扎超过 30 分钟。
- 要真正的开放，这样我们就能得到最有创造力的解决方案。
- 在一起生活的规则。“禁止有异味的食物”这一规则在这里适用。这些对于团队来说很容易得出，因为他们考虑在一起分享一个空间，或者他们记得在与他们之前所在的团队如何分享空间。
- 后勤。这些规范也很重要，但它们是最容易制定的。核心时间（如果不是整天的话）、Sprint 时长和站立例会时间是典型的后勤规范。
- 在冲突中保持在一起。你现在也需要做一件不舒服的工作，即应对冲突的准备。这个工作会减少后续令人头痛的事情。向团队提问来促使他们思考在发生冲突时，他们想如何与彼此在一起。
- 我们将通过什么方法提出当前的冲突？
- 当我们深陷冲突时，我们如何回到我们共享愿景的“梦想”？
- 在什么情况下我们愿意以团队的方式放弃努力？

为这些交谈留下思考的时间，因为它们都是很难的问题。

在团队成员考虑这类问题时，允许他们写出一个团队规范的清单。鼓励他们在团队工作室里找一个地方把规范张贴起来，并确保清单足够大，且容易看到，这样他们就可以很容易地把它作为一个提醒物。

了解将要做的工作

接下来轮到团队启动时的最后一部分！了解将要做的工作意味着这三种活

动：展望、评审产品待处理事项和出发。在团队学习产品愿景和了解构建产品所需做的工作的过程中，产品负责人占据了中心舞台。教练再一次地扮演他们的导游，确保团队学到他们需要的东西。启动结束时，第一个 Sprint 的目标已经达成一致，这样就可以让团队迅速投入行动之中。

1. 展望

邀请你能找到的最高级别的人来为团队描绘他们将要创建的产品的愿景。这个人的想法对于团队很重要。因为公司授权这个人来实现公司的目标，这个人对这个产品有浓厚的兴趣，也是团队成员想要打动的人。更有可能的是，这个人是这个项目的发起人或者为这个项目出资。拿着钱袋的这个人有非常大的影响力，要学会利用这一点。

让这个人准备在两个层面来谈项目的重要性：公司层面和个人层面。这个产品会如何影响公司，了解这位高级别经理对此的期望是很有用的。也最好知道该产品和业务的影响为什么会对他个人很重要。这就可以让团队把握更真实的目标而非冷冰冰的、毫无生气的改进清单。

高级别经理传达了愿景之后离开。产品负责人接过愿景，如果需要的话，产品负责人可以把该高层次的目标转化为更为现实的目标，然后传达给团队。

这时，重新来看“对于公司意味着什么”和“对于世界意味着什么”的目标声明。现在团队已经有了更多的一手信息，如果需要，可以更新这些声明。或者为了避免更新声明，可以等到启动会时再来填充这些目标声明。

有时，仅听到愿景就足以让团队提前了解将要完成的工作是什么。其他时候，他们需要更多信息以使工作更加明晰，在这种情况下，使用愿景练习来让愿景变得充实起来，这样团队就可以更好地了解工作。“报纸具化”（Newspaper Projection）就是这样的一个练习。

“报纸具化”告诉团队：“想象现在是一年之后，产品获得了极大的成功，它超越了所有的期望，并且被认为是一个完全的突破。《华尔街日报》（或者用你们喜欢的报纸代替）已经写了一篇关于我们产品及它如何被创建出来的文章，并把它作为以后其他产品的典范。现在就来写这篇文章。在写的过程中，你可以采访客户或者团队成员，把我们产品的积极影响进行细化，或者解释创建我们的产品的特殊方式。”

然后让他们动笔，给他们大约 20 分钟时间完成文章。提醒他们文章不用特别厚重，不必像普利策奖那样去准备材料。对团队来说，文章只要对他们自己有意义就可以，鼓励他们就这样写。

然后每位成员朗读他们写的东西。在成员朗读的过程中，另一位团队成员记下任何词或者短语，并把它们写到一个海报上。当所有成员朗读完他们的故事时，所有记下的笔记也都写在了海报上。在整个分享过程中，团队成员会有笑声和兴奋感，也许还会有点糊涂。让这些自然发生而不要进行干预。当所有的故事分享完毕，把团队的注意力吸引到海报上的单词和短语列表，询问他们这些单词和短语是否让他们感觉需要更新“对于公司意味着什么”或者“对于世界意味着什么”的目标声明。如果需要，那么就更新它们。

2. 评审产品待处理事项

在启动那个时间点，个人已经集合在一起形成一个团队了，他们知道他们在一起是为了完成项目。他们现在可以真正开始工作了。

产品负责人遍历产品待处理事项，回答关于待处理事项的相关问题，并要求团队找出遗漏的工作项。这个时候，产品待处理事项不必完整或者写得很好。然而产品负责人需要有足够多的工作项来使第一个 Sprint 开始运行。作为教练，确保产品负责人做到这些，并且确保产品负责人明确地展示了每个工作项的业务目标。在产品负责人评审产品待处理事项时，指导团队参与高质量的对话，这样就可以对他们将要一起做的项目有共同的理解。

请参阅 关于如何协助团队以提高他们的对话质量，第 6 章中有详细介绍。

3. 出发

随着产品负责人完成了产品待处理事项的评审，教练应该向产品负责人问一个问题：“产品负责人，如果用一条报纸标题来概括的话，什么短语可以描述第一个 Sprint 的目标？”Sprint 的目标在两个层次起作用：在 Sprint 进展过程中，像指南针一样指导团队，让他们知道自己在正确的轨道上；在一个特定的 Sprint 中，通过有限的需求来减少工作的变动，例如，通过从同一主题中选取工作项，这样就可以协助团队紧密合作并且可以帮助提高速度。Sprint 目标也可以像手边的速记一样，方便团队进行沟通（Pichler，2010）。

一旦 Sprint 目标创建完成，你就可以正式地开始团队的第一个 Sprint 规划会议。告诉团队 Sprint 规划会议已经开始，并且在将来，他们将通过相同的两个步骤来规划每个 Sprint：对于 Sprint 中特定的产品待处理事项达成一致，创建用户故事及相应的任务。现在，你可以对他们说："出发！你们已经进入第一个 Sprint 了。"

准备启动

现在你了解了一个团队启动的基本活动集和目标，让我们再加上启动之前的准备工作。团队启动的准备有三个层次，从足够好到有针对性，而每个层次都比前一个层次需要更多的准备。

- 足够好。使用本章提到的指导方针，为一个团队的启动创建你自己的"方案"。选择最有意义的活动，并创建一个标准的议程，议程可以是他们在启动过程中要回答的问题集或者主题列表。在启动过程中，遵循你的议程，并且随时调整以满足团队的需求，就像在接下来的时间里你指导他们一样。事实上足够好是可以接受的，因为在活动中产生的交谈和洞察中会出现惊喜，所以你不必担心启动议程不够完美。
- 有洞察力。一个有洞察力的启动寻求满足主要合作者的目标，如产品负责人、高级团队成员和经理。向他们提问："想象我们现在就要结束团队启动会了，你转过来对我说（Tabaka，2006），'太完美了！启动没有可能更好了。'是什么事情让启动如此完美？"使用对这个问题的答案，把活动串到一起来达到团队启动的学习目标，以及人们期待的任何特定结果。这需要适当的准备，通常需要几小时的时间，来与主要的合作者进行交谈，并设计出一个有洞察力的议程。
- 有针对性。要设计一个有针对性的启动，教练需花时间与尽可能多的团队成员进行交谈。教练也需要花时间来观察团队成员的活动、其他敏捷团队和周围的组织。注意人们彼此主动交互和协作交互的能力。注意障碍的发生，以及它们是被处理，还是被忽略。注意影响多个人或者多个团队的常见问题。注意敏捷的价值和宣言对于团队和经理们来说是否有活力和有用。然后，计划一个团队启动来解决你观察到的任何问题。增加教授敏捷部分的活动，如果做得好，这将解决你观察到的问题，或者阻止团队在起初就陷入问题当中。

粗糙的启动也奏效

我觉得这个团队一定会失败。让我们从他们的经理们所说的话开始："使用敏捷，使用精益，使用以用户为中心的设计。使用任何你想要的或者任何你认为最有效的方式。"真正执行时出现的是狂刮的政治风暴，以及经理们不能就任何方法达成一致，所以他们告诉他们的自组织团队可以自由地从众多的方式中进行挑选。因此，经理们不决定的决定就下达了。

作为团队的敏捷教练，"一大部分的我"想要推行 Scrum，并且告诉他们可以使用以用户为中心的设计和精益作为辅助流程。"另一部分的我"又听到一个声音不停地在脑子里唠叨："相信团队。"

我听从了唠叨的声音并且决定设计一个有针对性的团队启动而不是强迫使用 Scrum。鉴于政治形势，我采访了每位团队成员，也采访了持有不同大方向的经理们。我创建了允许他们自行选择方式的活动。我教给他们每个 Scrum 练习的用意，这样他们就可以自己决定是否采用它。精益和以用户为中心的设计的专家们教授了相关的方法和流程。然后团队从大杂烩中选出了他们想要采用的特定部分。

团队决定他们要做每天的站立例会，并且有一个故事板，但是他们不打算花时间去对任务进行估算。他们决定首先关注通过以用户为中心的设计所得出的部分，然后基于一个又一个截止日期去做，而非按照带有时间框的 Sprint 节奏去做。他们认为回顾会议是浪费时间。他们觉得自己都很职业，并不需要"幼儿园"的待遇。精益完全被忽略了，没有人注意到。

正如我已经预料到的，结果是一团糟。因为任务没有被足够细化到每天都能看到结果，产品负责人无法确定团队的进展。所以，他要求每个团队成员周期性地给他发送状态报告。我重新教授了故事板、任务和任务估计的使用。团队认真地聆听并如以前一样继续前进。

在一个大的期限逼近之前，团队成员仍然各做各的。他们一起疯狂地工作，所有人都充满了挫折和埋怨。我指出本来不用这样。团队一如既往地认真聆听并如以前一样继续前进。

因为一些用户故事执行了很久，而没有 Sprint 的边界来中断它们，所以产品负责人不断地与团队之间有一些“小的摩擦”。因为有“明星”成员花了很长的时间来完成这些用户故事，团队也的确创造了结果。此时，他们感到他们之前的决定带来了影响，而我仍然保持安静。

没有人是开心的——团队成员不开心，产品负责人也不开心，即使产品负责人从团队那里得到了他想要的产品，他还是为团队缺乏预见性而感到沮丧。我并没有从他们的固执中挽救他们，所以他们仍然不开心。他们越来越不开心，直到有一天，其中的一位团队成员说：“我觉得是时候做一次回顾了。”

在回顾会议上他们谈论了他们的感觉——他们对他们的产品感觉如何（不错），他们对他们的产品质量的感觉如何（不是很好），他们对于赶上期限的感觉如何（很好），他们对于每个人为赶上期限所付出代价的感觉如何（不是很好），他们对彼此的感觉如何（非常差），以及他们是不是还要以这种方式继续（当然不！）。所以他们做出改变。我们再次复习了 Scrum 实践的用意，然后他们采用了更多的 Scrum 实践。他们谈论了这些实践的价值和这些价值为什么对他们很重要。通过这次谈话，在他们已经开始两个月之后，他们完成了团队启动的第一部分：了解将要使用的流程。因为他们意识到他们需要更多地了解彼此，以真正地分享工作，同时他们想知道为什么他们做的项目超越了列表的预期结果，剩余的启动活动对他们来说就变得有意义了。

如果团队从一个粗糙的启动出发，只要你不从他们的固执中挽救他们，那就还好。教育贯穿整个过程，教授并接受他们的选择。让他们感觉到他们的决定所引发的自然后果，然后到他们准备好了，引导他们回到敏捷的核心。

假如你注意到其他团队因为角色执行不力而出现问题，那么在一开始的时候就要通过教授敏捷角色定义，阻止相似的问题在新的团队中发生。你可能已经把角色的概述作为你的标准议程的一部分，但这一次你要深入教授角色。你可能要求产品负责人来谈一下他想要做的改变，以更好地履行其角色。这样产品负责人对自己的角色就变得更加擅长。为了使自己在教授方面达到一个新的水平，你也许谈论你将要做出的改变。也许你会询问团队成员他们对于角色的理解，随着时间的推移，使用他们的回答作为标尺来对拥有这些角色的人们进行角色执行情况评判。对于一个问题，如果你把它作为一个主题进行深入的教授，并且在团队启动过程中予以解决，这通常是无可厚非的。

设计一个有针对性的启动通常需要更多的时间，一般会从几小时到几天，但是增加的时间往往是值得的，因为增加的影响通常比前期的额外努力要大得多。

团队重新启动

当团队成员或者团队目标有很大改变的时候，重新启动团队。你不需要做初始启动时做的所有事情，只需要做那些已经改变的或者需要做支撑的部分。如果团队成员改变了，确保你再一次教授敏捷。10 分钟的白板交流就是一个诀窍。不管什么原因导致重新启动，都需要通过少量的再培训和积极的强化，并利用这个时机来解决团队存在的痼疾。

指导团队的新成员

尽管我们在尽量避免这种情况，但团队成员总会来来去去。人们会寻求其他机会，或者团队意识到他们需要增加一些有特殊技能的人。

尽可能地保持团队成员的稳定，并且指导团队只有在 Sprint 交接的时候调入或者调出团队成员。记住这条原则：做出承诺的人才会完成该承诺。

当一位团队成员离开的时候，确保团队对于这个人和他们的贡献给予答谢。

在大多数情况下团队都会这么做，所以你可能不需要在这方面教授太多。

当一位团队成员加入团队时，向该团队成员介绍团队。指出挂在墙上的团队规范列表。站在故事板前面解释，在 Sprint 期间团队成员如何利用它进行彼此的同步。谈论关于团队的共享愿景，以及任何在墙上展示的团队的原则、性质和特点。让这个人了解团队的个性：内部的笑话、工作室内的玩具及团队成员之间的插科打诨。在其他团队成员在场的时候向新的团队成员介绍这些，这样其他团队成员就可以插入进来讲一两个短故事，同时许多团队成员也由此表达了对新的团队成员的欢迎。

然后，再向新的团队成员教授敏捷。10 分钟的白板交流可以很好地起到作用。在交谈过程中，你可以通过保持敏捷的核心来表达敏捷最强大的一面。如果团队偏离了一个特定的实践，把它作为团队后续提高的方向指出来。如果团队的操作完全背离了相应的敏捷实践，也需要把这种实践教授给这个新成员，并指出团队在哪方面做得不够。首先向新的团队成员教授正确的敏捷做法，其次再介绍团队独特的敏捷做法。这样，你就可以有效地防止新的团队成员无意识地认为这个团队的敏捷就等于敏捷。

这样你就完成了你的教授工作（就现在来说）。从现在开始，让别的团队成员接过教授的任务来帮助新的团队成员。他们也许非常急迫地想告诉新人他们的产品及他们自己。

随着每个敏捷实践的进行，教练应该经常性地跟新的团队成员一起了解进展情况。也许你可以说："你刚刚经历了 Sprint 规划会议。现在我们正处在 Sprint 中并且正在交付团队——当然包括你——所做的承诺。"帮助新的团队成员把他经历的实践与你在开始的时候在白板上跟他介绍的每个敏捷实践建立起联系。

请参阅　在第 5 章中详细阐述了如何为一对一指导教授设置期望值，如何坚持一对一指导。

在新的团队成员加入几天后，教练应该与该团队成员一起坐下来进行交谈。了解这个人——他去过哪里、他想要什么及他的敏捷旅途到了什么位置。告诉新的团队成员，类似的带有教授性的会话会每隔一段时间进行一次，有些时候根本没有任何原因，有些时候你可以引导并帮助他们更好地使用敏捷。

利用可教导的瞬间

在团队一起工作和交谈的时候，可教导的瞬间会经常且不经意地发生。这些瞬间自然发生，教练要创建一个场景以便在正确的时间教授正确的事情。好好地利用可教导瞬间，同时要避免长篇阔论。不要在这些时候进行重新培训或者介绍一个全新的领域。记住团队在 Sprint 期间的工作就是要冲刺！合理利用这些瞬间的优势，只教授他们足够的东西来传达教训，不要影响团队的正常运转。

始终教授敏捷中的角色

如果一个角色没有很好地履行其职责，会引发很多问题，因此需要教练花费专门的精力来指导。

团队的角色是直观的，一般来说，多数团队能够完全内化敏捷和各个角色的职责——使工作完成并且不允许任何事情阻碍他们。

最大的角色问题来自在团队边缘的人——敏捷教练、产品负责人和一群敏捷经理。为了保证团队的执行没有障碍，这些角色必须得到清晰的定义，这样他们才可以更好地一起工作。这中间就有很多教授和指导的机会。

首先要教给大家的是他们自己的角色，任何时间都可以做这方面的指导。如果整个组织很大而对角色没有清晰的理解，那么在团队启动会上教授他们角色的定义。如果角色已经生效，通常情况下不用作为公开课程来教导他们；只要在可教育的瞬间发生时，帮助人们更好地执行自己的角色即可。

一旦教授过角色的定义，并且每个人都知道自己应该做什么，就可以要求团队相信每个人都完全按照自己的角色在工作。如果任何角色没有很好地执行其职责，应将其作为一个障碍提出来，以排除障碍的方式进行解决。

教授产品负责人角色

产品负责人对团队有着巨大的影响，因为承担这个角色的人会直接设定方向，并制定持续的战略决策。一个不称职的产品负责人会导致一个毫无生气的团队，许多事只是走走过场。一个好的产品负责人能帮助团队在正确的方向行进。一个出色的产品负责人能让团队更快地出成绩，并且对可能出现的令人惊讶的结果保持开放态度。

一个好的产品负责人可以帮助维护一个团队。一个差的产品负责人绝对会削弱一个团队。两者都不足够好，要把你的教授目标定为帮助他们成长为出色的产品负责人。

为了帮助产品负责人变得出色，首先教授他们成为他们团队中的如下角色。

- 商业价值推动者。所有决定和权衡，包括什么时候停止该项目，都要考虑是哪种方案现在就可以给公司带来最大的商业价值。
- 日常决策者。经常与团队在一起，参与他们的对话并且在需要时做出决策，这样团队才可以顺畅地向前推进。
- 愿景管理者。站在团队的角度来管理产品的蓝图，并且指引团队在每个 Sprint 都向这一蓝图前进。
- 团队保护者。保护团队使他们避免外界的噪声和压力，让他们保持注意力。
- 最终责任人。完全投身于产品。团队的工作并不仅仅是产品负责人的另一份工作任务——它对你的职业生涯很重要，所以你应该慷慨地接受这个担子，成为产品业务成果的最终责任人。

在你教导产品负责人时，通过这些短语帮助该产品负责人形成一个出色的产品所有权愿景。邀请他们探索这些表述对于他们的意义，并了解哪些方面他们感觉舒服而哪些方面感觉不舒服。不舒服的方面就意味着你可以在这些方面通过教导让他们成长。

为了帮助他们将具体的愿景落地，表 7.1 中列举了一些做和不做的行为，教练可以将其作为例子提供给他们。

表 7.1　产品负责人的行为

做	不　做
说出要完成“什么”	说出工作应该“如何”完成或者工作需要花费“多少”努力
挑战团队	欺压团队
履行对构建一个高效团队的承诺；运用商业价值驱动的思维方式	只关注短期交付成果；坚持最初的范围和方法，而“不论是什么”
保护团队不受外界的干扰	直到变化真正发生时才开始担心变化对团队的影响
在Sprint之间引入变化	允许变化插入Sprint

理解了关于产品负责人的这种定义，就可以通过如下问题开始与产品负责人进行讨论：

“这个角色的哪些部分可以更好地提高你自己？”

“这个角色的哪些部分你觉得已经掌握了？”

“你必须让自己做哪些部分？”

“为了让你避免做那些‘不要做的事情’，对于团队和组织，你必须相信什么？”

“我作为敏捷教练，你希望我关注哪些事情来帮助你保持这些基本信念？”

通过这次谈话，帮助他们巩固对他们自己的角色的理解，并帮助他们创建自己作为一个出色的产品负责人的未来愿景。跟产品负责人一起发现他们的成长点，并且告诉他们你会在成长过程中指导他们，最终让产品负责人明确这个目的：一个健康的团队需要一个出色的产品负责人。

作为敏捷教练，你也许被要求帮忙从团队中选择一位产品负责人。经理们会说：“在这个业务领域里，我们有几个人可能适合做这个团队的产品负责人，可是我们如何选择其中的一位呢？”

要帮助他们，记住这个缩写词：CRACK。一个有效的产品负责人是遵守承诺的（Committed）、负责的（Responsible）、被授权的（Authorized）、有协作精神的（Collaborative）及知识渊博的（Knowledgeable）（Boehm & Turner，2003）。

- 对工作做出承诺，并且充分参与，跟其他团队成员一样。
- 对结果负责，这样才能真正地投入工作。
- 得到项目发起人的授权，这样产品负责人才可以对正在开发的产品做决定，并且知道哪些决定可以单独做，而哪些决定需要咨询其他人。
- 协作是与人交往的一个正常模式。
- 对所做的事情和所从事的领域有渊博的知识。

首先，通过 CRACK 标准来衡量有希望成为产品负责人的人选。

然后，如果需要的话，再次进入教授模式。与每位有希望成为产品负责人的人进行交谈，教他们产品负责人的角色，让他们了解你和团队对他们的期望，与他们讨论他们对角色的感觉。这个角色将是一个与团队成员频繁地并肩工作的角色的延伸吗？或者，这个角色感觉就像一股清新的空气而需要非常紧密地参与吗？在他们谈论产品负责人角色的过程中，注意他们的用词和语调。在他们谈论关于成为一个产品负责人时，你听到的是很多机会，还是听到许多“是的，但是……”？

拥有 CRACK 和关于产品负责人角色的交谈这两个有用的工具，你就可以帮助团队选择一位产品负责人，并且选出的人很可能成为出色的产品负责人。

教授敏捷经理角色

在敏捷团队周围有许多敏捷经理，比如，团队成员的职能经理、相关方和其他团队的经理。

尽管敏捷经理这个角色在大多数的组织中存在，但这个角色并不是 Scrum 或者任何其他敏捷框架的正式部分。当我与敏捷教练和组织变化专家迈克尔·斯佩里德一起开始从事敏捷教练时，他已经对敏捷经理这个角色进行了许多正式的思考。我们注意到，这些经理们——位于他们所在组织的中间——被挤压在中间。他们被自己的团队挤压着，因为随着他们的团队成为自组织的团队，这些团队总试图抵制所有来自经理的管理。同时他们被高层挤压着，这些高层一方面想看到敏捷的成果，另一方面又渴望来自进度表、状态报告和指导委员会会议对确定性的幻想。所幸有一个新的现象可以给敏捷经理带来希望：当他们的团队交付成果时，他们所受的挤压会被减轻，他们也可以再一次地缓口气。

为了帮助团队交付成果，经理们要提高敏捷性。为了提高敏捷性，他们需要对他们新的角色进行了解。

- 组织变革家：引导组织对于敏捷的采用（和重新采用）。
- 边界管理者：强化健康的角色边界，包括团队内部和团队与更大的组织之间的边界。
- 价值最大化的倡导者：像产品负责人管理用户故事组合一样管理项目组合，不断地询问现在哪个是具有最高商业价值的项目。
- 精益管理者：使用精益思考来改善组织流程，这样团队交付的价值就可以毫无延迟地实现。
- 组织障碍消除者：寻找坚韧不拔的勇气来消除根深蒂固的障碍。
- 团队拥护者：从团队的边缘来观察团队，通过真正信任团队的能力来释放团队，使他们充分地发挥潜能。

敏捷经理应该像水一样坚韧，水可以侵蚀最硬的表面，并可以最终找到一条路流出去。让事情流畅是一项值得尊敬也是富有挑战性的工作，而只有这样的团队才可以一次又一次地交付成果。这样做，敏捷经理们就为他们的团队提供了最高级的服务。

一位敏捷经理把她的团队从文案工作中解救出来

这是我见过的最好的敏捷经理之一，她当时遇到了一个挑战：她被要求以简单而有效的方式提交状态报告。

她和她所"管理"的团队中的敏捷教练们一起，在离总监和副总裁座位不远的过道上设置了一个执行状态白板。她和产品负责人（通常让敏捷教练一起参与）周期性地在白板前面会谈，来检查彼此的状态。他们为每个团队使用不同的颜色来标示关键健康指标：红色=坏的，黄色=要变坏，绿色=进展不错。其中的一些关键健康指标包括：

- 当前 Sprint 是否按计划进行？

- 下一个版本是否按计划进行?
- 产品负责人的方向是否清晰?
- 到目前为止项目发起人满意吗?
- 项目发起人对于未来的交付信心如何?
- 团队是否在积极地朝更高的绩效前进?

有了这些用红色、黄色和绿色显示的指标,以及清楚罗列出的障碍,这块白板就变成了不可多得的状态报告。

高层领导人不用花时间走到白板就可以知道项目的状态,因为那些状态就在他们面前。

除了自助式状态展示,这位精明的敏捷经理还使用这块白板来显式地提醒"我们最近为你们做了什么",包括最近交付的价值块、新计划的价值块、通过这些交付成果改进的真实业务矩阵和对于每个团队接下来要做什么,等等,一一列出。

她本来可以要求每个团队创建一个定制的状态报告,但事实上这个报告可能打断团队的工作并且成为团队的负担。相反,她为团队保住了关注点,并且让团队按照敏捷的自然节奏来工作。定期的检查对于每个团队来说都是一个有用的工具。在检查的时候他们可以讨论共有的障碍、分享解决方案、展示团队的成就和他们正在做的东西。这也给了他们停下来自省的时间:"我们在这方面需要帮忙吗?"这样,经理级别的障碍在早期就可以被发现,并在其妨碍团队之前,有时间得到清理。

不管什么时候,如果一个行政经理对某一个特定的项目有疑问,这位敏捷经理都只需简单地指向墙上的状态板。很快,对于状态的额外需求就会消失,她因此可以有时间关注提供更高的价值:确保团队健康和清除障碍。简而言之,就是促进团队的敏捷性。

上述描述的是,有很多事情可以做,但都不需要通过直接管理敏捷团队的方式来进行。为了提供一种浅接触(Low-Touch)的方式来指导团队,迈克·科恩提供了这个模型:容器、差异和交换(Containers, Differences and Exchanges, CDE)。概括来说,敏捷经理们通过如下方式施加控制。

- 容器：团队工作的场所或内容，特指他们的物理位置、组织位置和团队分工。
- 差异：团队成员之间背景的差异，通过寻求不同类型成员的组合，以形成高水平的团队交互。
- 交换：由此使团队成员因他们的差异和交互而做出改变或受到感化（Cohn，2009）。

使用 CDE，经理们可以从外部适当地影响团队而不影响团队的自组织性。

有了对敏捷经理角色的理解和可供支配的 CDE 模型，这就给敏捷经理们提供了作为敏捷角色的另一个视角。由此教导敏捷经理，在自组织团队中，他们需要与团队进行与之前不一样的交互。具体来说，敏捷经理需要做如下事情。

- 只通过产品负责人把工作项添加到产品待处理事项中。
- 把问题或者观察引向敏捷教练或者产品负责人。
- 在每天的站立例会上保持安静。
- 参加 Sprint 评审并且给出直接反馈。
- 只有在被请求时，才帮助移除障碍，否则，让团队自己完成工作。
- 通过简单的方式与敏捷团队一起工作来满足需求，而不要在这些需求上加入分散注意的官僚主义成分。

正如之前你跟产品负责人一起做的一样，与敏捷经理开展一个关于敏捷经理角色本质的讨论。这个角色中的什么让他们觉得兴奋？什么让他们畏惧？什么让他们产生焦虑？

要说清楚，如果敏捷经理的角色做得好，就可以产生出色的团队交付，而出色的团队交付会给敏捷经理带来成功，因此每个人都会获利。

教授敏捷教练角色

最后我们来看敏捷教练角色。你已经认真地考虑过敏捷教练的角色，你也有可能已经做出一些总结，并发现关于教练角色的责任和丰富程度根本不可能通过几个短语来概括。这是对的。短语是可以帮助记忆并且让有些东西变得有力和更易掌握。了解这些短语，在你的生活中理解它们的意义，并且在教授其他人认识敏捷教练的意义时，可以很好地使用它们。告诉你所教导的人们："敏捷教练是……"

- 清道夫：帮助团队铲平障碍并让团队摆脱障碍（Cohn，2005）。
- 领头羊：在团队迷茫的时候引导团队回到敏捷的实践和本质（Schwaber，2004）。
- 服务型领导者：服务团队而不是让团队服务你（Cohn & Schwaber，2003）。
- 质量与成果的监护者：检查团队生产什么和如何生产，然后向团队提供观察结果以帮助他们进行针对性调整（Douglas，2007）。

请参阅　对于作为一位服务型领导人的深入介绍，请查看第 3 章。

敏捷教练帮助团队探寻不可预知的事情，并在事情发生时进行调整，同时全程密切关注团队的外部世界，以及自己的思想和冲动的内部世界，并谨慎地将那些可以帮助提升团队自组织的冲动付诸行动。为了帮你辨别应该对哪些冲动采取行动，表 7.2 提供了一个简短的列表，包括敏捷教练可取的和不可取的行为。

表 7.2　敏捷教练的行为

可 取 的	不可取的
引导和协助	指挥或驱动
让每个人都关注于交付商业价值	坚持那些不再有效的期限和方法
对于团队的整体绩效有很强的兴趣	只关注于团队的特定结果
指导团队达到整体的高绩效	介入任务级别的指导
提升每位团队成员的技能并帮助他们成长	成为团队的唯一声音

向团队及团队周围的人教授敏捷教练角色的定义。然后，邀请团队监督你，使你能够朝着这个角色的最好表现前进——作为一位敏捷教练在所有时间都要不断变得更优秀。

角色的紧密关联

这些角色中的任何一个，其本身都是完整的和强大的，但它们并不是独立的。

如图 7.4 所示，它需要所有三个角色一起很好地合作来为团队提供机会去创建惊人的结果，并把敏捷作为公司保持竞争优势的一个武器，释放其能量。

让我们特别关注一下角色职责重叠的地方。通常，清除障碍的活动需要两个角色——教练和产品负责人，他们在一起变得更为强大。但教练和产品负责人一起清除障碍并不意味着他们之间的责任被均摊了。角色的边界并没有混淆或割裂，这个职责仍然落在敏捷教练的头上。

所有的角色“重叠”都是类似的。一个角色从其他角色那里得到支持、力量、活力和帮助，但这个角色仍然是责任承担者。这就确保即使在复杂的情况下职责也是分明的，而不至于发生一个角色试图推卸它的应负责任的情况。推卸责任是绝不允许的。

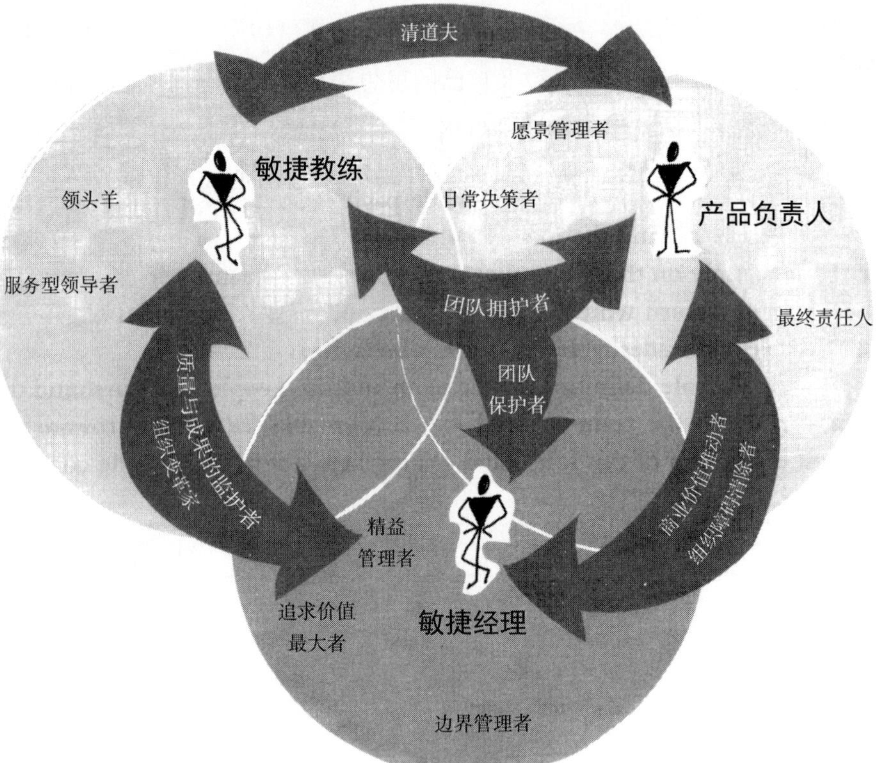

图 7.4　在敏捷中环环相扣的角色

让我们看一下敏捷教练和敏捷经理之间的重叠。敏捷教练完全专注于在团队边界之内作为质量和绩效的监护者。敏捷经理带来的是一个不同的视角，它是从团队边界仅一步远的地方来看团队的。两种角色都可以向团队提供自己的观察，从而帮助团队变得更好。尽管敏捷经理的位置给了他们作为组织变革家的角色，来自敏捷教练的支持也是必要的。他们一起工作，从而应对组织在使用敏捷的过程中所经历的改变，并且一起面对遇到的阻力。

产品负责人一心专注于获取商业价值，并由此来与敏捷经理产生关联。他们是商业价值的驱动者，他们把商业价值作为衡量进展的唯一标准，不管是在团队层次还是在产品组合层次。这两种角色也是组织障碍清除者的联合力量，因为组织障碍是限制价值交付过程中的重大障碍，也是需要双倍的力量来处理的顽固障碍。

尽管产品负责人是团队的首选团队保护者，它也需要敏捷教练、产品负责人和敏捷经理肩并肩地站到一起来构建一个足够厚也足够大的团队保护者来隔绝噪声和政治因素。

最后，所有三种角色都要具备团队拥护者这一要素，他们必须真正相信团队只要付出努力、智慧和热情，就可以完成任何事情。作为团队支持者，所有三种角色都要寻找支持团队的办法，同时要帮助他们相信团队。

三种角色彼此交错，这样，他们才能支持团队在短期内生产出真正的产品。交错有些时候也意味着矛盾，角色之间可能相互牵扯并形成充足的动态张力。例如，随着产品负责人要求越来越多，并且逐渐开始欺压团队，敏捷教练就需要保护团队，这样团队也就可以学着进行自我保护。由于角色之间的互相牵扯，讨论也许并不总是彬彬有礼。要把这些看成正常的、可预期的现象，因为不同的角色本来就应该是这样的。动态张力为创造力和真理提供了所需的边际，因此它也有利于价值交付。

角色的清晰度

敏捷角色不是头衔，所以任何人都可以承担这些角色，只要他们有能力并且想把这些角色做好。这些角色与团队所在的组织结构没有任何关系。但是，非正式的角色和正式的角色都会存在并且可能产生冲突。敏捷教练要对这些冲突保持关注，帮助大家在他们的团队角色和他们的组织头衔之间维持健康的边界。

产品负责人也是团队成员的直线经理，就是一个不健康的例子，并且会导致冲突。如果产品负责人同时是敏捷教练的直线经理，这就更不健康了，冲突加倍，这个团队将受困于两个角色的不清晰的边界。如下是一些其他的不健康的角色边界：

- 产品负责人既是项目经理（进度表的无情驱动者）又是敏捷教练。
- 敏捷教练既是领域专家又是团队成员。
- 敏捷经理作为敏捷教练。

在一些人事关系已经比较健康的小公司，团队可能与扮演多种“角色－头衔”的人一起（大多数情况）工作得很好，只要这些角色和头衔组合没有混淆敏捷教练和产品负责人。在其他情况下，它会影响团队成员的信任，因为团队成员不知道在一个特定的时间与他们交互的是这个人的“什么角色”。他们会对这种问题感到困扰：“现在说话的这个人是产品负责人、我的老板（给我写绩效鉴定的人）还是我的教练？”

为了帮助揭示不清晰的角色，敏捷教练，也是 *Agile Coaching* 的合著者瑞秋·戴维斯帮助团队成员一起来检查每种角色的责任。在开始的时候，她要求每个人在单独的纸片上列出他们做什么及其他角色做什么。在团队成员比较彼此的列表的时候，以及在随后的交谈中，他们往往会发现不同的角色之间的重复和一些没有人承担的责任（Davies，2009）。

还有另一种确保角色明晰的方法。为了避免角色和头衔的混乱，当需要做一件事，但是不清楚谁应该做的时候，使用这条规则：认真考虑自己是不是就是要做这件事的人。问自己：“我是源头吗？如果这件事出问题，我是应该受到指责的人吗？这是不是在我的责任范围之内？这是我承诺的一部分吗？”如果对于这些问题中的任何一个的回答是“是的”，那么你可能就是需要对这件事负责的人。如果所有的回答都是“不是”，那么把它交给承担适当角色的人。

自己使用这条规则来避免让敏捷教练去担负非教练的职责。在尽可能大的范围内教授这条规则，这样其他人也就可以做同样的事情了。

内容回顾

下面总结本章中提到的一些观点。

- 强有力的团队启动活动对于一个敏捷团队来说就像喷气式燃料一样。学习并善于运用它们。
- 在团队启动期间教授敏捷，并且把所有的团队成员带回到敏捷的核心。
- 让团队关注将要做的工作，并且帮助他们更好地了解彼此，这样他们就可以决定如何最好地进行自组织。
- 在新人加入团队的时候和可教育的瞬间出现的时候，教授敏捷，但是只进行轻量级的讲授。
- 向每个人教授敏捷的角色，并且要求他们默认他们周围的人会完全遵守并实践他们的角色。如果有任何角色没做到位，那么这就是一个障碍。
- 期望敏捷教练、产品负责人和敏捷经理角色既融洽又不苟合地进行合作。
- 对于你自己来说，要持续地探寻角色的清晰性，同时要教授他人做相同的事情。

延伸阅读

Adkins L. 2008. Interlocking Roles in Agile. YouTube. 使用这段视频来练习教授敏捷角色，也可以在你教授团队的时候把它作为一个培训辅助材料。

Cohn M. 2009. *Succeeding with Agile：Software Development Using Scrum*. Boston：Addison-Wesley. 这本书包含了非常多有用的建议、可以使用的模型和故事，它们有助于你更好地运用敏捷。这本书中有一个章节专门讲述如何领导一个自组织团队，是敏捷教练、产品负责人和敏捷经理的必备读物。

Pichler R. 2010. *Agile Product Management：Creating Products that Customers Love*. Boston：Addison-Wesley. 在这本书中可以找到关于产品负责人角色的细节。

第 8 章 教练是问题解决者

我过去常常为团队解决问题，一直都是，并因此，得到过很多奖赏。事实上，不仅由于我解决了当时所发生的问题，还因为我往往会往前看，并一并解决掉那些尽管当时还没发生但我认为未来会发生的问题。大家通常称为问题和风险管理。人们觉得我可以解决任何类型的问题，所以认为我是一个优秀的项目经理，并且在这种计划驱动的环境中，一个好的项目经理同时应该是一个问题解决者，这已被事实证明是必要的。当一个人是如此严格地遵循计划行事时，这个人必须保证现实发生的事情在自己能力掌控范围内，或者至少能够“解决掉遇到的问题”。

过去的一些常见情况也正好证实了这个观点。我的项目集经理告诉我，她刚接受了一个很大的变更请求，但并没有相应地改变客户对交付日期的期望。她对我说：“搞定它。”当时，我的客户告诉我，我的团队误解了规范，而我们本该了解得更清楚一些，即使新的理解意味着更多的工作，但我们没有相应的技能来完成。当我向老板寻求帮助时，她只是简单地说了三个字：“搞定它。”有两位团队成员，他们对我们计划好的系统构建顺序意见不一致，也来找我抱怨，并且希望

本章学习结束后，你将能够回答如下问题：

- 解决问题是谁的工作职责？与团队的职责相比，敏捷教练的职责是什么？
- 敏捷教练可以使用哪些工具来检查问题？
- 敏捷教练如何看清问题并决定如何解决问题？

我“搞定它”。一段时间之后，我发现自己为团队做决定过多，并且为团队解决了越来越多本该他们自己可以解决的问题。不管怎么样，我变成了中心。除非我“搞定它”，要不然大家就无法继续工作。

当我开始在工作中应用敏捷时，我还是用我之前的问题解决能力。我继续为团队成员“解决问题”。有时甚至在团队意识到某个问题之前，我就已经把它解决了。我强行给他们提供自己的帮助。

在那段时间，我有幸跟随一位很优秀的敏捷导师迈克·威斯多斯。迈克当时已经接触敏捷很长时间了，并且也已在很多敏捷团队中工作过，但是从他与自己的学徒之间的互动上看，你根本无法想象到原来他是如此经验丰富的敏捷教练。感觉迈克并没有强迫证明自己给其他任何人的意思，他只是静静地做他的工作，甚至有时没有人知道他都做了什么。他发言时总是一针见血，没有任何遮掩，常常让你非常惊讶。如果迈克发现我在为团队解决问题，在房间另一个角落的他往往只是简单地看我一眼，就像在问：“你真的想这么做吗？”有时他一个注视的眼神就可以让我停止当时进行的帮助，另一些时候，由于我深深地陷入问题解决之中，并没有注意到迈克的“注视”，过了一小会儿之后，不知为什么，我就会突然觉得很不自在。从解决问题的狂热中冷静下来后，我意识到，刚才有个人站得离我很近，就在我的视线中。这个人就是迈克。当我感谢他时，他绅士般地笑了笑对我说：“你又在这么做。”从出神的幻想中清醒过来后，我意识到我又一次陷入了解决问题模式——帮其他人做事，这其实意味着我在为其他人做事。有时，为了让我得到暗示，迈克不得不站到我跟前，几乎贴着我。这些习惯是如此难以打破。

有一次，同样的事情发生后，迈克和我走出办公室聊天，就是老师和学生之间的那种交谈。他所说的令我很吃惊，让我了解到敏捷的核心，并且让我从不停地解决团队问题的需要中解脱了出来。一如他一针见血的方式，他直截了当地对我说：“这是整个团队的承诺，不是你个人的。”这像一首颂歌，正是对迈克很多次意味深长的注视的回应，它在我的脑子里一遍又一遍地重复直到最后消失。摆脱了“搞定它”，我立即意识到团队填补了这个空缺，而以我作为项目经理的经验，如果换作以前的我，我是绝对不会相信的。但这就是新的世界，一个敏捷的世界，团队在这个世界不仅能够而且觉得他们有义务自己“搞定它”，而且远比我做得更好。知道他们可以很好地处理这些事情，我就完全放心了。

即使这样，根深蒂固的行为习惯还是很难改变。

几年之后，作为一个娴熟的敏捷教练，我还是被发现在帮助团队解决问题——只是这次是在一个更高的层次上。之所以说“被发现”，是因为我当时没有意识到自己又一次在帮助团队，直到团队向我提起了这个事情。我当时是在跟他们一些人的经理们追踪一些问题，例如，“我们是再启动一个团队，还是基于现有的团队增加职责和增加人？”“我们是不是应该交换产品负责人，看看某一产品负责人在团队 A 时有的问题是不是在团队 B 仍然会存在？”

毫无疑问，这些问题是敏捷经理们思考和需要解决的问题，因为我对不同的团队中所发生的事情了解比较深入，所以他们让我参与进来，并帮助他们，然后我就会参与，并开始着手解决问题。团队最后还是听到了风声，知道我们在讨论做调整这件事，并断然说道：“做影响我们的决策时，让我们参与吧！”很惭愧，我又一次学到了这个教训，不同的是这一次我是从一些勇敢的人那里学到的，而这些人之所以勇敢是因为拥有一个我帮助他们创建的工作环境。尽管一些决定最终由管理层发出，但团队成员仍然是正确的；既然团队成员是最终承担后果的人，那么就不该有人在不咨询他们的情况下为这些人做决定。

我的教训：把问题交给团队。

“把问题交给团队”是不是意味着，敏捷教练在看到危险来临或者问题即将出现时什么事都不做？当然不是。它只是意味着敏捷教练不去查找危险、识别潜在的问题、评估各种可能、选择一个解决方案，并且敏捷教练自己实施该解决方案。敏捷教练不再需要自己一个人做所有这些事。这不也是一件好事吗？当团队作为问题解决者接手问题时，敏捷教练就可以清楚地认识到过去她是如何经常错误地为他们解决问题的。

本章帮助教练们清楚地了解问题并争取团队的帮助，毕竟团队才是最终被问题影响的人。

敏捷问题解决规则

在你的敏捷教练生涯中，请让下面的问题解决规则始终伴随着你：

- 问题引起你的注意，或者你觉察到问题。
- 暂停（真的需要暂停一下），思考该问题并把它看清楚。
- 把问题交给团队。
- 允许团队应对解决或者不应对。

记住这是他们的承诺，不是你（敏捷教练）的。不管他们是应对解决还是不应对，都由他们自己决定，而不是你。他们是否遵循他们之前计划的行动与他们有关，而与你无关。这是他们的承诺。如果你为团队接手问题并解决问题，你就是纵容他们不去承担自己的承诺。

然而，当人们还是一定要把问题带给你，并且通过观察周围，你甚至发现了更多的问题时，你应该做什么呢？

问题出现与寻找问题

当问题被带到你面前时，你就很容易想到去找解决方案，并搞定它，特别是当带来问题的人就站在你面前时。解决问题的诱惑驱使着你。这时，一定要抵制诱惑，并且躲开那寻求帮助的眼神，这样你就可以有时间来思考该问题。只有很少的问题需要马上采取行动，例如，枪击、骚扰和人身伤害，你已经知道如何处置这些问题。对人的基本尊严的侵犯需要你的及时行动。对于所有其他情况，并不需要立即处理。

另外，要让你发现问题的神经得到休息。即使你的视线内出现了一个潜在的问题，你要知道所有的事情的变化是如此之快，以至于你不需要现在就把问题带给团队。如果你把一个潜在的问题带给团队，就等于你把它立刻变成了一个真正的问题。

下一次你看到一个潜在的问题时，不要让自己解决它，然后看它是否会变成一个真正的问题。当我开始退后而不去解决问题时，我发现，没有几个当时担心可能发生的问题最后真正地发生。太多的事情太快地发生，以至于在团队到达某一个点之前，它们已经消失而不复存在了。当我理解这些之后，我才意识到，之前我有多少次为团队创造了问题，而这些问题本来并没有必要带给他们。这代表着太多的无用功和痛心！

让自己退后，如果问题后来出现了，到那时再处理它。如果你做不到这些，那就把潜在问题告诉团队，并且问他们是否担心该问题。如果他们不担心，那么就忽略掉这个问题。他们其实比你更了解问题本身。

那如果你不相信他们比你更了解问题呢？如果你刚开始与新的团队成员或者对于敏捷来说是新人的成员一起合作，要应用教学的指导方式，教授他们你觉得他们缺少的东西。如果他们违反敏捷的原则，而你强烈地感觉到他们应该“按照课本”去做，那么你就要采取坚定的立场。否则，这将造成你指给他们的路与他们自己的路之间的对决，最终他们自己的路会取得胜利。只有他们才是不得不承担后果的人。

请参阅 什么时候使用教学风格还是其他教授风格，在第4章中有详细讲述。

问题无处不在

遇到问题本身并不代表是个问题，所以欢迎问题，因为问题可以带给团队一起克服问题、一起成长和一起加强合作的机会。人们会把问题带到你面前，而你将把问题放到那里等闲视之。如果这样不够的话，你就去找出这些问题的症状。作为敏捷教练，可从如下多个角度来检测这些症状。

- 流程层面：我们在敏捷方面做得如何？
- 质量和绩效角度：团队如何可以做得更好？
- 团队的动态维度：团队如何可以变成一个更好的团队？

从这些角度，你要鼓起勇气认真地考虑这个问题：“我们哪些环节比较薄弱？”这个问题对于所有的团队都是有效的，不论是新的团队还是旧的团队，或者是绩效差的团队还是绩效高的团队。每个团队都有弱点，并需要致力于改善。

> 问题不在于遇到了问题。相反，问题在于认为遇到问题是一个问题。
>
> ——西奥多·鲁宾

1．流程层面的问题

使用健康检查的方式来检测流程层面的问题。健康检查通常以问题的形式出现，列出那些敏捷基础所需的元素和性质，以刺激我们的大脑并帮助我们记住。这样我们就可以重新考虑团队是否真正坚持他们的敏捷流程。一些好的健康检查样例在本章的“延伸阅读”中有所描述。

任何健康检查都会提供一个全新的角度。我发现它们中的大多数都专用于Scrum或者极限编程，并且它们也是以软件开发为中心的。即使这样，它们也是一个很好的出发点，如果你不是在开发软件，你可以在你的头脑中把那些专门用于软件产品的单词替换掉，这样你就可以把它们应用到你的行业。如果你使用的是其他敏捷类型，你可以使用这些中的一个作为基础，剔除不适用的部分而加入你自己的部分，这样就可以创建出适合你的版本。

当敏捷教练使用健康检查来思考团队的流程时，通过提问“我们在敏捷方面做得怎么样？”，敏捷教练可以获得一些基本的洞察力。在团队中，如果健康检查通过两步来执行——提问和交谈，那么敏捷教练可以获得关于流程的进一步洞察力。如果能得到教练同行或外来教练的帮助，那么敏捷教练可以获得更多的洞察力。这位同行不但通过外部的视角带来一些新的想法，而且能够帮助创建一个完全开放的环境，在这个环境中团队成员可以自由地讨论任何事情，甚至抱怨他们的教练（你！）。

2．来自质量和绩效角度的问题

为了暴露隐藏的问题，需要检查团队一起创造的产品。同时还需要冷静地思考他们创造的产品，并且提问：“团队创造了真正的价值吗？”“他们是不是应该为产品的质量感到自豪？”作为质量和绩效的监护者，敏捷教练拥有用批判的眼光看待团队产品的所有权力和责任。

这并不意味着敏捷教练变成了团队产品或领域的专家。团队中有测试人员和其他验证产品的人员。这确实意味着敏捷教练只从常识的角度来正视质量和绩效问题，站在一个合理的立场考虑问题，例如，“如果这个产品是一个汉堡包，我会买来给我的孩子吃吗？”“如果我是客户，我会很高兴地为它付钱吗？”

诚实地对自己回答了这些问题，教练可以进行下一个反思：“团队如何可以做得更好？”

3. 团队动态维度中的问题

对一个团队的改变很少能在另一个团队中适用。差异在什么地方呢？通过观察不同的反应和思考团队的情绪成熟度，可以帮助敏捷教练发现团队动态的问题，特别是附之以同样一个问题：“团队如何做得更好？”

> 了解一些问题比知道所有答案更好。
>
> ——詹姆斯·瑟伯

艾伦·布劳恩——一位成功的敏捷经理，注意到，随着时间的推移，团队会出现不同的行为方式，它们泄露出团队的情绪成熟度。情绪成熟度是团队能力中的一个关键元素，指的是一个团队在面临各种状况时的自我调整能力，以及当“个人自身利益调整为与支持团队成就的行为一致”时适时的转折能力（Braun，2010）。

（1）团队动态的调查。艾伦创建了一个调查问题列表，在观察到团队行动时，她首先用这个列表做一次个人反思。同样，通过使用这些问题，敏捷教练可以获得对团队潜在问题或者情感成长的洞察力。跟团队一起使用这些问题将更具洞察性，它们可以作为回顾会议的材料，这样团队就有时间和空间来消化新提出的想法。然而在 Sprint 期间，你需要自己考虑这些问题，并且注意通过这些问题了解团队的动态（Braun，2010）。

- 在团队每天的交互中有多少幽默的成分？
- 出现困难和高压的时候，团队最初的行为是什么？
- 团队成员（包括初级的团队成员）出现抵触情绪有多么频繁？
- 当团队成员有抵触情绪时，他们之间多久会进行一次充分的讨论？
- 基于团队规范，在平常的团队交互中团队成员做出妥协有多频繁？注意这些妥协不是被迫的。
- 一位团队成员向另一位团队成员能提供什么样的反馈意见？这里的反馈意见包括负面的和正面的。

- 一位团队成员向另一位团队成员真正提出了什么样的反馈意见？
- 一位团队成员与另一位团队成员讨论你的绩效和行为，而不是直接向你或者第三方在场的情况下提供反馈意见，这种可能性有多大？
- 就你个人的职业目标而言，你从团队中得到了多大程度的支持？这些目标包括如从一位团队成员那里学到一项新技能。
- 在处理一个工作问题时，需要承认有问题并需要寻求团队成员帮助，这种情况有多少？
- 当你与团队分享个人信息时，你感到受到攻击的可能性有多大？
- 当一个问题可能引发团队内部的冲突或者争论时，团队有多大可能性把这个问题带到团队讨论中？
- 当一个问题可能有很多冲突点时，你有多大可能把这个问题带到团队讨论中？
- 如果一个工作项可能引发很多不同的冲突，而你把它带入了团队讨论中，团队考虑所有的观点从而达成共识，并且这个共识对于你来说是可行的，这种可能性有多大？
- 在过去的两个工作日中，你能举一个例子来说明你在你的团队中感觉到温暖或者包容吗？
- 在过去的两个工作日中，你能举一个例子来说明你在你的团队中感觉到被轻视或者被排斥吗？
- 团队在多大程度上让你觉得你对自己的工作是负责的？

独自考虑这些问题或者就这些问题向团队提问，可能产生大量的可供思考的素材。回想这些众多的答案，你会发现一个或者两个主题，这些主题预示了需要解决的“大事情”。

（2）BART 分析。如果你不喜欢这些调查问题或者想要“第二选择”，尝试边界、权力、角色和任务（BART）分析方法。

请尝试

使用这些用作调查的问题或者用来进行 BART 分析的问题来反思团队的

动态。对于这些团队成员自己和他们的团队的问题，你想象一下团队成员会如何回答呢？通过反思，你得出了什么样的主题或问题？然后下一次有机会时，让团队成员自己回答这些问题，看看他们自己说什么。他们的回答也许让你吃惊，并且展现给你更深入的“团队”的本性（及你正确识别他们处于何种状态的能力）。

对于敏捷教练来说，BART 来自群体关系（Group Relations，GR）领域，并且让我们从这四个维度来考虑问题，即边界、权力、角色和任务如何影响团队动态（Green ＆ Molenkamp，2005）。

当团队出问题时，麻烦的根源往往指向这些维度中的一个或多个。

为了查找问题，可以应用敏捷教练丹·麦兹克为敏捷团队定制的 BART 分析方法（Mezick，2009）。

① 角色。

- 在你的敏捷框架中，所有正式定义的角色是否都有相应的人员各就其位？例如，是不是有一位并且只有一位产品负责人和敏捷教练（或者你自己所使用的具有相同含义的其他术语）？团队成员知道他们的角色，即“团队成员”的定义吗？
- 是不是所有的正式角色都在角色边界之内，而非跨越角色工作，并且工作能很好地完成？
- 是否有人在敏捷框架中承担的正式角色多于一个？如果是，对于权力和边界的使用，对团队的影响是什么？
- 如果团队增加了额外的正式角色，这些角色的描述是否充分和清晰？拥有这些角色的人是否能够在正式的角色边界内很好地并称职地履行这些角色？

② 任务。

- 团队成员对他们的团队目标是否很明确，而该目标来自他们每个人都可以明确表达的共有精神榜样？
- 是否有人可以区分为了完成团队目标所需的所有不同任务（如产品负责人

有一个具有优先级排序的列表）？

- 人们从先前相似的情况中“引入”了什么样的历史和过去的经验？这些如何影响他们对当前任务的本质的理解？

③ 权力。

- 对于每个角色，它的权力是否被清楚地指定、被所有人理解，并且被坚持？
- 团队成员是否在适当地“行使”正式权力？例如，团队成员是否在每天的站立例会上适当地“行使”他们的权力？

④ 边界。

- 人们是否在赋予他们的敏捷角色的权力边界内工作？如果不是，这些权力边界问题的影响是什么？
- 在 Sprint 期间，团队成员如何赋予另一个团队成员获取 Sprint 任务的权力？在 Sprint 期间，随着时间的推移这一权力有什么变化？在多个 Sprint 之间，这又有什么变化？
- 在团队中各种各样的“势力”边界是什么？这些势力区域是否就是一个或者多个团队成员的“身份标识”（Green ＆ Molenkamp，2005）？

在你反思这些问题答案的过程中，记住我们在指导敏捷团队前，首先要坚持敏捷，然后才是“检查并调整”以持续地改进。对于第一个，坚持敏捷，寻找那些环节，即承担着敏捷基本角色的人不去彻底执行该角色的职责，或者有人跨越了他们的角色边界或权力。

通过检查并调整，团队有时会修改或者添加敏捷角色。认真地审议这些改变。团队通常对敏捷角色做出了改变，但没有意识到它的真正含义。人们甚至会不假思索地直接占用一个角色并行使该角色。这些“无意识的”角色对于一个敏捷团队来说是很危险的。当你检测到这些时，记住在团队如何完成工作方面，敏捷赋予了大家很大的灵活性，只有很少的限制存在。然而，为了一个敏捷团队的运转，对于达成一致的角色、边界和权力，团队成员必须意识到，这些与他们中的每位都相关（Green & Molenkamp，2005）。

一旦得到调查问题和/或者 BART 分析问题的粗略答案，你可能发现有更多的问题出现在你的脑海中。同时，你也许在反复思量一些初步的结论。隐藏的问题可能已经出现，或者，一直困扰你的一些问题突然有了“答案”。在采取行动之前，你需要后退，以便对表面的事情有一个清晰的想法，这样你就能决定该如何处理这些事情。

清楚地看待问题

一旦一个问题被带到你的面前或者你已经觉察到它，一定要冷静下来。你需要有反思的时间，以便能看得更清楚，这样就可以透过它的表象找到一个或者多个潜在的起因。反思的一些策略包括留到第二天解决、向自己提问、与另一位教练结对，以及直奔源头。

留到第二天解决

我发现，敏捷团队中的大多数问题都可以通过加强或者重申敏捷实践而得到解决。尽管是轻量级的，敏捷框架也是惊人的完整。所以，留到第二天解决。让你的脑子放松，然后看看在第二天起床的时候你是否已经有了答案，也许一个敏捷实践出现在你的脑海中，也许一些更深入的事情或者重现敏捷自身本性的事情会出现。

曾经有一次，一位敏捷经理要求我，作为敏捷教练，让团队为她准备一个特别的项目状态报告。因为我们当时正在做 Sprint 评审，而这应该已经给了她所需的所有状态信息，所以我当时并不理解她的要求。当我这么跟她解释时，她说：“好的，Sprint 评审事实上是为团队而做的，我自己并没有从评审中获得太多关于项目状态的信息。”我当时目瞪口呆，这本来是 Sprint 评审的初衷之一，我要尝试着更深入地了解她为什么没有得到所需的信息。

我们谈论她参与 Sprint 评审的各种体验，随着谈话的深入，我知道了她的观点。在过去的 Sprint 评审中，当团队成员展示所完成的每部分时，团队成员介绍了太多他们构建每部分的细节，以及他们最后成功地构建该部分之前所走的所有弯路。等他们讲完自己的故事之后，“为什么我们要构建这些”却被遗忘了。这样，这位敏捷经理在 Sprint 评审中的兴趣也就消失了。

随着我对过去的 Sprint 评审的反思，我意识到她的经历也许并不是特有的。我可以清楚地回想起在 Sprint 评审开始 10 分钟后，大量的参会者在玩他们的移动电子邮件设备。他们可能有相同的感觉，即他们参加 Sprint 评审是为了显示他们对团队的支持，而不是从 Sprint 评审中收获什么。

所以我决定把这个问题留待第二天解决。那天晚上我睡觉的时候还在想："对于这种情况，敏捷为我们提供了所需要的东西吗？"

第二天早上，在开车上班的路上，一个想法突然出现了。我们已经有了我们所需的一切，并且我们已经在做它，那就是 Sprint 评审。我们的 Sprint 评审能如同重申它的目标那样简单吗？我怀疑。

向自己提问

也许一个人会对一位正在抽烟的医生说："大夫，请先治好你自己。"对于你，也就是敏捷教练来说同样适用。那些你在团队身上应用的强有力的问题同样适用于你自己。在遇到一个问题时，可以从以下角度来进行思考。

- 如果在这个世界上我可以做任何事情，这个事情会是什么？
- 这里的风险是什么？
- 如果这个情况已经很好地解决了，解决后的情况会是什么样的？

请参阅　你可以在第 6 章中找到一些强有力的问题，以及如何使用它们。

你也许并没有采用自己第一时间想出的答案。事实上，如果顺着这些强有力的问题走下去，你也许想到一些大胆的回答——一些你也许并不会做的疯狂的事情。这是可以的，让疯狂的想法出现吧。有时候这些想法会带来一些新的视角，而通过这些视角你可以找到一个清晰的关注点。

尽管头脑风暴有利于得出一些可行的方法，甚至是明智的想法，但是你暂时还不会采取行动。采取行动需要团队的参与。

与另一位教练结对

如果你真的想一些强有力的问题在你的身上起作用，那么找一位敏捷教练，让他来向你提出这些问题，并与他结对。然后，随着你们两位对你那些大胆回答的讨论，这位教练可以帮助你把想法“变大”。记得要允许与你结对的这位教练提出任何想法，这可以帮助你对当时手上的问题获得意想不到的观点。

通常，与另一位教练结对被证明是好的、可靠的实践。随着你与另一位教练建立起了互惠教授关系，你就可以把最棘手的问题带到这种关系中，与你的结对教练一起解决。这样你就可以从一位旁观者的视角得到建议，或者一些挑战性的问题。

直奔源头

曾经有段时间，我以前的一位学徒教练常常因为遇到一个问题就给我发电子邮件。我往往会约这位教练在接下来两天内讨论这个问题。即使这个问题看起来很紧急，就像所有的问题都可以是紧急的一样，我也会像这样把谈话推迟这么长时间进行。

我会告诉这位教练：“在此期间，你为什么不复习一下敏捷宣言及其背后的12条准则？看看这些准则中有哪些团队没有遵循。哦，你还记得高绩效树吗？也看一下这个，然后看看这个团队是否在价值或者高绩效特征中的某些方面存在一些弱点。”

敏捷宣言及其背后的12条准则

尽管敏捷宣言和12条准则的用词是以软件为中心的，但如果你使用产品代替软件来解决你的非软件问题，宣言和准则仍然非常适用。以软件为中心的倾向是对原创者的根源和观点的尊重。

敏捷宣言——我们已经开始重视：

- 个体与交互优于过程和工具。
- 可用的软件优于完备的文档。
- 客户协作优于合同谈判。

- 响应变化优于遵循计划。

我们遵循以下准则：

（1）我们的最高目标是，通过尽早和持续地交付有价值的软件来满足客户。

（2）欢迎对需求提出变更，即使是在项目开发后期。要善于利用需求变更，帮助客户获得竞争优势。

（3）要不断交付可用的软件，周期从几周到几个月，且越短越好。

（4）在项目过程中，业务人员与开发人员必须在一起工作。

（5）要善于激励项目人员，给他们所需要的环境和支持，并相信他们能够完成任务。

（6）无论是团队内还是团队间，最有效的沟通方法是面对面的交谈。

（7）可用的软件是衡量进度的主要指标。

（8）敏捷过程提倡可持续的开发。项目方、开发人员和用户应该能够保持恒久稳定的进展速度。

（9）对技术的精益求精及对设计的不断完善将提升敏捷性。

（10）要做到简洁，即尽最大可能减少不必要的工作。这是一门艺术。

（11）最佳的架构、需求和设计出自组织的团队。

（12）团队要定期反省如何能够做到更有效，并相应地调整团队的行为。（Beck 等，2001）

请参阅 在第 2 章中你可以学到如何建立并使用高绩效树。

在几天之后的交谈时间中，我通常都会听到我希望的好消息："你知道吗？答案就在那儿！答案就是准则列表中的第 4 条。我们并没有要求业务人员参与到我们每天的日常工作之中。这对于我来说很容易，但又很难意识到。"

敏捷宣言、12 条准则和高绩效树远不止代表声明远大的意图和卓越的敏捷。它们可以被用作每日的诊断分析。在遇到一个很难解决的问题时，找到这些源头，看看它们分享了什么样的智慧。

解决问题

一旦你知道这是怎么回事，或者甚至你已经考虑了它（很多），但仍毫无收获，记住把这个问题交给团队来解决。

在你与他们一起解决这个问题时，确保你做到了让他们在解决问题与 Sprint 阶段所需努力之间的相互平衡。只把那些发生在 Sprint 中期需要立即解决的问题交给团队，其他问题留待回顾会议时解决，对于有些问题的解决可能需要等更久。有时问题并不成熟或者不能被看得足够清楚。

请参阅 在应用敏捷，特别是在刚开始的时候，你周围的人可能对这种问题的解决方式感觉不太习惯。他们可能觉得这样显得太懒散了，因为问题紧紧地抓住了他们，他们需要“解决掉它”。在团队周围的经理们也许催着你帮助团队解决问题，或者他们尝试着亲自去解决问题。去看一下第 12 章中的绩效度量列表。这个列表可以帮助你为你的行动拿出充分的理由。当经理们试图亲自为团队解决问题时，你需要向他们传授关于这份全新的与敏捷经理工作相关的知识和技能。关于敏捷经理这份新工作的愿景，以及如何劝阻他们不要直接替团队解决问题等内容在第 5 章中介绍。

把问题交给团队可以通过很多种方式来进行，接下来我们将一一介绍：

- 直接解决它。
- 重申敏捷的含义。
- 揭示体系本身。
- 善用回顾。
- 增加一种启示方法。

直接解决它

简单而直接地解决问题意味着你说出你看到的症状，抛出你的假设，并且询问团队，对于这个问题，他们想要做什么。

这也许是你过去用得最多的方法。尽管对这种方法很熟悉，但如果你想了解问题更深的根源，并且希望带来持久的改变，这种方法就不适用了。这种方法只是让团队作为问题解决者去解决你所看到的问题。当然，有些情况下需要使用这种方法，特别是当问题很明确或者团队需要获取新的事物时，如知识、新的实践，甚至需要增加一位新的团队成员。

例如，你注意到在过去的几天里团队的速度在放慢。从故事板上，你可以看到所有工作的一大部分都在同时进行中。你可能说，“嘿，各位，我发现了一些情况：燃尽图曲线看起来有点平缓，而从故事板上看起来我们同时在做很多的工作。我可以猜到我们现在并行的工作太多了。你们觉得呢？”

在你提出自己的假设时，让你的假设看上去是轻描淡写的并且是开诚布公的。如果你讲到太多细节或者情绪太过激烈，那么团队成员就不敢跳出来挑战你的假设，从而也不会告诉你真正发生的是什么。你开诚布公的态度会向团队传递一个信息，那就是你希望自己是错误的。当你这么做时，你就在一个敏捷团队中塑造了一种强大的归属感，这种归属感允许人们表达自己的想法而不用直接附和这些想法，这也是创新的重要组成部分。

重申敏捷的含义

还记得之前提过的一个例子，团队让参加 Sprint 评审的人员想要更多的状态信息？在我休息了一晚上之后，我在想解决方法是不是只要简单地重申 Sprint 评审的目标就可以了。为了证明这一点，我尝试了这种方法。

请参阅　你可以在第 6 章中找到 Sprint 评审和其他标准敏捷会议的目标。对于价值第一排序的讨论也在这一章中进行了描述。

当团队为接下来的Sprint评审做准备时，我抓住了这个机会来重新教授Sprint评审的目标，以及为什么要有 Sprint 评审。我专门强调了 Sprint 评审要展示和告知的目标，与他们分享了那位经理的经历，并且建议他们要学会采用“价值为先”

的方法进行讨论，然后再介绍技术细节，而技术细节也只有在需要的时候再做分享。他们喜欢这个想法，因为这并没有在他们习惯的工作中加入新的要求，如定制状态报告之类。他们所需要做的就是回到这个想法的根源，即 Sprint 评审的存在是为了展示已经构建的产品，这样他们就可以从相关方那里得到技术含量不高、但是影响很大的直接反馈。以价值为先的讨论支持了这一目标，因为它会让每个人去关注为什么大家最初聚到一起合作的原因，那就是创造商业价值。加深团队对 Sprint 评审的理解起到了作用。瞧！问题解决了（而且是通过团队自己解决的）。

揭示体系本身

有位团队培训的奠基人曾说过，教练的工作不是去修理或者“修复”体系，而是把体系的本质揭示给相关的成员。有了对体系新的认知，体系中成员的“响应”能力就会增强，从而更好地执行系统的任务。这个镜像过程加强了系统的自我调节功能（Center for Right Relationship，2008）。

把一个敏捷团队比作一个体系其实更像一个生态体系而不是机器。在向团队展示问题的时候，你可以应用这条原则。

假设有一个体系，它正在寻求恢复自身的健康，至少它会继续，并产生至少一种可能性导致进一步的变化（Center for Right Relationship，2008）。有了这个假设，敏捷教练唯一的工作就是通过观察和探究来揭示系统本身。作为教练，你只是简单地指出你所观察到的，然后允许团队保持沉默。

人们最终会谈论，而当他们谈论的时候，教练需要保持关注，从而帮助团队揭示他们更多的（生态）体系信息。随着团队的讨论，教练要跟进并提问问题，问完问题之后教练应该保持沉默，这样团队成员就可以揭示更多的信息，最后他们就会对正在发生的事情有一个更丰富的观点。有了这一观点之后，他们就可以很自然地修正需要改动的地方。

教练不能驱动谈话，以期得出一个结论或者让这次谈话更加丰富。有时，事情还没有到需要修正的时候，或者有待进一步验证，这种情况，团队很明显不需要被修正。教练可以把它放到一边，相信团队在合适的时候会改正该问题，从而得到自我修复。

善用回顾

一旦你检测到问题，最好安排一次回顾会议，提出这些问题。选择做一些活动，让团队在活动上以不同的方式思考他们一起工作得如何。这些并不熟悉的活动往往给他们带来了新的视角，并最终让他们看到你先前已经注意到的问题。当然，这也意味着你需要花时间去设计这次回顾。有些问题，例如，“我们什么地方做得不错，我们想要改变什么，我们想要增加一些什么”，并不足以帮助团队打破他们已有的思维模式，因此，你要打破自己已有的思维模式来设计有效的回顾，这样就可以为他们提供出新的方式来审视他们一起工作的效果。

请参阅　参照第 6 章可找到如何设计有效的回顾的建议。

设计完一个有效的回顾后，就可以放松了。如果问题足够大，那么这个问题最后会被团队发现。在这种情况下，你不需要发起近乎完美的活动；你只需要想一些办法来帮助人们用不同的方式进行思考，并把这些方式相互关联起来。

在回顾中，如果那个问题没有被提出，你也许可以直接把问题提出来。或者，你也可以假设它出现的时机还不成熟，从而选择等待。在回顾期间，如果迹象表明，团队成员间有很好的关系，并且有一些可以产生洞察力的谈话，跟随他们的思路，让你之前觉察到的问题自然落地。这样，他们就可以得到一些启示与收获。

如果团队只是浮于问题的表面而没有真正地深入问题的本质，你的主要工作就变成了帮助团队成员建立相互之间直接的关系，这样他们就可以直接用一些有成效的交谈，来让问题浮现出来。在这种情况下，继续追踪你之前觉察到的问题，直到他们真正进入了与该问题相关的谈话，或者直到谈话把他们引向另一个更紧迫的问题。

增加一种启示方法

有时你看到了一个问题，经过考虑，你觉得已经了解了该问题的广度和深度，但是仍然不确定。在这种情况下，在团队流程中添加一些元素可能有帮助，这些元素会让问题自身自动地暴露给团队（和你）。“这些元素”可以是任何来自团队内部的，可以简单而省力地引导问题出现的东西。例如，如果我注意到团队在一些“外围事情”上花了很多的工作时间，例如，笔记本电脑出现故障或者临时要求所有人参加会议，我可能建议开始一个“痛苦蛇”（Pain Snake）活动（Schlabach，2008）。任何时间，如果他们的工作被一些事情打断，而这些事情与他们的工作本身没有关系，他们就在一个纸片上写下这次中断的经历，并把纸片贴到“痛苦蛇”墙上。很快，墙上就会出现很多的纸片，就像一条蛇一样。几乎不费什么功夫，这条“痛苦蛇”就揭示出了该问题。以我的经验，人们在处于 Sprint 期间时，不会太注意“痛苦蛇”的发展，这是正常的，因为他们的工作仅仅意味着冲刺，所以就先让这条蛇待在那里。然而在进行 Sprint 回顾时，你可以使用这条“痛苦蛇”的内容在很大程度上影响团队，从而帮助团队理解问题，并了解问题是影响范围很广的还是只限于小范围内的、大的还是小的、容易的还是困难的。

如果你提议增加一种启示方法但是团队不采纳怎么办？那就让它静静地消亡吧。在团队接受某种启示方法并且使用它之前，也许需要尝试两三次不同的启示方法。以后他们也许意识到，他们想要让你之前介绍的某种启示方法复活。一位智慧的女士曾经告诉我：“我们需要 100 个门，因为我们不知道人们会从哪个门穿过。”事实确实如此。

内容回顾

下面总结一下本章中提到的观点。

- 这是团队成员的承诺，不是你的。
- 他人向你反馈问题，或者自己发现了问题，然后停下来好好思考问题的本质。
- 拥有提问“我们哪些环节比较薄弱”的勇气是一位敏捷教练的长久实践和神圣职责。
- 一旦你清楚地看到一个问题，或者你已经认真考虑过了但仍然没有想出任何办法，那么把它交给团队。看看他们能引入什么新的角度，从而帮助每个人理解该问题，然后询问他们想要怎么处理这个问题（如果存在的话）。

延伸阅读

Cohn M. 2009. *Succeeding with Agile：Software Development Using Scrum.* Boston：Addison-Wesley. 这本书的一整章“看看你已经走了多远”中提供了一些作为健康检查的评估模型，也可以作为创建自己的评估模型的建议。

Kniberg H. *Are You Really Doing Scrum*? www.crisp.se/scrum/checklist. 这个清单从底线开始：如果你最多四周交付一次可工作的且被测试过的软件（或者产品），如果你正在交付最必要的业务，如果你的流程在持续改进，那么你的流程是好的。如果这三个条件不是百分百地满足，那么阅读清单的剩余部分。

Vodde B, Sutherland J. Nokia Test. jeffsutherland.com/scrum/ 2008/08/nokia-test-where-did-it-come-from.html. 随着时间的推移，这个健康检查已经被各种各样的敏捷实践人员做了修改。它在两个层次检查你的流程：你是否在做迭代开发？你是否在使用 Scrum？否则，你的流程需要补上健康检查！

Jlampl. 2008. *What is Group Relations Conference*? www.youtube.com/watch?v=N-LuFdBpCGM. 展示人们对于 GR 会议如何运转都说了些什么，并且考虑参加一次 GR 会议。GR 会议完全是体验式的，其设计目标是让与会者得到一些真正的见解，而这些见解与群体关系如何运转，一个人如何在各种各样的环境中进入角色、边界、权力和任务等有关。

第 9 章 教练是冲突领航员

我们曾被警告："它肯定会发生。"肯·施瓦伯和迈克·比德尔告诫我们，可以预料到它一定会发生。他们说过，有着不同背景和观点的人聚在一起的本能会引发它的出现。任何与敏捷团队接触过的人都能证明这一点。那它到底是什么呢？它就是冲突。

帕特里克·兰西奥尼在自己的 *The Five Dysfunctions of a Team* 一书中把对冲突的恐惧列为团队五大障碍之一，并认为它是团队内部斗争的主要原因，哪怕是优秀的团队也是如此。

本章学习结束后，你将能够回答如下问题：

- 作为团队的敏捷教练，在解决冲突方面，我的责任的出发点和结束点在什么地方？
- 我可以使用什么方式去更客观地了解团队的冲突，进而可以帮助团队了解冲突？
- 对于冲突响应的方式，其中哪个方式可以更好地用于团队中正在发生的事情？
- 我可以使用什么方法和工具来解决冲突？
- 当一个人向我抱怨另一个人的时候，我应该怎么做？那如果一个人在抱怨我呢？
- 即使我们已经解决了一个冲突，但如果它仍然一次又一次地出现，我该怎么办？

职业调解员、也是敏捷教练的杰•塔巴卡，揭示了一个高协作（注释：高绩效）团队的特征之一便是，他们能够有建设性地利用冲突。他们生活在一个存在建设性分歧的世界之中。

这些专家告诉我们要正视冲突，并将其转化成有利的力量，不过现在许多冲突解决模型都认为冲突是要“被解决”的，冲突就好像一个可以拆卸、修理并恢复原样的机械系统。

对于敏捷团队内部的冲突，我的经验是，这些冲突与机器模型并不是那么相似，并且冲突中的人们也不是机械零件。他们与机器相比更像热带风暴：吹得很猛，毫无预期地波及他们周围的每个人，并且往往来得快，去得也快。

团队成员在这些令人惊讶的、令人失望的、具有挑战性的、惹人生气的、动人的、平常的事情中持续地交互，日复一日地在一起工作，是一种很丰富的人生经历，这其中饱含荣誉和烦恼。特别是在一个敏捷团队中，这种情况更加突出，在我们追求卓越的过程中，我们知道冲突会出现，而我们也可以预测，这其中有和谐的和不和谐的情况会发生。领航冲突是我们新的思维方式，这样我们可以帮助团队把冲突转化为有建设性的分歧，从而成为创造高绩效的契机。

冲突中敏捷教练的角色

对于你来说，指导团队排除冲突也许感觉陌生或者不自在。尽管关于这一主题的书籍、文章和研究比比皆是，这对于之前的我来说仍然很不习惯。因为随着不同阶段的推进都会有团队成员加入或离开团队，作为一个计划驱动的项目经理的我以前并不需要经常地面对冲突。如果我尝试解决一个冲突但是没有成功，这也不算什么，因为对于团队来说没有多大损失。发生冲突的团队成员迟早会离开并加入别的项目。然而对于敏捷，团队成员在整个项目期间都在一起，他们不会离开团队，当然冲突也不会。

鉴于此，敏捷教练需要正视冲突，有技巧地确定冲突的严重性，认真地决定是否及如何介入，慷慨地教育团队排除冲突，当团队的成绩缩水时，要勇敢地拒绝帮团队解决问题，从而选择回避这个冲突。

作为他们的教练，你需要帮助团队排除冲突。你要向团队提供排除冲突的方法，而不是画一张漂亮的图，把问题和风险直接标注出来。你可以给他们一些更宝贵的、更强大的东西来解决冲突，例如，一个指南、一个框架，这样他们就能在任何需要的时候创建自己的图。

冲突的五个级别

一个敏捷团队在保持稳定节奏完成工作的过程中，其实每时每刻都会有一些冲突——讽刺一下别人、翻个白眼、大声的叹息、带有情绪的发言、沉闷的安静、紧张的空气。你会亲眼看到充满冷嘲热讽的、“只是开个玩笑”的评论，或者带着一点暗讽的话，所有这些对于一个敏捷团队来说都是再正常不过的事了。

对于任何一群在一起共度大量时间、创建共同历史的人来说，这些行为就是表明团体正常的信号。它发生在邻里之间、社区咖啡馆、教堂和敏捷团队——特别是敏捷团队，因为在敏捷团队中，每天团队成员都花好几小时坐在一块一起创造产品，任何时候都要应对来自 Sprint 那固有的带有时间框约束的 Sprint 压力。

冲突无时不在，它可能是正常的，也可能是破坏性的，这两者之间往往很难区别。在冲突方面出版了很多书的作者斯彼得·里斯为敏捷教练提供了一个框架，我们可以使用这个框架来确定冲突的严重性。这个模型深刻地从人性和人道等多方面来看待冲突，非常适合敏捷团队。如图 9.1 所示，它展示了冲突从“第一级　解决问题”到“第五级　世界大战”的一个冲突升级的路径。

第一级　解决问题

我们都知道第一级冲突是什么样的。日常的挫折和恼怒构成了这一级，随着冲突的起起伏伏和来来去去，我们体验在其中。在这一级，人们有不同的意见，也许误解已经出现，目标或者价值的冲突也可能存在，并且团队成员对于冲突的氛围感到焦虑。

图 9.1　冲突的五个级别

在第一级时，团队成员关注于判断哪里出现了问题并考虑如何修复它。信息自由地流通，并且协作活跃。团队成员使用清晰的、明确的和实事求是的言辞进行交流。语言谈论的是当下而不是过去。如果团队成员觉得误会已经发生，他们会相互确认，并消除误解。你可能注意到团队成员看起来似乎是乐观的，并且致力于解决冲突。这时感觉是不舒服的，但还不到情绪化的程度。把第一级看作建设性的意见分歧，它有助于形成高绩效的团队。

第二级　争执

在第二级，自我保护变得跟解决问题一样重要。团队成员之间产生距离感，这样就可以确保他们在最后可以全身而退，或者为他们假设的即将到来的妥协表明立场。他们也许私下与其他团队成员进行交谈，去验证自己的策略，或者寻求建议和支持。在这一级，善意的玩笑变成了半开玩笑的试探。厌恶穿上了糖衣，但仍然是苦的。然而人们没有敌意，只是警惕而已。他们的语言也可以印证这一点，因为言语已经由明确的转为笼统的。他们之间的壁垒在强化，他们并不分享对于问题他们所知道的一切。事实相对于解释，只是第二位的，并最终造成对现在正在发生的事情的困惑。

第三级　争辩

在第三级，目标就是赢得胜利。由于之前的冲突和问题仍然没有解决，复合效应出现了。通常多个问题会聚集成更大的问题或者导致其“诱因”的形成。在这个存在误解的环境中会出现派系，同时还会产生强权政治。在敏捷团队中，这也许发生得很巧妙，因为敏捷运行的一个标志就是大家感觉是在一起的。但是冲突确实出现了。

人们开始向一边或者另一边看齐，情绪被用来作为“赢得”支持者的工具。问题和人们变成了同义词，人们开始互相攻击，而且已经不仅仅是只对事不对人。因为团队成员极力构建他们的例证，他们的语言开始扭曲。他们开始做出以偏概全的发言，“他总是忘记提交他的代码”或者“你从来都不听我的意见”。他们以推论的方式谈论对方：“我知道他们在想什么，当时他们忽视了真正的问题。”夸大自己的友善和放大对方的缺点，“为了团队，我总是在妥协”或者“我把每个人的最大利益都放在心上”或者“他们总是有意地忽视客户真正在谈的事情”。讨论变得可有可无，而指责横行。在这种好斗的环境中，和谈可能受阻。同时，人们也许不会准备好从互相指责中走出来。

> 任何时候，两个好人就原则问题进行争论，他们往往都是正确的。
>
> ——玛丽·冯·埃布-埃森巴赫

第四级　圣战

在第四级，光解决冲突还不够。团队成员坚信在这个问题上的“另一边”不会改变。他们可能相信，唯一的选择就是让对手从团队中退出或者他们自己从团队中退出。派系变得根深蒂固，甚至在团队中形成伪组织架构。认同一个派系就会掩盖对于团队是一个整体的认同，所以团队的身份就荡然无存了。人和职位被等同，而这也造成了人们的攻击对象是对方的背景而非想法。这些攻击在语言形式上用的是意识形态的原则，对话的焦点也成为这些意识形态原则，而非具体的问题和事实。整体的态度就是正义和惩罚。

第五级　世界大战

“毁灭！”作为战斗宣言在第五级发出。胜利已经不够了；对手必须输。“我们必须确保这种可怕的情况再也不会发生！”在第五级只有一种选择：让敌对的双方（团队成员）分开，这样他们就不会彼此伤害。建设性的结果不会在这一级产生。

当前的冲突是什么级别

为了确定团队的冲突级别，敏捷教练必须花足够的时间与团队成员在一起。这就意味着在冲突真实的环境中，需要花费几天或者几周的时间去观察，偶尔花费几分钟进行观察是远远不够的。在得出冲突级别的结论之前，确保你已经与团队一起花费了足够多的时间来观察这是怎么回事。

判断一个团队所处的冲突级别不是什么高深的科学，甚至都不算科学：它是观察、交谈和直觉，并且每个人看它都有所不同。尽管在某个时刻，你可能看出团队整体上的冲突级别，请注意，经历冲突的团队成员可能也正在观察，只是认为的级别可能不同。这正是吸引人的地方。

斯彼得·里斯的框架会帮助你变得更加客观，这样你就可以避免自己先入为主的判断，从而了解当前团队的真实情况。最后，简单地了解尽可能多的事情，要知道你不会是百分百正确的。要做到足够严谨，感觉起来你已经给了团队充分和有用的关注，并由此继续向前。在观察过程中，注意三件事情：聆听抱怨、感受活力和关注语言。这些都有助于评估冲突的级别。

聆听抱怨

团队成员可能直接向你抱怨，你也可能是在团队工作室中听到一些公开的抱怨，或者你可能看到团队成员在走廊里低声交谈，在“悄悄地”抱怨另一个人。在观察到这些事情时，请记住你不需要采取行动去尝试解决这些抱怨。我们中许多人的内心都有一个想法，那就是“让一切都变正常”。当别人向我们抱怨时，我们觉得需要“解决”它，所以立即采取行动。忍住！你只需带着同情心去聆听，并接受抱怨者所说的事情，要让抱怨者知道你非常关心他，并正在花时间了解冲突的方方面面。

感受活力

当你走进团队工作场所时，注意你对这个环境的第一感觉。是否有那种认真协同工作时发出的持续的嗡嗡声？大家是在一起活动、在交谈、在白板前面还是在他们的电脑前？人们是否有意义感和动力感？或者人们是否在进进出出？谈话是否常被打断或者谈了不止一次？是否有一种停止、启动，然后再停止的感觉？或者是否感觉有一些事情隐藏在表面之下？

你可能已经发现团队中的冲突隐藏在表面之下：毫无掩饰的变相漠视、瞟几眼、翻白眼，或者在人们思考“这是不是意味着批评？她只想说这个吗？”时，说出引起没完没了心跳的打断交谈的言辞。当团队工作室中的活力沉闷，并夹杂来自这类活动的情绪残余时，你可以打赌现在团队处在冲突的第二级，甚至更高的级别。

注意观察冲突是隐藏在表面之下，还是已经表现出来让所有人都已看到。在一整天里，要时刻感受团队的精气神。注意什么时候精气神看起来变得更积极或者更消极，同时问自己：“在团队表现出当前的精气神之前发生了什么？是由于一件特定的事而发生，还是长时间积聚起来的？”注意团队是否大多数时候是积极向前的，还是消极地停滞不前（或者各做各的）。通过感受团队的精气神，你可以得到其他线索来帮助你判断冲突的等级。

关注语言

大家说什么及如何说是判断一个敏捷团队冲突级别的关键。团队会频繁地进行交谈，所以教练有很多机会关注他们的言语。表 9.1 列举了每级上的典型言语的例子。在团队经历各种冲突级别的过程中，团队成员彼此进行交谈，教练可以使用这些例子来对他们的言语进行判断，从而磨炼自己对于语言的认知能力。

表 9.1　人们所使用的言语可以告诉你当前正在发生的冲突级别

冲突级别	言语示例
在第一级，团队成员开放且建设性地参与冲突 在团队成员之间经常出现“自我管理”式对话，他们往往通过问题和真诚的陈述，来确保每个人的声音都能被听到，确保所听到的能被理解，确保理解的是真实的，而不论是真实的事实还是一种需求	“好的，我听到你说的了，但是我认为你忘记了一个事实是……” “我们之前是不是有误解？你对我所说的，有什么想法？” “停一下！我们以前谈过这个，我对它已经感到厌烦了。有什么新的信息吗？有必要再谈一次吗？” “哦！我现在知道你在说什么了。好的……不过我仍然不同意你的说法。这就是为什么……” “乔，我记得你的价值顺序。你现在说的是主要的事情吗？这样做违反了你的顺序。”
在第二级，对话变得偏向于自我保护。在这一级，说和不说反映出的问题一样多。为了保护自己，人们并不会全盘说出自己知道的东西，所以许多时候只是为了谈话而谈话，谈话的内容并没有太多信息和帮助	“即使那个支持小组说过他们会帮助我们，你也知道他们不会为了我们而过来。你为什么不告诉我们？” “是的，我弄坏了这个构建，但是我觉得我们需要看看更大的方面。在我们的团队中，有远比一个人弄坏构建更坏的事情。” “你现在说的事情和上次一样。上次它就没起作用。”

续表

冲突级别	言语示例
在第三级，扭曲的语言出现了，如过度的概括、推定、放大立场等，真正的问题却被遗忘了	“只要她不在团队中。” “她经常控制每次的对话。” “他们总是走捷径，而我们留下来帮助他们做善后。” “我不知道她为什么这些天表现这么好。她是在给我设圈套吗？” “我甚至都不知道我们现在在吵什么。我们就是不合。”
在第四级，变得更加主观	“他们永远都不会改变，所以根本不值得跟他们谈。” “他们是错的，绝对而简单。” “我们需要更多的人站在我们这边。” “我们是对的！”
第五级的特点是充满了斗争	“我们必须赢。这没有选择。” “要么是我们，要么是他们。” “这个世界必须受到警告，只有这样以后才不再会发生这种事情。”

在了解了发生在团队身上的冲突等级之后，你应该做什么呢？为了回答这一问题，接下来的章节将介绍几种技能，这样，在团队成员发现自己身处冲突之中时，你就可以帮助团队来排除冲突。

对于冲突你应该做什么

排除冲突的目的在于减弱或者消除冲突，寻找冲突的缺口。作为敏捷教练，需要回答的第一个也是最重要的问题是“我必须做响应吗？”。

首先，什么都不做

所有的敏捷团队常常可以自己排除冲突，即使新的团队和不团结的团队，即使冲突层次已经到了第三级。所以教练应该多花一些时间坐在后面，观察他们的行动，看看他们是否在处理冲突上有所进步。即使他们所做的并不完美或者不是你对团队所要做的工作的全部，如果团队成员排除冲突已经做得足够好，那么让他们自己处理吧。在观察团队处理冲突的过程中，对于他们的不断尝试，甚至是糟糕的尝试，你会感觉不舒服。为了帮助你更好地应对这种情况，记住克里斯·科里根在 *The Tao of Holding Space* 中讲过的话："你对团队干预得越多，他们自己独立完成任务的机会就越少"。（Corrigan，2006）

团队的挣扎比你的完美计划更好。记住你的目标是支持团队自组织（和重组）。你的不舒服只是很小的代价。

但是如果你已经决定干预，该怎么办？如果你觉得你已经观察了很久（感觉起来真是很长的时间），然后决定进行干预，你可以使用几种应对模式：分析和应对、使用架构，以及揭示模型。这也体现了培养自组织性时，从弱到强的顺序。

分析和应对

这也许是一位敏捷教练可以使用的最舒服的应对模式，因为它看起来很熟悉，并且至少是分析性的。为了使用分析和应对，敏捷教练需要考虑如下问题（Keip，2006）：

- 冲突的级别是什么？
- 问题是什么？
- 作为 A 方，我应该如何回应？
- 作为 B 方，我应该如何回应？
- 有哪些分解冲突的选择？
- 如果有什么我应该做的话，那会是什么？

在使用分析和应对模式时，记住没有人知道完整的故事，我们需要每个人的视角，这些都是有意义并且需要的。如果有十位团队成员，你可以打赌会有至少十种视角，而每种视角在当事人的眼中都是正确的。

请参阅 当冲突出现时你的第一反应是什么？敏捷教练必须明晰这个反应，并且认真考虑是否选择它来服务团队。在意想不到的事情（包括冲突）发生在团队成员身上时，对其应该使用的方法，查看第 3 章。

表 9.2 提供了每个冲突级别上成功的应对模式。在解决整个团队的冲突时，学习用这些模式来帮助回答问题："有哪些分解冲突的选择？"（Keip，2006）

表 9.2 每个冲突级别上成功的应对模式

冲突级别	成功的应对模式
第一级　解决问题	协作：寻求双赢的局面 共识：学习每位团队成员对于这个问题的想法，并且及时达成一致
第二级　争执	支持：允许对方解决问题 安全：任何事情都要以安全为基础，例如，协作游戏或者重新探讨团队共享价值
第三级　争辩	迁就：当关系比问题本身更加重要时，先接受对方的观点。这只是一个成功的短期策略，如果长期经常使用的话，就会变成义务 交涉：用在引起冲突的事情是可以分解的情况下，如共享资源的使用，交涉就可以起作用。如果问题解决是围绕人们的价值观的话，交涉是不起作用的。价值观是不可分解的，一个人违反自己的价值观而屈从于另一个人就像背叛 得到事实：对于局势，收集有关数据，建立事实
第四级　圣战	再次构建安全框架。使用"穿梭"外交，把一个派别的想法带给另一个派别，直到他们可以不让冲突升级，并且可以采用低层次冲突工具
第五级　世界大战	做任何必要的事情来防止大家彼此伤害

一旦团队对立减缓，他们在处理冲突上就有了更多的选择，因为此时可以应用低一级别上的冲突解决工具。针对排除冲突的分析——应对模式可能让你感觉很舒服，因为它简单且顺其自然。如果是这样，或者对于你目前的技能和自信水平来说，它是最好的选择，那么使用它。然而，你应该知道这是构建高绩效团队时，最弱的应对模式，因为它把教练放到了驱动者的位置。而且，它完全依赖分析性的思考，而这只是从很窄的一面去思考冲突。所以，如果你准备好了，还是尝试接下来的两种应对模式吧。

使用架构

在应对模式的力量对比曲线上，更进一步的方式是使用敏捷的“精髓”来排除冲突。这些精髓就是那些原则、价值或者角色，而它们帮助团队理解了如何通过使用敏捷获益最多。

研究表明，有时解决团队中的人际关系问题也许是不明智的。团队绩效的好坏很可能影响人们对于人际关系交往的看法，而不是其他因素（Hackman，2002）。我们常常认为，通过解决人际关系冲突，我们就可以增强团队的绩效，但这可能是错误的，特别是对于新成立的团队。在新成立的团队中，敏捷教练最能帮助团队的就是采用任务导向。对于一个新的团队，任务导向而非人际关系导向最有效，因为该团队还在尝试学习他们共同目标的具体细节，以及去“厘清人们的非正式角色”。这项研究所告诉我们的事实是，教练首先应该通过尝试解决绩效来解决冲突。

为了解决绩效，敏捷教练可以转向敏捷的精髓来作为排除冲突的途径。在职业教练术语中，敏捷的精髓类似于架构——“用于对人们的愿景、目标、目的，或者他们需要马上采取的行动进行提醒的设备。拼贴画、日历、语音邮件消息及闹钟都可以作为架构”（Whitworth 等，2007）。

有了敏捷，架构的构成非常丰富：敏捷方法固有的实践和原则、敏捷宣言、价值、重复发生的事件（如 Sprint 评审会议或者站立例会）的目的、角色定义和对于消除浪费的关注。所有这些都可以为创建架构提供肥沃的土壤，在敏捷的特定方面变好的情况下，这些架构可以帮助团队在处理冲突上变得自觉。当团队经历冲突时，选择这些架构要素中的某一个，把它带给团队——或者重申它。选择你认为可以解决冲突核心的那个，选择可以鼓舞人心的那个，你可以从敏捷方法的简捷和深度中找到很多鼓舞人心的事情。其实你不需要绕很远的路就可以找到可以用作创建架构，并服务于敏捷团队的事情。

请参阅 参考第 6 章学习每种标准敏捷会议的目的。

这里有一个例子：处理一个看起来永远都不可能结束的冲突，即怎样“好”才是好，也许你会回想起对于团队成员来说敏捷宣言背后的准则（Beck 等，2001）。在团队自己重新熟悉敏捷原则，并且参与一些热烈的讨论之后，团队制作了一个全面的、大胆的海报，并把它张贴在团队工作室中张贴荣誉榜单的地方。这提醒他们对于好、足够好、出色和完美的路线实施所达成的一致。图 9.2 显示了架构结果：他们的海报。

图 9.2 他们的海报

每天在站立例会之后，团队成员看海报并且相互询问：“这两天我们是怎么平衡这些的？”

正如这个例子中所描述的，使用架构来间接地排除冲突。通过架构，你并不是把冲突作为一个必须解决的问题来进行解决。取而代之的是，你引出冲突，然后通过教授或者重申敏捷——一种实践、一种价值、一种思维方式、一个愿景——与团队一起来解决冲突。这让你的指导变成积极向前的，而非惩罚性的。

注意，这并不意味着忽略冲突或者回避冲突。你仍然要解决它。你只是通过坚持要做好敏捷这一点，并且要求团队思考他们是否能够具体描述出敏捷的最好意图，然后来解决冲突。使用这种应对模式，团队创建的这种架构就变成了一种呼吁让每个人都采取行动。这么做，你可以激励大家做出积极的改变，而不是弄得大家人心惶惶。

揭示模型

在面对冲突时，最有利的干预就是你去展示你知道的东西。展示你拥有的知识，让团队受益。揭示冲突层次模型。让他们知道冲突级别响应的语言和如何去判断当前的冲突级别。基于他们正在经历的冲突级别，教授团队成员认识他们的下意识反应，并且让他们自觉地选择对于团队最好的应对方式。

这样做，你就给了团队一个强有力的自我管理工具、一个随着冲突的出现可以反复使用的框架。

当然这并不是说你的指导过程已经“完成”。你仍然需要参与团队的讨论，特别是在团队成员刚开始学习这个框架的时候，虽然此时你的角色改变了。不要同时沉浸于冲突和框架之中，你可以让大家关心冲突的内容，而你跳出来变成对于框架边界进行管理的人。当你扮演这个角色时，你要确保这个框架的使用与其本意一致，而不是为了适应某人的立场而被歪曲，并作为某种立场的“标签”，同时弱化其他人或者使得他们的立场看起来是错误的。

请尝试

在团队出现下一次冲突时，尝试去做问题的揭示者而非问题的“解决”者。如果团队自己刚刚成功地把冲突降级，你可以把问题揭示给大家，然后问几个问题：“你们认为自己刚刚经历的冲突级别是什么？你们是如何看出来的？是什么事情让这次冲突降级？”

如果他们身处冲突之中且没有降级，加入他们的对话，并且询问相同的问题，只是把最后的问题换成类似于这样的问题："如果现在想让冲突级别下降，需要做些什么？"

指导团队一个新框架的最佳时机往往来自他们最需要这个框架的时候——在问题本身发生的中间。所以利用那些冲突的瞬间来揭示冲突模型，并且开始提出问题，而这些问题可以帮助团队认识冲突模型，从而可以进行自我修正。

让自己跳出亲自解决冲突这个圈，仍然是一个需要达到的目标，但是只有在团队变得精通于使用这个框架并且真正掌握该框架时，你才能这么做。即使在那个时候，你仍然要仔细观察每个冲突。

随着团队越来越能较好地使用这个框架，在他们排除冲突时，就会采用一个全新类型的问题来相互询问。他们可能问："我们现在的冲突级别是什么？""是什么事情让冲突变成这样的？""我注意到在我们谈论冲突时非常笼统；我们需要降级来让讨论更具建设性吗？""我们要彼此决裂吗？"

你也可能发现，在冲突延伸到整个团队之前，团队成员会使用这个冲突框架来识别和调整自身的冲突级别。其中一位团队成员可能对另一位说："我意识到，我过去太执着于对领地的争夺了，现在需要学会让步。你知道我对这个非常在意，但是我知道抬高自己并不会帮到任何人，所以我在想用其他的方式来引出这个问题。"

积极地排除冲突并且习惯性地给冲突降级的团队，可以在第一级的冲突中茁壮成长。他们生活在一个存在建设性分歧的世界中，他们是在不适感的边缘跳舞——这种不适感恰到好处，以至于他们可以产生最好的主意，并且基于彼此的想法来发现新的令人惊叹的可能性。这样做，冲突就变成了通往高绩效的弹射器。

化解抱怨

敏捷教练要帮助团队了解，有冲突是很正常的，并且是有用的——如果它仍然是建设性的话。然而，隐藏于表面之下的激烈的冲突显然不是建设性的，而这些冲突往往变成抱怨被流露出来。

团队成员知道敏捷教练工作的一部分就是移除工作中的障碍，而这也让教练变成了团队中倾诉抱怨的对象。如果一些教练参加过 ScrumMaster 认证（Certified ScrumMaster，CSM）课程，并且他们的老师使用过一些“典型”的抱怨场景，那么他们可能已经对如何处理抱怨有过一些实践。下面是一些类似的“典型”抱怨场景：

一位团队成员来到你面前说团队的架构师体味太重了，她不能忍受与该架构师一起工作。随着夏天的到来，她担心这位架构师会把每个团队成员都“逼”出团队工作室。作为团队的教练，你要做什么？

一位开发人员气呼呼地来到你面前，因为另一位开发人员乔把构建搞坏了，这还不是第一次。这位开发人员觉得乔很粗心，并且是一个只关心自己的人。他还说其他的团队成员已经准备好“投票让乔离开团队”。作为团队的教练，你要做什么？

一位团队成员过来找到你，跟你抱怨说测试小组领导总是在团队工作室里接听私人电话。在她抱怨的时候，她变得越来越激动，声音也越来越大，因为接听私人电话的事，她通常一天要“起来坐下”好多次。她觉得他（测试小组领导）很没礼貌并且品行有问题，她希望你能阻止。作为团队的教练，你会做什么？

在真实的团队中，我处理过这些场景中的一个，就是关于体味的那个场景。我不是开玩笑，这是真的。作为敏捷教练，我当时觉得“解决”问题是我的工作，所以我走到那位有体味的团队成员那里告诉了她。那种感觉真的很不舒服甚至是很可怕的，看着她的脸色变得越来越差，我当时感到无地自容。但是这一切很快就过去了，而且相对而言不是很痛苦（对于我来说），然后就结束了。她变得更加有自我意识，她的体味也不严重了，所有人都很高兴。间接对抗的方法生效了，或者至少在表面上生效了。我当时认为我做了件对团队最好的事情。但真的是这样吗？

我一时想不出其他更多使用这种间接方式可以解决问题的场景，而此时也许有人马上争辩，说即使在我所说的那个场景中，这种间接的方式也不会生效。通过把来自抱怨者的抱怨带给被抱怨者，我相信双方都无法彻底了解清楚整个情形。事实上，作为中间人，我通过增加团队的分歧制造了双方的冲突。对于体味的问题，也许这只是一种小的伤害，但是在其他很多情况下，伤害可能严重得多。

与这个相比，大多数的抱怨来源于更复杂的情况，且双方对于抱怨所反映的问题都有责任。在这些情况下，情绪通常已经到了沸点，但并非旗帜鲜明，正确的和错误的想法都在助长分歧、促成状况的发生，这时人们通常会感到脆弱、受到伤害并且不被认可。这些往往是更常见的情况。这时不宜只是把抱怨从抱怨者带到被抱怨者那里，它们需要更好的方法得到处理。

下一次再有人向你抱怨，你可以尝试下面的三步干预法（Keip，2006）。向抱怨者提出如下问题：

“你有没有跟________提过你的顾虑和感受？”

如果抱怨者没有这么做，则鼓励他们这么做。也许与你一起演练一次可以帮助他们消除不安。如果他们讨厌或者不愿意这么做，继续第二步干预。

“________应该知道你的顾虑。如果我跟你一起去找他会有帮助吗？”

如果答案是肯定的，那么安排时间和地点。让抱怨者知道你不是这些抱怨的承担者，并且会为了道义上的支持而参加。如果他们看起来仍然紧张，那么让他们与你来一次预演。如果他们仍然不愿意直接地表达他们的顾虑，继续第三步干预。

“我可以告诉________，你们有这些顾虑吗？”

无论何时，只要可能，让抱怨者直接去解除抱怨，不管是抱怨者独自解决还是拽着你一起。当一方与其他人谈论另一方时，不惜一切代价避免出现“三角”的情况。

来到第三步干预，你就作为委屈的“送信人”而被放在聚光灯下，并且这一步能拖延一下局势。虽然第三步干预是唯一的选择（如果是的话），请记住：不要传达匿名的抱怨。让抱怨者知道你会告诉被抱怨者是谁有这些抱怨。

如果你传达一个匿名的抱怨，你就会让自己陷入操纵的风险，并且你为团队树立了榜样，那就是你可以在团队成员背后谈论，而这显然是行不通的。在当中学生的时候不可以，现在也不可以。在健康的敏捷团队，大家互相尊重，都勇于发表自己的意见。让团队清楚地了解你的期望，并且自己要先带头这么做。

请尝试

邀请一位朋友与你一起扮演这些场景，尝试三步干预法。你的朋友扮演抱怨者，而你扮演教练。

一位团队成员无意中提到，为了修正另一位同事的工作，他在周末来到公司加班。在他的潜意识里，他认为这位同事的活干得不合格。他告诉你他只愿意帮这一次，如果将来发生类似的情况，他希望你能让这位团队成员自己完成。

一位团队成员告诉你她会临时请一天假，因为另一位团队成员在上周临时休了一天假，这给她带来了很多额外的工作和许多挫折。这周，她打算休一天假“报复”那位同事，从而让那位同事也体验一下她所经历的。她觉得她应该休假，让那个人知道被辜负是什么感觉。

一位团队成员来到你面前请求你与团队中的另两位谈一下，因为这两位在站立例会时说话声音太小，这位团队成员听不清。他说如果自己提出来的话会觉得尴尬，因为他有轻微的听力问题，但他不确定他听不到他们讲话是他自己的问题还是他们的问题。

然后，让你的朋友扮演一个你认为会在你自己的工作环境中出现的场景。看看你如何处理这“活生生的炸药”。

如果抱怨者拒绝了所有三种选择，接下来要做一件非常困难的事：不再把它作为一个问题。真的，不再把它作为一个问题。为了帮你做到这一点，记住作为敏捷教练，你正处于创建一个高绩效团队的漫漫征程中。赢得暂时的团队和谐，或者解决问题所带来的稍纵即逝的感觉，对你（或者他们）来说都是不够的。有了这个认识，你就会发现，并不是每次的抱怨都需要解决。

人们有时只是需要发泄。作为教练，你需要保持理智和冷静，聆听他们的抱怨，让他们发泄抱怨，然后让抱怨渐渐消失，这样做就打开了治愈的大门。在他们发泄时，专注地聆听就是你所有需要做的事情。

其他时间，人们会试着把你添加到他们流言的链条中——这并不是你想要在的位置，因为所有流言都会伤害人。作为教练，你要知道，谁只是想说闲话，而并不想解决抱怨。专注地听他们，如果他们看起来不想解决抱怨，直接给出你的观察结论，并且让他们知道你不会为他们的抱怨做任何事情。

或者，人们可能向你抱怨，然后让你加入他们的战争。千万不要接受。问他们这样一个问题："你准备好解决这个抱怨而不指责任何人了吗？"当你无法得到肯定和正面的回答时，你就能看出此时有人想拉你入伙。事实上，如果你对前面三个问题感到了阻力，那就暂停并切换到这个问题上："你准备好解决这个抱怨而不指责任何人了吗？"大多数时候，人们会说"是的"，然后继续谈论，这时你要格外地仔细聆听。在他们说"是的"之后，随着他们继续谈论，保持密切关注，这样你可能就会听到"但是"。这里有个例子："是的，我一直都想解决它而不指责任何人，但是杰夫太固执了，他听不进任何意见。"如果在谈话的过程中有"但是"，这就表明人们无法做到解决问题而不指责人。所以让他们说他们的，然后把问题放在那里。通过倾听和提供真诚的帮助，你就已经做了你所能做的一切（到目前为止）了。

抱怨专业户应该受到特殊的对待。如果同样的一个人一次又一次地向你抱怨，而并不采取任何你所提供的解决方案，那么就要改掉他们的老习惯。让抱怨者考虑一下，对团队或者对他个人来说有怨言所带来的破坏性影响。让这个人知道，对于一位"抱怨专业户"，太多抱怨的结果就是所有的抱怨都会像带着一个"免费通行证"一样被忽略过去，并且，如果他们仍不愿意对他们所抱怨的情况采取任何修正的措施，哪怕一点点改进，那么诉苦部门的大门就可能不得不向他们关闭了。

在桌面上解决抱怨可能令人感觉不舒服。没有人愿意面对面发生冲突，特别是在他们不能找到任何人来替自己面对冲突的时候。公开处理抱怨，会让事情扩大化——事实上，由于事情的扩大，你会发现你变成了抱怨的主题。如果有人匿名传递对你的抱怨，你要提问如下问题把对话引向具有建设性的方向：

"我可以问一下，你是如何看待这种抱怨的吗？对你来说，这是否也是一个顾虑？"

"我欢迎有机会与他（那个抱怨者）谈一下。你愿意帮我们让我们一起聊一下吗？"

作为敏捷教练，记住为了帮助团队达到高绩效，你需要为他们在行为上树立榜样。面对对你的抱怨，直面它并且坚持你的态度，即坚决拒绝传播匿名抱怨，然后看看接下来会发生什么。可能的最好结果是你听到一位团队成员对另一位说："你没有跟教练直接谈你的顾虑吗？"

无法解决的冲突

你曾感觉到有一些冲突就是无法解决吗？身处冲突中的团队成员解决了问题，问题看起来消失了，但是之后它又出现了。这次，这个问题可能在一个全新的情形下出现或者以不同的强烈等级出现，但是冲突就像一个熟悉的拜访者，又一次出现在团队门前的台阶上。如果团队使用幽默作为缓解压力的方式，你甚至可能听到这个冲突变成了一个半带嘲讽半开玩笑的话："好的，同人们，我只是想让大家注意一下。朱莉又讨厌我了。"听起来就像一段婚姻，不是吗？

敏捷团队是亲密的

约翰·戈特曼博士花了 30 年时间研究是什么导致了婚姻的成功与失败，这份研究表明：婚姻中 69%的问题是反复出现的，它们不会永远消失，也没有办法根除。甚至在极端情况下，你可以离婚并再婚，而结果往往是解决了一些旧的反复出现的问题，取而代之的又会是新的反复出现的问题。

婚姻——非常私人和亲密的关系——中的冲突与敏捷团队有怎样的关联？为了回答这个问题，听一下健康的敏捷团队在一个典型的日子里是如何对话的。你会听到他们在谈论像乳房 X 光检查结果、应对年迈的父母、拜访公婆的时候所遭遇的挫折、接下来的休假计划、抚养孩子的建议及其他更多的事情。在异常健康的团队中，你会听到团队成员直接谈论亲密程度更深的话题。他们讨论他们对于即将到来的绩效评比周期的恐惧，讨论他们在团队的工作与他们的个人的成长目标吻合或者不符。敏捷团队中的关系是亲密的。在这种环境中，不可解决的冲突的现实性同样是存在的，就像在婚姻中一样。

职业指导圈子内把戈特曼博士的研究成果应用到了所有类型的群体（Center for Right Relationship，2008）中。业务合作伙伴、团队、组织——它们都从指导的角度受益，理解了有些冲突根本无法解决。听起来没有希望，但是别失去希望。尽管不可解决的冲突是实际存在的，教练所学到的是所有的事情都不会迷失——总有“出路”。

> 不公正可以被消灭，但是人类的冲突和本性的局限无法被消除。社会生活的冲突和本性的局限无法被控制或者被逾越。然而，它们可以被忍受和残存。那里，可能有一个生命之舞，对它固有的局限性和挑战做出创造性的呼应。
>
> ——莎伦·韦尔奇

“出路”就是通过增加群体的积极性来引导冲突，而非关注于解开并解决冲突。简言之，增加积极性就是增加团队成员之间的良性互动。在敏捷世界中，当团队成员经历不可解决的冲突时，我们可以遵循这种方式，并且对团队采用相同的思想和工具。

第一步就是指导团队认识到，不可解决的冲突是存在的、可预期的和正常的。告诉他们成功处理不可解决的冲突的方法，就是增加团队成员之间积极的交互，这样在冲突出现时就可以帮助他们排除冲突。

科学研究正好证明了这一点，在过去的几年甚至倒退 15 年，多个同时进行的研究结果都推算出了个人、团队和婚姻的积极/消极比例。对于婚姻，其“魔法”比大约是五次积极的交互对一次消极的交互（Gottman，1994）。对于团队，在高效的团队中其比例是 3∶1，而对于最高效的团队这一比例可以达到 5∶1（Losada & Heyphy，2004）。这就是为什么我们需要待在生活的一边，因为这样我们就可以在充满冲突的汹涌海面上驰骋。至少是 3∶1，如果是 5∶1 的话当然更好。你收到你所推荐的积极性的回报了吗？是来自你指导的团队成员吗？

为了提升团队中的积极/消极比，教练要帮助他们避免误解的形成，并要利用共享的愿景。

避免误解形成

你有没有注意到团队成员有些时候彼此在谈论过去？也许他们说的远比他们听的要多，即使听了也没有去花精力真正理解。或者其中一个成员的声音可能根本还没有被听到。某个人想说些什么，但是害怕把这些事讲出来承担风险。如果你不了解这些，团队在继续前进，而那位团队成员就被丢在了尘埃之中。

作为他们的教练，因为你注意团队对话的质量，所以你会注意到这些事情，而团队，由于被卷入工作之中，可能没有注意到这些。他们需要你帮助他们指出这些，这样他们才会学习聆听对话质量。当他们学习聆听时，他们就会避免误解的形成，并且会在团队的关系中增加积极性。所有这些使得不可解决的冲突变得可以相处。

允诺确认和共识确认

利用如下两个简单的工具来帮助避免误解，而作为副产品，它们同时可以增加团队的积极性：允诺确认和共识确认。当所有想要听到的声音都被听到，且团队向一个共有的结论前进时，使用允诺确认。相反，如果不是所有的声音都被听到，并且团队是否向共有的结论前进也不确定的情况下，使用共识确认。

假设你们在一个回顾会议中，团队正在讨论是否把他们的站立例会改到下午一点。通过对话，你注意到大多数的人都已经发言，没有人过多地谈论或者被忽视。团队整体的感觉是乐观的，并且看起来他们彼此是一致的。在这种情况下，你也许要求做一次允诺确认："有没有人反对把站立例会移到下午一点？"这个问题有目的地使用消极的措辞，从而明确地允许团队成员说出自己的反对声音。

对于把站立例会移到下午一点的对话也可能是另一种情况。假设一些团队成员赞成将站立例会时间进行修改，并且已经开始谈论时间修改的好处。其他人有可能提出了一些小的顾虑，并且这些顾虑已经被讨论过。这时候，有个人试着找一个擦边的词，但是不成功。你的直觉是团队在这次对话中步调不一致。你认为有一些事没有说出来——一些需求或者顾虑没有被讲出来。这时，你可能要求共识确认。教练杰·塔巴卡向我们提供一种用于确认共识的"举手表决"（Tabaka，2006）。为了使用"举手表决"，就这么说："对于把站立例会挪到下午一点这个想法，让我们看看我们现在处于什么样的位置。让我们来做一次共识确认。准备好了吗？1，2，3。"在你说到"3"的时候，每位团队成员举手展示 1～5 根手指，代表着他们对于当前想法的统一程度。

展示的手指数量的意思如下：

5 根手指：我喜欢这个想法。我真希望是我自己想出来的。

4 根手指：对于这个想法，我很高兴。并且我很高兴我们现在有了这个想法。

3 根手指：我觉得这个想法可行并且支持它。（这是共识的定义）

2 根手指：对这个想法我持保留意见，并且在支持这一意见方面有问题。

1 根手指：我有严重的疑虑。我既不会支持它，也不觉得它可行。

然后，每个人看看周围是否有人举了一根手指或两根手指。如果这样，邀请他们说出他们的观点。因为每个人都在同时从自己的内心进行了“投票”，这样就避免了团队成员由于其他人的投票而迟疑。通过这种“举手表决”常常让那些没有被听到的声音浮出表面，并且帮助抵消对话主导者的影响。允诺确认和共识确认这两个方法确保了团队成员能够被邀请发言，团队能够被要求聆听，并且整体上队员间的相互理解增加了——有了理解，团队的积极性也得以增加。

利用共享愿景

在指导业务合作伙伴时，通常可以用一些有助于揭示“冲突背后的梦想”的活动来改善工作关系（Center for Right Relationship，2008）。在“冲突背后的梦想”活动中，指导合作伙伴们，让他们通过一项活动来唤起记忆：为什么起初他们觉得合作关系是一个不错的想法。这样做，他们回忆起了“梦想”所带来的兴奋，并且重新获取了对合作伙伴关系目的的全景视角。头脑中有了这一全景视角，他们通常会觉得不可解决的冲突是次要的，甚至是不重要的。

在敏捷团队中，我们通常没有奢侈到拥有基于共同利益的非官方关系，以便在发生冲突时可以求助于这种关系。团队大多数情况下是由经理们创建并通告团队成员的。团队成员对于团队在一起会是什么样子并没有什么“梦想”，更不用说去交付什么产品。即使这样，也不意味着团队一定没有一个共有的梦想。

请参阅 团队需要多个层次的目标。第 7 章中展示了团队目标的多个层次，以及每层的重要性，包括团队一起追寻的“梦想”。在团队启动时设置这些目标非常重要，这样随后在进展不好时，这些目标便可以起到作用。

共有的梦想或者愿景就像灯塔，团队可以利用它做一次最好的自己，同时，当不可解决的冲突让他们徘徊不定时，他们也是对一个团队的最好诠释。愿景与团队视为成功所必须满足的业务目标清单不同，愿景比这些更大：它与团队成员有关。在教练的术语中，愿景被称为大“A”议程（Whitworth 等，2007），并且愿景通常使用引人注目的宣言来表达，它总结了团队为什么被组织到一起，下面是几个例子。

“我们将通过协作、对于正确事物的热情和出色的创造力来成功地改善客户的体验，在整个过程中发挥每个人的力量并轻视我们的弱点。”

“这一年，我们是专注的，并保持我们的客户和外部合作伙伴也专注于我们之前达成的共识。我们的信念是专注会改善我们的结果，以及我们一起工作的方式。”

“我们将发布一个吸引新客户的网站，我们会成为公司从未有过的最好的跨部门团队，并以此来做到这些。我们想要人们好奇：‘他们是怎么做到的？’”

当不可解决的冲突出现时，教练向团队指出挂在团队工作室墙上的愿景声明，帮他们找回他们共有的梦想。如果这不生效，尝试提问这几个问题：这个愿景对我们这个团队还适用吗？在这个愿景之下，你们当前的冲突意味着什么？想起这个愿景，冲突是否更有问题？有时，随着团队成员彼此不好意思地反复查看，然后一起一笑了之，冲突就化解了。有时，随之而来的是一次对话，也许让冲突弱化，出于对愿景的尊重，或者如果愿景已经过时或者没有了实际意义，那么还需要改变愿景。不管什么情况，有一个共享的愿景让团队看到不可解决的冲突是正常的，只要他们把该愿景作为他们的灯塔，那么冲突就可以被领航。

关于冲突的最后一句话

这些技术并非叠加就能成为一个神奇的解决方案。了解冲突框架，选择应对方式，处理抱怨和增加团队的积极性，这些技术自身并不能解决冲突。只有当你看到你所传授的这些技能和思维方式在团队的行动中得到体现时，“神奇”才会发生。

在一个愿景声明挂到墙上时，你就已经有了预期的影响，由此会产生一次对话，而这次对话允许团队了解他们正在经历的冲突只是他们在一起合作的一小部分。或者，当一个团队成员发现她自己因选择了另一条路线而正在导致一个破坏性的冲突，并向团队道歉时。或者，当团队成员彼此之间及时地互相消除抱怨时。这才是真正的神奇。

内容回顾

下面总结一下本章中提到的观点。

- 解决他们的冲突不是你的工作。你要做的是，帮助他们了解冲突，并且选择以何种方式去处理冲突。
- 在冲突出现时，密切注意团队，并且谨慎决定是否介入。
- 使用冲突的五个级别来更客观地了解冲突的进展情况。一旦时机成熟，揭示这五个级别，这样团队也可以使用它们。
- 鉴于敏捷团队中出现的许多冲突都是不可解决的，要教会团队如何与不可解决的冲突相处。

延伸阅读

Gottman J, Silver N. 2004. *The Seven Principles for Making Marriage Work*. New York：Three Rivers Press. 事实证明，对于婚姻的研究、建议和工具也适用于其他许多类型的关系，包括团队。作为附带的好处，你也可以改善你的婚姻。

Leas S. 1998. *Discover Your Conflict Management Style*. Herndon，VA：Alban Institute. 这本简短的手册展示了各种各样的冲突应对方式，并用一个小的测试帮助你去发现你潜意识中的冲突应对方式。

第 10 章 教练是协作指挥者

我在高中时参加了一个车库乐队，可是直到一次高中同学聚会有人提及时，我才想起这事。那位同学说："难道当时我们真的和我想象的一样差劲吗？"我说："是的，我们当时确实很差劲。"尽管我们很刻苦，没日没夜地在一个朋友家练习，可是我们从来没有达到一致的步调。从我们各自的乐器中经常发出刺耳的尖音、错误的和音，以及跑调的音符，因此我们一点也不像一个真正的摇滚乐队，可当时我们自以为很摇滚。

多年后我才清楚地认识到为何我们没有达到美妙的境界。当时我们都是合奏新手，并且我们每个人都还关注于学习如何弹好各自的乐器，每个人的注意力都完全投入如何控制自己的乐器上，根本没有余力考虑如何把这些声音合成一个真正的乐队。尽管我们刻苦练习，我们始终只是一群并肩弹着各自乐器的小青年。当然这也是一段很美好的时光。

本章学习结束后，你将能够回答如下问题：

- 合作与协作有何区别？为何要区分它们？
- 我如何帮助每个团队成员学会合作与协作？我如何培养团队的协作肌肉？
- 为何团队会逐渐失去创意，我如何处理这种情况？
- 哪些实践操作可以帮助团队加强协作？

尽管我多年未参与乐队活动，但我热爱音乐，特别是交响乐。音乐的确能愉悦我的情操，但我去听交响乐主要是为了观察乐队指挥。我像被催眠了一样坐在那里，而乐队指挥在空中挥动手中的指挥棒，一会儿提示双簧管，一会儿让小提琴安静，一会儿做出严厉的表情，示意法兰西号要更强劲些。交响乐的每个演奏者都是颇有成就的音乐家，他们每人都知道如何使自己的乐器"唱"起来，他们共同创造了让人灵魂激荡的音乐。然而他们都服从乐队指挥的指挥棒，把最终的话语权交给指挥。乐队指挥真的是太神奇了。

但是，与上海四重奏相比，乐队指挥又是小巫见大巫。我只听过一次上海四重奏，但几年后仍余音绕梁。当我和丈夫到了演奏厅后，我注意到舞台上只摆了四张椅子，围成一个小半圆。不久，四位音乐家带着乐器上了舞台。他们坐下来，几秒钟之后就开始了演奏。我当时十分惊讶，竟站了起来，惊叫了一声。我发现我丈夫在看着我，我也看到他脸上惊讶的表情。他的表情告诉我刚才的确发生了出乎我们意料的事情。他们四个人坐下后就马上开始演奏，彼此没看任何一眼，也没有倒计数，甚至没有哪位深吸一口气来统一节奏。

当他们弹奏时，每人都在完全相同的瞬间敲击各自的乐器，使整个礼堂充满着豪华宏大的音乐声，大得令人震惊。他们在弹奏时完全自己控制音乐，在一个篇章中不断转换和调整，根本不需要指挥。虽然他们演奏的音乐很美妙，我还是禁不住希望他们结束每个篇章，以便观察他们如何开始下一个篇章。

每次都是相同的情况。那就是，没有任何先兆，突然之间音乐同时从四个乐器中爆发出来。彼此在时间上完美重合，却又没有任何人起头，哪怕是稍微点点头的暗示都没有。

我之前从来没有经历过这种场面。正如其他许多事情一样，这也使我不断思考团队的本质。如果一个团队能够像上海四重奏一样无缝共同工作的话，那他必定是所向无敌的。因此，我在沉思："一个团队要花多大精力才能达到这种程度？"

本章将介绍使团队开始协作的必要步骤。或许你的团队现在看起来还如同我高中时代的车库乐队一样，每个成员在交谈时都自说自话，感觉很不和谐顺畅。或许你的团队的每个人都已经是颇有经验的协作者，他们能在你或团队首领的指挥下协同工作，但两种情况都有提升的空间。

协作还是合作

在把协作技能介绍给你的团队之前，先与他们一起做出选择：为了达到团队目标我们是否只需合作就够了，是否还需要协作？团队面临的问题，有些最好通过协作解决，而另一些最好通过合作解决，因此，团队需要找到适合他们的平衡点。协作的效果正如那句古老的谚语：整体大于其中个体之和。合作的效果就是各个部分之和。为了使读者有一个系统的框架来决定哪种方法更适合团队的状况，有必要对这个问题做更详细的介绍。

如果团队承担的工作不需要创造性，并且团队成员满足于机械地应用敏捷实践，那就可以选择：只进行合作不需要协作。团队不必为此感到难为情。合作的特性在于：正在进行中的工作可以在团队成员之间和在更大的组织之间平滑地流动。在合作时，每天团队都通过合理的粒度协调每个人的工作，使团队整体朝着共享目标前进。合作的各方相互坦诚地交谈，以理解任务的整体和他们各自承担的部分，由此规律性地获得合作的成果。

如果所指导的团队不需要有创造性，更确切地说，如果团队要解决的问题不需要具有想象力的或突破性的想法，那么让团队精于合作而忽略协作或许是正确的方向。合作，意味着更容易地一起工作、更少的情绪化问题和更少的时间花费，这几乎是“免费”的，因为这是敏捷开发方法本身固有的工作方式。

合作带来了巨大的进步，特别是与大多数组织在敏捷时代之前的工作方式相比。至少通过合作，大家不再仅通过反复的邮件打交道，而且这种邮件多数是用来指责别人而不是解决当前问题的。至少大家会共同制订团队的计划，并兴奋地依照计划行事，而不是步履艰难地执行他人分配的任务。至少大家会在遇到问题时立即去解决，而不是把今天需要解决的问题安排在一周后的会议上再讨论。愉快的交互、双向的对话、确切的理解及可见的进度，这些都是合作团队的标志。

合作的感觉这么好，对工作帮助这么大，以至于大家会误以为合作就是协作。与我以前经历的工作方式相比，合作确实好多了，因此我在了解到合作与协作的区别之前，也有这种错觉。协作需要以合作为基础，但它增加了产生创造性、突破性和意想不到的结果的重要元素：突创。

多产的敏捷博客作家和即将出版的敏捷管理新书作者——尤尔根·阿培罗（该书已于 2010 年 12 月由 Addison-Wesley 公司出版。——译者注），对“突创”一词定义如下（Appelo，2009）：当一个系统的某种属性不能对应到系统的任何单个部分时，这就称为突创属性。人的个性是人大脑的突创属性，它不能对应到哪些单个的神经元。

协作也是这样的。协作时产生的想法是无法通过一条直接的通道对应到它们的发源地的。团队协作时，每个成员都会在他人的想法上进一步思考，每个人都可能放弃自己珍爱的观点，以便那些更好的、无人能够独自想象出的想法从个人想法燃尽的灰烬中浮现出来。协作创造了一个勇敢分享和评议的环境，在这种环境中整体真正大于个体之和。敏捷教练需要为团队发展这种环境确定基调。

从合作到协作

开始转向协作之前首先需要形成合作。

或许你注意到你的团队现在如同我高中的车库乐队，团队成员间的交谈看起来虚假而生气，或者充斥着刺耳的对抗声，每个人都在说，但没有人在听。记住这一点：在这个阶段，每个人都集中精力去学习如何演奏她自己的“乐器”，因此还不要期望团队成员能考虑多少整体的步调。如果团队是高中车库乐队的状况，作为敏捷教练的主要工作是，帮助每个成员学会合作的必要技巧。

一旦团队成员开始尝试基本的合作技巧，并掌握了各自的乐器，他们就可能演奏出交响乐般的音乐。这时，你就接过指挥棒吧。当团队成员交谈时，要加入沉默的人员一边，消除高声者的优势，鼓励每个人变得更自信。在这一阶段，你如同胶水，使团队能够黏在一起，进行交谈，鼓励他们从所交谈的内容中产生出新的想法。作为他们的指挥者，你会注意到团队的交响乐所产生的一些非常好听的声音，你会露出笑容，因为你知道团队现在开始协作了。

然而，如你所知，指挥会限制团队协作的潜力，因此最好将目光定位在帮助团队成为一个没有指挥的弦乐四重奏。没有人提示何时开始，他们通过不断的练习，知晓何时开始。没有人要求提高较低的声音或降低过高的声音，他们自己调节音量。没有人提醒，他们会基于相互的观点衍生出新的观点，使交谈如美妙的乐章一样继续，这对他们来说是自然而然、水到渠成的事情。

从高中车库乐队到交响乐队，再到管弦四重奏，这看起来有很长的路要走，需要一步一步往前走。首先，从每个人的乐器开始，使它们能很好地工作。在我们的场景中这意味着培养协作个体。

培养协作个体

协作（及合作）能力并非仅仅属于极个别人的天生才能。它们源于相关技能的学习和训练，最终可成为第二本能。事实上，我们很久以前就学会了这些必备的技能。回想一下幼儿时期所学的东西，如守规矩、分享、伤害他人时道歉等，即使你当时意识不到这是在学习。

敏捷教练所做的许多事情会使人想起这些很久以前的学习过程，并且帮助他人将这些过程置于新的场景，或成年时的活动中。比如，成年人会说“对你的情绪波动负责”，而不会说“你伤害了别人时要对他说‘对不起’”。其实是相同的规则，只是用成年人的语言来表达而已。

将这些技巧带给团队成员，并鼓励他们不断实践，直到在每个团员的头脑中根深蒂固。作为质量和绩效的护卫者，敏捷教练处在一个极佳的位置来传授（或唤醒）这些基本的技能。

在协作个体层面，首先要关注团队成员，因为必须有协作者才能协作，并且协作者首先必须合作。可从四个方面使团队成员成为可靠的合作者和协作者：传授他们合作技巧、引导他们提前准备、鼓励他们表现自我、建立协作区域。

传授他们合作技巧

为了协作，每个团队成员必须带着个人责任感去学习如何合作和如何为团队做贡献。敏捷教练需要教给他们的是“一组特有的、使‘团队合作’成为一个人技巧的行为和态度，而不是一些难以捉摸的、侥幸的团队动力学成果”（Avery，

2001）。

埃弗里的 *Teamwork is an Individual Skill* 一书中讲述了团队成员如何采取一些关键的行为和态度来与他人良好合作。以下摘录了部分关键行为和态度（Avery，2001）。

- 同意“响应能力”的观点，这意味着选择有意识地应对生活中发生的任何事情，而不是一味否认或指责。
- 注意到由于团队中真正的“团队合作者”从来不明确“赞同”，因此你的沉默会被认为暗示同意。
- 会运用你的否决权，同时愿意帮助团队，寻找其他可接受的方案。
- 通过反思自己的行为来认识自己有意识意图和无意识意图间可能相互干扰。
- 带着同情心说出真相，而不是发表“建设性的”批评。

在埃弗里的书中将这些及其他经验变成了一些可尝试执行的行为（有些很简单，有些较困难）及一些可以引发改变的个人反省。这两者都可帮助团队成员形成他们所需要的全部合作技能。在逐个对团队成员进行指导时，就可以给他们介绍这些合作经验，也可以在讨论团队整体合作能力的回顾会议上介绍这些合作经验。

引导他们提前准备

有了合作的基础，我们就可以转向协作的技巧和意识。首先要传授的概念是，协作应该发自团队中每个人的内心和头脑。由于协作需要发自每个人的内心，每个团队成员必须有一种每天开始工作就可以协作的职业精神。剧场中的一句格言是，准时就已经晚了（Devin，2009）。也就是说，如果我们只是身体准时来到工作现场，而没有整理好思绪准备协作，那就是迟到了，未准备好。

真正“准时”到达意味着团队成员已经采取了必要的行动清理了头脑中与当天工作无关的其他事情。这要求每个人都要寻找能够帮助自己清理头绪、投入工作的方法。在我主持的一个协作研讨会上，30 位与会者在五分钟之内想出 75 种方法。其中包括：听古典音乐，漫无目的地发出声音，观看艺术品，遛狗，吃早餐，进行无关紧要的阅读，走楼梯时计算步数，边喝咖啡边听重金属音乐，通过镜子凝视自己的眼睛，以及在树林中的石头上静坐。这些方法没有一个是过于激进或难以实行的。所有这些办法都是个人的行为，并且经由提出它们的人用过（因此他们知道如何用这些办法）。所有这些办法的目的都是把自己的注意力转向内心，使自己的头脑清静下来，从而为与他人交互做好准备。

如果每个团队成员都能在身体和精神上准时参与每日站立例会，那情况会怎样呢？如果他们的身心都准时到达，并且准备好开始当天的工作，他们之间的交谈会有区别吗？是否会产生更多、更好的想法呢？试试看吧。

要求团队成员提前为当天的协作做好准备，并帮助他们集体讨论各种进行准备的方法；然后确保他们按照这些方法进行准备。当团队看起来很散漫或疏忽时，就问他们："你们需要花几分钟来准备今天的工作吗？"

鼓励他们表现自我

要做一个好的协作者，绝不能埋没自己的个性。要提出用于协作和创新的想法与期望，需要团队成员保持他的个性。*Artful Making：What Managers Need to Know About How Artists Work* 一书的作者是这样描述自我的：颇具艺术的制造（协作）需要在小组成员中培养个体的自我，同时排除虚荣心。首先要了解并内化两者的差别，并以新的术语重新构想自我和虚荣心。虚荣心是这样一种内在需求，它希望呈现给他人时与呈现给自己一样，或者像我们所希望呈现的一样。虚荣心使你担心别人对你的发型的看法。与此相反，自我是这样一种感觉，认为我是世界上独一无二的、有价值的人。你的自我是使你成为你自己，是你作为独立个体的感觉。如果这种感觉足够强大，你就会忽略任何人对你的发型的看法（Austin & Devin，2003）。

依照这种定义，需要鼓励团队成员坚定地保持自我价值的感觉，减少需要社会认同的需求。当团队成员在一起工作时，支持他们的自我个性，并帮助他们保持个性强烈，鼓励他们排除虚荣心。同时帮助他们辨别这两者的区别。

建立协作区域

在 *Radical Collaboration* 一书中，作者引入了“绿区”和“红区”的概念，用来区分人们持有的是“支持协作”还是“阻碍协作”的态度（Tamm & Luyet, 2004）。在表 10.1 中，可以看看属于绿区和红区中的人的态度，考虑一下你团队中的人呈现多少这种态度。

表 10.1 “绿区”和“红区”：支持或阻碍协作的个人选择*

“绿区”中的人	“红区”中的人
对自己的生活环境负责	把自己的生活环境中的问题归咎他人
不设防地进行响应	有保留地进行响应
不容易在心理上受到威胁	需要响应时感觉受到威胁或误解
尝试使双方获得成功	触发他人的防御心理
寻求解决方法而不是明确过失	表现得严格、反应强烈、正义
采用劝说而不是强制的方式	采用羞辱、责备和谴责的方式
对自己的利益表现得坚定但不固执	意识不到由自己产生的对抗性氛围
既考虑短期又考虑长远	对盲点认识不足
对其他观点感兴趣	不寻求或不重视反馈
欢迎反馈	把他人当成问题或敌人
把冲突看成人类环境的天然成分	把冲突看成一场战争并不惜代价去打赢
平静而直接地谈论艰难的问题	不放手，不原谅
为自己的行为产生的后果承担责任	高调表示不赞成和不尊重
持续地寻求更深层的理解	关注短期优势和收益
传达关切的态度	感觉被不同的观点扼杀
寻求卓越而非胜利	是非、黑白分明的思维方式
能很好地聆听	不能有效地聆听

* 资料来源：James W Tamm, Ronald Luyet. 2004. Radical Collaboration. HarperCollins 出版公司授权重印。

在你开始指出所指导的团队成员是采取阻碍还是协作态度之前，重新看一下

“绿区”和“红区”的特点。这次，请仔细考虑其中哪条对你适用。你流露出多少“红区”的态度？别人所说的这些习惯是否真的发生在你身上？大家是否仅通过注意你如何工作，就能区别不同的态度？那些“红区”的态度何时抓住了你并在你身上得以保持？这些态度如何影响你与团队的协作能力？要回答这些问题，请停下阅读并回到上面的表中。重新看一下这些态度，这次进行反省。

当你从自我反省中恢复过来后，你会知道：你不必总是完美地处于“绿区”中。你也是人，你的不足和你的完美一样，对团队也有教育意义。然而，敏捷教练务必树立这样的典范，即有意识地努力处于“绿区”中，并在陷入“红区”时尽快改正。通过强烈地为自己选择“绿区”来表明你创建协作环境的意图。在这种环境中大家会有意识地选择有利于产生协作的态度。

请参阅

为了引导团队保持在“绿区”，敏捷教练自己必须身先士卒。这意味着面对你自己的缺点并不断改正它们。第 3 章中提供了一些这方面的办法，以帮助你在到达工作场所时，就在精神上准备好了去指导团队。

要产生协作感应，首先要使自己处于“绿区”中。然后，简单描述你要指导团队保持在“绿区”的意图。为此，需要训练团队创造一种促进“绿区”态度并抑制“红区”态度的环境。因此，需要树立这种观念，即“绿区”是正常的和所希望的。这种观念会通过你的指导得到支持。相反，“红区”表示一种需要修正的状况，因此，要使团队知道你会指导团队如何注意进入了“红区”，以便团队能够选择回到协作的“绿区”中。

一旦团队成员开始坦诚地与他人协作，思想就开始流动了。当他们在思想的流动过程中顺利前进时，就可能形成很多的想法，多到他们用不完，甚至有些想法太过牵强以至于从来不会用到。所有这些想法都是产生真正的创新所必需的东西。

据我的经历，许多团队成员绊倒在此。尽管他们获得比以前更多的想法，他们不常到达产生过剩想法的目标，并且产生的这些想法本身也可能使人（包括产品的用户）觉得并不太鼓舞人心。当你看到这种状况时，就要认识到你要面对的是多年创造力枯竭的结果，这是由于快速的人员流动、思想狭窄的学校和工作生活所致的。

需要突破性想法

如果我们放开对团队的束缚，并对他们说“好现在可以协作了——让我们听听有哪些好的想法吧”，这无疑会使想法枯竭。想要有充足的想法就必须有创造性的环境和开放好奇地探索各种可能性的意愿。你注意到身边的团队成员中有多大程度的开放和好奇呢？

营销专家和极富创造力的思想者塞思·高丁提出了如下看法：如何使人变得好奇，其难度很容易被低估。在 7 年、10 年甚至 15 年的学习阶段，好奇都是不被允许的，好奇心被不断反复地惩罚。我不认为这会像念咒语一样：一切都进展顺利，然后突然发生一些事情你就变得好奇了。这至少需要通过 5 年、10 年或 15 年的过程，你才会找到自己的声音，并最终认识到，你做的最安全的事情是隐藏风险，最大的风险就是安全地做事。一旦认识到这些，说明沉寂而又持久的好奇心尚未消失。曾经，或许就是这种好奇心使我们从平庸者中脱颖而出，彰显伟大（Godin，2008）。

进一步看，如果团队成员一直处于交付压力之下，或不断地在任务之间、Sprint 之间、发布之间忙碌，没有任何喘息的机会，即使他们不断倾注出无限的好奇也不会产生突破性的想法。考虑一下这种看法：许多组织面临的挑战都始于多数人感觉难以维持的疯狂的步调。经常是，团队干脆不知道如何停下来，或不知道如何将暂停与正常的工作结合在一起。但重大突破往往在人们停下来，并检查他们的假设时，会来到（Senge 等，2004）。

如果好奇心和创造性缺失，那么就需要让团队注意到这种情况，看看他们有何想法来使他们的创造力活跃起来。要求他们练习好奇的感觉，重新审视普通的事物。捕捉他们产生好奇的情景，并对他们在好奇心驱使下涌现的想法进行评论。为了推进这种方法，可向团队介绍那种充满活力的严肃游戏世界，在后续章节中会对此详细阐述。

关于疯狂步调问题，敏捷方法提供了答案。Sprint 评审和回顾形成了重要的暂停，以便突破性的想法可以突破而来。

请参阅　在第 6 章中讨论了 Sprint 评审和回顾的目的。通过自问这些目的是否达到，团队是否得到需要的暂停来度量这个活动的有效性。

在这种暂停时，特别是在 Sprint 回顾中，要求团队成员暂时放弃他们的习惯性思维。设计一些活动，来帮助他们从不同的角度回顾他们一起工作的方法，以便他们能重新审视上一个 Sprint，并发现一些以前未意识到的假设。通常，假设会被当成事实，除非有谁听到不同的观点，并认识到，许多所谓的事实只是看待上个 Sprint 的诸多观点之一。努力提出不同的视角，以便大家能够挖掘之前的假设。将许多假设暴露出来后，就有可能看到新的工作方法，甚至可能产生与众不同有关产品的突破性想法。

通过这种方式，敏捷教练可以帮助每个成员明白如何与整个团队最好地协作，很快，团队就愿意你去帮助他们培养“协作肌肉”了。

培养团队的“协作肌肉”

一个团队的“协作肌肉”能够使团队进行凌乱而又欢快的协作工作。要形成强大的“肌肉”就需要锻炼。为了确保团队安全地进行锻炼，达到适当训练量（不要太多也不要太少），就需要一个教练，这就是你。

在培养团队的“协作肌肉”时，教练就像交响乐的指挥一样。团队需要教练来帮助他们进行协作，但他们并不总是需要你来指挥。一旦他们开始自己管理协作对话，就要记得放下指挥棒。

在开始时，你还是需要牢固地占据指挥的位置，工作在整个团队层面。你要帮助他们从团队层面的合作过渡到如下协作行为。

- 说出不能说的话。

- 建立而不是打压想法。
- 听所有的声音。
- 培养协作中的亲密关系。
- 塑造对突创的信念。
- 消除黏滞。
- 一起认真地做游戏。

在帮助他们合作并吸纳协作行为的整个过程中，继续作为他们的镜子，把他们自己的行动反射给他们，包括激发协作和抑制协作的行为。

从团队层面的合作开始

在刚刚开始时，就要帮助团队找出为了实现合作，他们彼此之间都需要了解些什么。要做到这点，他们必须知道每个成员给团队带来了什么：他们的技能、天赋、愿望及工作习惯。他们必须首先从人的角度相互了解，再从同事的角度进行了解。这样就形成了自组织团队的基础，自组织是敏捷团队的工作方式。

请参阅 可以在第 7 章中找到帮助团队了解彼此技能、天赋、愿望和工作习惯的学习材料。

团队成员在工作时必须相互合作，因为他们共同拥有一个短小的目标列表，他们承诺一起实现这些目标。共享的目标使他们一起共事，并且我们也希望他们如此相互依赖。相互依赖意味着他们必须就最好的方法交换意见，以便达到共同的目标并交付引以为自豪的产品。如果他们这样做了，好的想法就会浮现出来。

当团队成员开始合作了，就可以公开地鼓励他们培养跨职能的行为，以动员每人走出各自在合作中的角色或称谓。例如，如果发现技术写作人员有富余的时间，而今天又没有技术文档要写，就可以直接鼓励他们去承担一些其他的任务，如定义业务规则的任务。

即使这超出了技术写作人员的技能和天赋，也可以这样问她："你觉得是否可以尝试一下这个不同业务规则的任务，或其他某个要完成的任务？"尽量在开放的空间谈论为何她能或者不能做这个任务，以便其他团队成员能够参与这种交谈。或许，在大家一起讨论的过程中，还能发现她可以去做某些其他的事。这样就能完成更多的事情，并且作为一个跨出本职工作去做事的好例子，每人都能看到。

显然，人不是可以互换的部件，每个团队的跨职能工作能力差别很大，这由团队当前展现和即将形成的能力和天赋决定。如果这种交谈提醒了团队向跨职能（可能的话）的方向发展，这就算成功。我们并不是试图让一个没有设计技能且不愿获取这种技能的数据库管理员为公告板设计图案，我们仅仅是推进团队成员对自己的定位的边界，以便他们能够超越自己角色和头衔的限制，来实现自己的愿望，同时满足团队对他们的需要。被需要是一个强力的激发因子。

请尝试

为了鼓励作为协作基础的合作，告诉团队把他们的个人交互看成“针锋相对”游戏。两人一组来玩：两个团队成员开始结对合作。从此，每个人比照另一个人的行为来做事。如果一方合作，则另一方也保持合作。如果一方变得不合作，则另一方也伴以不合作的行为，给“背叛者”的背叛行为一个立即的回应。如果“背叛者”不明白这行为的含义，则另一方告诉他必须采取两种办法之一：合作或不合作。这是他们的选择（Avery，2001）。

当不合作行为出现时，“针锋相对”游戏能在第一时间抓住它。这个游戏在形式上提供了一种方便的理由，使许多团队成员必须相互召唤，因为游戏是试探性的、好玩的、轻松的方式。一段时间后，他们就不再需要游戏的帮助了，因为合作已经成为自然。

这种开放的交谈很可能使有些团队成员意识到，培养他们所不擅长的技能可以得到明显的好处。甚至有人可能有这种结论，即团队的交付能力会受限于团队中跨领域技能的不足。这些新发现是团队可以做更多事情的信号，利用这一点你可以建议他们在产品任务表中添加交叉培训的任务项，或者说服他们的经理给团队提供不同的培训机会。无论如何，只要简单地在公开场合进行关于跨职能的工作的交谈，这就表明了你的立场，即以跨职能和相互依赖的方式工作，有着很好的业务意义，同时说明这是一个健康的、开始合作的团队。

当发现如下情况时，就可以判断团队开始合作了。

- 他们的交谈有丰富的、高带宽的思想交换特征，通过这种交换，大多数时候，他们形成了彼此的共识，而不是通过人和电子邮件在团队中传送信息，导致日后产生多层误解。
- 团队成员谈论困难的问题，并深入工作的实质，在这个过程中，没有形成任何防护墙。
- 当他们一起创造产品时，在过程中产品会平滑地由一个成员移向另一个成员。

这些情况本身使团队能力向前跳了一大步，使团队成员能够共同产生更多更好的结果。这意味着巨大的进步，也是敏捷的基本工作方法给我们的礼物。尽管此时团队的环境很舒适、很令人动心，但不要在此停留太久。如果团队表现出这些合作特性，则可催促他们前进到协作层次。因为他们现在已经有协作的基础了。

说出不能说的话

这是首先要培养的协作技巧之一，它会让团队成员愿意说出使他们感到脆弱或不舒服的东西。在我工作过的大多数组织中，存在这么一种气息，每个人绝不能表现疲软或绝不能给出哪怕一点点能工作得更好的迹象。他们必须对每个到来的人表示，他们是具有 100%职业精神而始终付出 110%的努力。这要保持多么沉重的伪装啊！然而，这种禁忌的存在给敏捷教练提供了一个方便的切入点，允许团队成员说出不能说的话。

在站立例会上，一旦你注意到有人看起来有富余的能量但没有说出来，就教导团队全体可以说出："我今天可以腾出带宽（时间）。"让他们知道他们应该大声地、自豪地宣布可以承担更多的工作，因为富余的能量是给敏捷团队的一个礼物，一个我们不希望浪费的礼物。明确地允许大家把一个弱点（我没有付出 110%的努力，我担心别人会发现）转化成一个宣告（嘿，我今天可以腾出时间），这样就帮助他们说出了不能说的事情。

还有一种情况：你注意到个别团队成员似乎已独自挣扎了几小时。或许他们是在有目的地大步前进，或许他们看似有目的但实际上只是坐在那里浪费时间。这种情况在我的一个团队中出现过。当我向团队提出我观察到的现象时，有些成员就“全盘招供”了，说他们已经困惑了好长时间，由于不能解决看起来很简单的问题，而又不好意思向团队暴露他们的“虚弱”。经过一番讨论之后，团队决定在他们的团队规范中添加一条：不允许在一个问题上纠结超过 30 分钟而不求助他人。这样就形成了一条大家都希望有的明文许可，以随时请求帮助。事实上，当大家一天好几次抬头说“嘿，我遇到了困难，需要帮助”时，团队气氛因为这重获的生机和积极的能量而变得活泼起来。结果是什么呢？更好地完成了更多的工作，缺失的“在一起”的感觉又回到了大家的身边。

任何一种情况如果在你的团队中发生，就需要深挖下去。寻找那些一直发生但大家不敢说出来的问题，帮助他们把它说出来。这样，就会帮助他们放弃那种“把事情安排得有条不紊”的伪装。这还使他们更容易相互影响对方的想法，而这是一种关键的能力，使得他们在真实协作中可以不断地借助相互的想法。

建立而不是打压想法

当团队交谈时，注意每个说出来的想法会得到什么样的响应，是被其他成员适时地考虑，并用做下一个想法的原始材料？还是马上被分析、戳穿，或者被击倒、搁置？

如果团队有“毁灭性地”处理每个新想法的习惯，总是先问：“这个想法有什么问题？”那就要求他们把这种习惯稍微减少些。相应地，更多地尝试用另一种方法，即重新思考。协作者会重新思考所讨论的问题或过程，通过基于每个人提出的想法，把它们和自己的想法结合在一起，从而形成新的、不可预知的想法（Anstin & Devin，2003）。

再特别注意这段话的最后一部分。通过重新思考，团队会形成新的、不可预测的想法。如果我们要获得惊人的结果，就需要有不可预知的想法。敏捷促使这种结果产生的可能性，但不能保证一定产生。为了提高产生这种结果的概率，就需要鼓励在建立想法时重新思考，而不是把想法打压下去。

请参阅 把产生令人惊讶的结果作为你对一个健康的敏捷团队的基本期望。具体做法请参阅第 2 章。

要做到这点，敏捷教练必须指导团队保持彼此间的相互影响性，并不断说出不能说的问题。同时确保他们这样做时有安全感，特别要“对过失展示容忍，制止运用惩罚权力，参与到团队的过程中而不是强加规则”（Anstin & Devin，2003）。这些“戒律”听起来与敏捷教练的定义如此格格不入以至于不屑一提，但敏捷教练也是人，他们会违背这些“戒律”。如果你是这样的，立即停止这种做法，而把注意力集中到帮助团队产生更多的想法上——比他们需要的还多。

有些敏捷团队本来有很高的概率产生充分的想法，但这种高概率往往会被人的不同性格、不同背景、不同世界观削弱掉。我们需要每个不同类别的人都参与到重新思考活动中。为此，敏捷必须帮助团队“通过讨论和接纳不同的观点来产生合力，因为有两种行为会抹杀合力：某些人说的比他知道的多，某些人说的比他知道的少”（Avery，2001）。多么真实！

要去除合力的杀手，就要努力确保团队中的每种声音都能被大家听到——就像交响乐中的所有的乐器都能演奏展开的乐谱中属于它们的那部分一样。

听所有的声音

就像乐队指挥时而提升笛声，时而压低喇叭一样，敏捷教练在团队交谈时也需要提升安静的成员并抑制占优势的成员。可以直接这样做，比如，“我注意到马塞尔这几分钟一直想说点什么，但没人注意到”或“我们已经听到这几个人说的了，为何不再听听其他人要说什么”，用“举手表决”也奏效（Tabaka，2006）。“举手表决”是一种非语言的“投票”，即每个人就他人刚说的话用伸出 1 ~ 5 根手指表示不同的赞同票数。当投票结束后，团队每个人都说明所投票数的原因，这样，话题就在团队全体中蔓延开了。

在团队进行协作交谈时，有关产品和流程两方面的问题都可以采用“举手表决”。可以把产品当成团队交谈的结果，而把流程看成他们为了生成产品在相互

> 没有人能用口哨吹出一场交响乐。演奏交响乐需要一个完整的乐团。
>
> ——H. E. 勒科克

交谈中所做的事情。

例如，团队正在谈论邀请名人参加公司一个新店开业典礼的事情，此时只有几个人发表了意见，你可以这样说："我正在观察你们几个的交谈。让我们听听大家的想法。我们对这个说法做一下'举手表决'吧：我对这个话题很感兴趣，并且我能轻松、直率地贡献我的想法。准备好了吗？1，2，3。"数到"3"时，大家把手举起来，伸出 1 ~ 5 根手指表示他们对这个说法的认同程度。如果他们感觉完全为这个话题所振奋，并且是轻松、直率地贡献自己的想法，那么他们就伸出 5 根手指。如果该说法与他们不符合，他们就伸出 1 根手指。如果他们处于中间状况，那么就伸出相应数量的手指来表示对该说法的认可程度。当大家都伸出手指之后，让团队每个人环视一下。邀请伸出 1 根或 2 根手指的成员发言，谈谈为何该说法不能引起他们的共鸣。然后，让谈话在团队中自然延续。

请参阅　"举手表决"在第 9 章中也有描述。

如果团队所有成员都伸出 3 根或以上的手指，则可以说："好的，多谢配合。我可能是误解了你们。继续吧。"如果你确实觉得个别人的"投票"比他们实际的感觉要好，可以在会后一对一地进行跟进，直截了当地发起谈话："我确实认为你刚才是准备伸出 1 根或 2 根手指的，但这也有可能是我自己设想的。能说说你刚才的情况吗？"

如果团队所有成员都在交谈中说出了他们的想法，并且其中占主导的人的想法也集中成了某一个，那么很可能这个想法不是建立在大家的想法之上的，这时可以采用相同的技术，但这次是在产品层面。你可以说："看来大家现在得到了一个结论。那么，让我们看看这个结论如何。我们来对这个说法做一下'举手表决'：我完全赞同通过抽签来决定哪个客户能在开业典礼上与明星合影的想法。准备好了吗？1，2，3。"数到"3"时大家伸出手指投票，你再次要求他们环顾左右，并要求伸出 1 根或 2 根手指者发言讨论。如果这种讨论逐渐消失且又没太多新的内容，但你仍然感到主导方和沉默方意见相左，你还可以继续采用"举手表决”。这时在流程层面可以这样说：“我看每个人确实都支持这个想法，让我们再做一次‘举手表决’，这次针对这个说法，我们得到了当前条件下最有创造性的想法。”这次投票之后，让那些只投一票或两票的人先发言，再由投票更多的人发言。

不论选择直接处理沉默者还是主导者，也不论是采用投票方式还是其他方式把大家调动起来，只要这些方法能支持团队内的公开性和透明性即可。不断地采取些行动（任何保持公开和透明的做法）来使团队注意到交谈中的不均衡性，直到他们自己开始这样做。一旦团队这样做了，他们就会习惯听每个人的声音。

尽管他们在早期需要指挥的协助，但他们不会永远需要这种协助。一旦他们自己开始管理交谈，你就可以放下指挥的角色，打破他们对指挥棒的依赖，这样就使他们能够创造出甚至超出你想象的协作奇迹。

培养协作中的亲密关系

基于与敏捷团队一起工作的经历和对团队关系的研究，敏捷教练丹·麦兹克提道：人之间的真正协作至少需要在智力和/或社交上保持某种亲密关系。当协作双方都表示愿意在一种信任、脆弱、开放、包容、尊敬的“区域”或“场地”中工作时，才算达到亲密的状态……只有亲密的团队才可能到达感知上的亲密。在这种状态下，多数团队成员了解团队其他大多数成员的感知类型，并且能感觉和预料其他成员如何感知交流的内容和新的信息。感知到亲密的团队成员能够感觉和预料个人和团队级别的对新素材的错误理解，并迅速介入澄清，使团队级别的理解能更快地达成（Mezick，2009）。

请参阅 第 8 章提供了一个基于团队关系 BART 模型的诊断工具：边界、授权、角色和任务。当遇到不会定位的团队问题时，可以试着使用这个诊断工具。

在协作团队中，当团队成员的头脑如汽车轴承一样结合在一起，或者他们能明确地补充他人要说的话时，你可能就是看到了亲密关系在发挥作用。他们也能立即感觉到他人“偏离正轨”，并公开采取行动把他带回谈话中。鼓励团队创造这种亲密感，不要回避这个词。亲密是对这种环境的一个完全确切的描述词，大家紧密地在一起努力进行有创造性的工作，以至于他们愿意放弃强烈的个性。

塑造对突创的信念

为了最好地服务于团队，敏捷教练必须逐渐放弃个人的计划。这样，教练就为团队的协作提供了一个强大的模式供成员模仿。协作是通过这种方式工作的，即每个人提出自己的想法给团队，并允许该想法仅作为尚未浮现的更大的想法的一小块。对多数希望自己的想法被选择、希望“获胜”的人来说，放弃自己的计划可能是一个挑战。

请参阅　放弃你的计划来抓住团队的目标，并追求高效的交互，这些是第 3 章的主题。

紧紧抓住要“赢”的目标会导致负面的、自我实现的预言。如果一个团队成员紧紧揣着自己的想法，而不愿意让它们与他人的想法合并与融合，那么就会阻碍更大、更好的想法出现。既然没有集体的想法出现，团队成员就不会看到突创在运转。“看到了吗？”她会说，“当初协作就不值得去尝试，因为我们无论如何没有从协作中得到任何好处。”

突创一旦出现其力量和美妙是如此动人，因此它是值得珍惜和信仰的。看到过突创发生的团队就会形成一种信念，相信某种很好的东西会出现，只要他们相信它会发生，并在促使它发生的过程中完全公开地分享想法。一旦团队看到协作的、突创的想法升起的美景，他们就会被强力调动起来，放开个人的想法而让位于协作的力量。必须着手打破负面的自我实现的预言，并从敏捷教练自己开始。

为了帮助团队放松，让突创有机会发生，你需要给他们带路。当你的计划对团队没有帮助时，就放弃它，然后把他们带到一个新的更有希望的地方。行动时确保透明，通过语言和动作来强化你作为突创的中介，而不是推进计划的敏捷教练。当他们失去信心时，鼓励他们保持公开、乐于分享的状态，从而帮助他们恢复信心，并观察正在他们周围展现出来的突创。

消除黏滞

即便已经擅长我们刚刚探讨的所有合作和协作技巧，团队仍然会遇到阻碍。他们的交谈看起来不错，衔接得很好，可是，突然他们会在拉布雷亚沥青池（拉布雷亚沥青池位于加利福尼亚州洛杉矶市，其中蕴藏着上千种因觅食而陷入其中的古代动物的化石。——译者注）中挣扎，痛苦地在每句话中前进，他们的交谈变得极度紧张。

给他们提供一些让思想相互碰撞的方法，帮助他们消除黏滞，最终使思想重新活跃起来。从注意并揭示黏滞开始，可以这样说："嘿，各位，我感觉大家的交谈有点不自然。我们想想办法来提一下神，回到有创造性的状态。大家有什么建议？"我带过的一个团队曾经建议进行团队锻炼。尽管这个团队锻炼只是对从楼梯下到楼里的星巴克的雅称，但它也很有效果，因为这改变了大家的视野，并让大家呼吸了一些新鲜空气。在路上，大家相互问彼此的孩子，分享笑话，笑声回响在走廊里，此时大家惊讶于为何会把刚才的交谈弄得如此沉重。不可避免地，有人就会产生"疯狂"的想法，由此成为下一轮协作式交谈的绝好开端。这就消除了黏滞，拉布雷亚沥青池就被远远地甩在身后了。

即兴的游戏也能帮助团队消除交谈中的黏滞。即兴游戏通常的特征是不论"表演"伙伴带来什么，你都会像对礼物一样接受，并用它来帮助你形成自己的下一个想法。不论他们在游戏中说的或做的多么怪异，后续参与者也会高兴地接受它们，并据此产生新的东西。

请尝试

下次团队变得黏滞时，打开即兴表演百科全书网站(improvencyclopedia.org/games/index.html)，让团队随机选择一个游戏来玩。只要那个游戏能够使大家相互依靠他人的想法，它就会帮助团队打破做作的交谈，并重新回到协作的状态上来。

有时团队会因为成员间缺乏相互接触而变得黏滞。他们的交谈在狂躁的恐慌中行进得太快，使有些成员望尘莫及。有两种活动可以帮助解决这种状况：站圈数数和沉默地画思路图。

当看见协作被狂躁的感觉痛击时，我会建议团队成员站成一个圆圈来数数。这个来自剧院的练习可以帮助人们从思想上建立起相互关联。大家站成一圈，闭上眼睛，从 1 开始往上数数。关键在于：大家以随机的顺序报出下一个数，没有先后顺序也没有特定的模式来规定顺序。当几个人同时报数时，他们就必须重新从 1 开始数数。挑战在于，在没有同时报数和重新开始前，看他们一起能数到多少。要做好这个游戏，他们必须彼此关注，每个人都必须与整个团队保持一致，以便使自己能够感觉到何时该由自己报数。许多团队发现刚玩这个游戏时十分困难，时间长了就好些。不仅如此，他们还渴望这个游戏能给他们带来休息，因此每当他们在协作交谈走得太远时，就叫喊着要做这个游戏。

思维导图也能在团队成员失去协作凝聚力时帮助他们回到思想相互接触的状态。方法很简单，所有团队成员各拿一支画笔，同时在一个大图或白板上安静地用思维导图画出他们的想法。诀窍在于——沉默地做这件事。当他们接受这个看上去具有限制性的规则时，他们会发现自己能够产生更多的想法，并且他们必须注意别人已经画出的想法。大家都应该同时绘制思维导图，没有谁负责指挥。经过很短的一段时间后，他们就很可能发现他们又回到思想能够相互接触的状态，并愿意继续一起画思维导图或基于这些想法重新进行交谈。

所有这些技巧都是在工作中引入“游戏”，一个实现突破性思维的基本元素。

一起认真地做游戏

这是我的真心话：游戏能够产生每个人都赞同的协作结果。我最初认识到这一点是在教团队用计划扑克（Planning Porker）方法对待办的事项进行估算时。起先，我们只关注要估算的产品、估计的工作量，并让团队能够轻松、自信地形成估算值。我们注意到，在玩计划扑克时，聚焦在任务上的交谈使团队成员对要做的工作产生了丰富和一致的理解。这个发现很快被当成这个游戏的重要收益。从那以后，团队确信他们完全得到了这些收益。他们会问自己这些问题：我们是否都同意这个估算值？我们是否都能充分地描述刚刚估算的工作项要实现的目标和大致实现方法？

计划扑克只是敏捷团队玩的一种严肃游戏。它很流行，因此可以作为团队通过游戏完成实际工作的最初入门，其他严肃游戏也会陆续到来。

福里斯特调研机构进行过这方面的调研。结果是，福里斯特严肃地看待严肃游戏。2008 年秋，他们发布了调研结果，所公布报告的标题概括了他们的观点："应该认真考虑游戏了"和"严肃游戏揭示严肃的需求"。分析的结论是，在工作区进行的游戏不仅能产生严肃的结果，而且能够克服许多源自会议式交谈的不足。（Keitt & Grant，2008）

严肃游戏值得认真关注。它们可以用来解决产品需求方面的许多问题，包括在客户、合作伙伴和内部利益关系人中收集足够的信息来进行产品决策。这不仅因为游戏是相对轻量的演习，更因为游戏采用了更轻微的接触来解决许多产品决策上的争执（Keitt & Grant，2008）。

福里斯特继续描述两个业界巨头——高露洁（全球领先的日用消费品公司，以牙膏和个人护理品著名。——译者注）和万维信（提供智能信息基础设施服务的纳斯达克上市公司。——译者注）如何运用严肃游戏来产生过剩想法，然后精简这些想法，最终得到客户赞同的想法的（Keitt & Grant，2008）。

他们研究的一个游戏是联机版的"购买一个功能"游戏，这是十多个用来发掘客户到底需要什么和愿意购买什么的创新游戏中的一个。"购买一个功能"和其他创新游戏是产品负责人可用来更好地履行其职责的工具，特别是用它们来创建实现辉煌的产品的愿景和方向。确保让你指导的产品负责人了解这些工具。

为了加强敏捷团队的协作，敏捷教练也可以在不同的敏捷活动中运用创新游戏。敏捷教练麦克·格里菲斯在主持 Sprint 和发布计划会议时采用了三个不同的创新游戏。这三个游戏先后创建了 Sprint 或发布要达到的共享愿景，然后由这个愿景出发扩充需求细节，并在这个过程中考虑了团队的合力（Griffiths，2007）。

我在讲授敏捷课程时会采用创新游戏。我发现"快艇"游戏特别有助于挖掘人们认为敏捷在他们公司不适用的原因。这使人很快就沮丧，因为这个游戏通常会发现本组织的看似无法解决的痼疾，因此我们不会在这上面花太长时间。相反，我们转到一个更有意义的话题上。来看另一个游戏，在这个游戏中每个人制作一个"产品盒子"，用以宣传一个健康的敏捷个体、团队和组织的好处。当大家在制作这个产品盒子时，他们发掘出各自对敏捷的深层信念，相信敏捷能够对他们和他们的世界有帮助。在最好的情况下，所得到的洞察力会揭示出学员对敏捷的渴望和共鸣。即使在最普遍的情况下，这种洞察力也会像亲身的切实体验一样散发光芒。通过这种洞察力，学员们会在突然间看到多种可用的方法来解决敏捷对他们“行不通”的各种原因。他们看到可能、能够和必定起作用的方法，并且他们觉察到用来说服别人接受这些方法的新视角。

游戏天然就能提高协作，它帮助人们完全地进入工作状态，并贡献出最好的想法。有些好想法甚至会在游戏的过程中突然“冒出”而使大家诧异万分。由此，要帮助团队协作，请认真看待游戏。

不断提醒直到他们会用

团队在工作中运用这些协作技巧并不断实践时，当退回到原有的习惯模式时，他们需要你“给它打电话”（Avery，2001）来提醒他们。当你看到不利于协作的现象时，就要以某种方式“给它打电话”，并邀请大家都这样做。要公开地、以轻松的方式“给它打电话”。目的不是要惩罚任何人，只需这样说：“嘿，我看到这有点儿不对劲，你们觉得呢？”

揭示协作的真谛

一旦团队获得了协作的技巧，他们就准备好了从有指挥的美妙的交响乐转化为奇妙的无指挥的管弦四重奏。他们将需要深化前面所学到的协作技巧，直到他们彼此变得如此“合调”，以至于他们能够自然地在协作中行进，而并不专注在协作技巧本身。因无指挥演奏而颇受崇敬的意大利管弦四重奏乐团——瓜奈里家族四重奏，它的第一小提琴手阿诺德·斯特哈德告诉我们，在他的四重奏中彼此“合调”是什么含义：在表演的过程中，当有些音部进行得特别好或很不好时，我们会向四个方向发出“莫尔斯电码”——合奏信号、有意义的扫视，甚至微笑或抬高一下眉毛。比如，麦克朝我转动眼珠，这是因为大卫没有做预计的运弓；约翰和麦克在演奏声内通道时相互对视，这样第二小提琴和中提琴就开始齐奏；

或者我越过乐曲台向大卫看去，意在协助他演奏一段高难度的大提琴独奏，他正突出下巴努力着。就像一盘好菜中的调料一样，这些视觉的交互是我们表演中的必要且有力的成分。（Steinhardt，1998）

什么是你的团队在一起追求创新时的“必要且有力的成分”？只有他们自己能发现。要帮助他们发现这些成分，首先就要停止帮助他们。告诉他们是进行无指挥演奏的时候了，并让他们知道你正在放下指挥棒。你不再会引出沉默，你不再会提议做一个即兴游戏，你不再会要求他们基于彼此的观点进行思考。他们会做所有这些，重要的是，他们自己做。你仍然可以待在团队中，以防出现紧急需要指挥的情况，但多数时间里让他们知道，你正在期待欣赏一个成功的管弦四重奏将要带来的音乐表演。

一旦团队成员成为熟练的协作者，就立即将协作的真谛揭示给他们。我们在这章的开头探讨了这些协作格言中的第一个：准时就已经晚了。下面把其他的协作格言赠送给团队，看看它们能进一步给团队揭示哪些协作的真谛。

- 要创新，协作不是唯一的方法，但它是最直接的方法。
- 协作发生在当下，只有当你正在这样做时，它才存在。
- 要协作，必须了解你和你的协作同伴为聚会带来了什么。
- 对你的工作充满热爱和热情是协作的前提，是一种职业精神；对工作充满热爱和热情是你做出的选择，也是你学到并运用的一种技能。
- 如果你遇到一个问题，而为了解决这个问题，你需要别人做出改变，那么你尚未真正了解你的问题（Devin，2009）。

内容回顾

下面总结一下本章中提到的观点。

- 从高中时代的车库乐队到交响乐团，再到管弦四重奏，需要实践，才能实现这种演进。给团队实践的机会（并允许团队在实践过程中得到教训）。
- 和团队一起做出有意识的决定，看是否需要采用协作来完成他们的工作，如果不需要，就只坚持合作的方式，并确保合作顺畅。

- 开始培养合作时，首先要关注个体，必要时再进行协作。
- 在团队进行协作交谈时，适时介入，以提供新的技巧或帮助他们实践。
- 当团队滑落到非协作的行为中时，提醒他们相关的协作技巧。
- 可能的话尽快淡出，让团队自己协作。
- 向熟练的协作团队揭示协作的真谛，并鼓励他们发掘每个协作格言背后的含义。

延伸阅读

Austin R, Devin L. 2003. *Artful Making：What Managers Need to Know About How Artists Work*. Upper Saddle River，NJ：Prentice Hall. 本书蕴含协作和巧妙思维的核心。

Avery C, Aaron Walker M，Toole Murphy E O'. 2001. *Teamwork is an Individual Skill：Getting Your Work Done When Sharing Responsibility*. San Francisco：Berrett-Kohler. 不仅可用于帮助团队成员个体形成他们的协作能力，本书还包括许多"团队挑战"，这些挑战很容易用于具有启发性的回顾活动。

Tabaka J. 2006. *Collaboration Explained：Facilitation Skills for Software Project Leaders*. Boston：Addison-Wesley. 我手头的这本书有许多页边笔记、咖啡印、折角和到处伸出的小纸条，可见我用得有多频繁。

Tamm J, Luyet R. 2004. *Radical Collaboration：Five Essential Skills to Overcome Defensiveness and Build Successful Relationships*. New York：HarperCollins. 除了绿区和红区，这本书提供了许多可借鉴的培养团队协作能力的技巧。

Steinhardt A. 1998. *Indivisible by Four：A String Quartet in Pursuit of Harmony*. New York：Farrar，Strauss and Giroux. 这本引人入胜的瓜奈里家族四重奏论文集揭示了管弦四重奏的内在工作方式，特别是练习和表演活动中有创造力的、突创式的特性。2009 年秋，瓜奈里家族四重奏宣布引退，此前他们已经连续 45 年一起演出。敏捷教练可以从他们的例子中学到许多东西。

第 3 部分

自我提升

第 11 章 敏捷教练的失败、恢复和成功模式

我对敏捷教练失败的诸多情形是如此了解，因为我也曾掉入过各种各样的陷阱，本章对这些陷阱将加以描述。同时我也了解了敏捷教练成功的许多要素，因为我通过观察别人的敏捷指导活动，幸运地从中挑选出来这些要素。我还请求这些成功的教练告诉我，是我做的什么使团队产生了出人意料的表现（我自己经常看不到这点）。一段时间后，我把这些常见的失败和成功案例归纳为不同的操作方法，或称模式。本章将介绍我归类的各种失败和成功的模式，以供大家考虑它们是如何在敏捷指导过程中起作用的。

可能是人的天性，我极少认识到自己的成功模式。失败的模式却总是很容易发现。它们充斥视野，就像下巴上的丘疹一样。不过我不是忽视或遮掩丘疹，相反，会特别关注它。我会注意在自己指导过程中出现的每个瑕疵、每个错误模式，久而久之，我就能掌握它，就能有意识地选择不掉进它的陷阱中去。随着我掉入陷阱的情况越来越少，我指导的团队就越来越多地获得“神秘”而令人鼓舞的结果。每当我发现一种新的失败模式，并为之命名，我可能就会在今后避免它。

本章学习结束后，你将能够回答如下问题：

- 什么是常见的敏捷教练失败模式？
- 失败模式从哪来，我如何从中恢复？
- 什么是常见的敏捷教练成功模式？如何认识它们？
- 如何做才能更多地呈现成功的模式？

越少掉入失败模式的陷阱，你就越有时间注意到你在指导过程中出现的好的事情，即成功模式。关注成功模式并给它们命名，使这些模式成为正式的样式，由此带来的好处就是易于记忆并更多地呈现这些模式。

请务必带着轻松的心情来阅读本章。这些失败和成功的模式多是以漫画、过度夸张和传奇色彩的人物来表述的，以便我们能在认识它们所揭示的真理的同时破涕为笑。

敏捷教练的失败模式

对敏捷教练失败模式的直接经历，把我变成这些失败模式的专家。我曾不止一次地成为这些场景中的真实角色。下面画出的形象是对这些角色玩笑式的描述，看看哪个适合你。

“侦探”：花不多不少的时间观察团队，然后便带着下次回顾会议的话题，消失在黑暗之中。

“海鸥”：猛然扎进站会中，用善意的观察和建议冲击整个团队，然后便飞走。

“武断者”：经常表达各种观点，固执己见，不惜放弃指导团队进行有意义的讨论所需要的客观性。

“行政人员”：通过充当不必要的会议后勤、访问权限申请和其他行政事务的中间人来削弱团队的自主权。

“轴心”：充当团队成员间所有交流的中心，并进行任务层面的协调。

“蝴蝶”：在一个个团队周围掠过，停留的时间仅够传授一滴慧珠或提出一个富于哲理的问题。

“专家”：如此深入地进到团队工作细节中，以致因为树太多而不见森林。

“唠叨者”：好心地“提醒”团队开始站立例会、更新状态墙、按时完成承诺的任务等。

你意识到其中哪些行为出现在你的教练过程中了吗？其实，我们都会依照这些或其他类似的方式行事。不是吗？我们总是带着最好的意图去这样做。团队的设计讨论看起来很沉闷，因此我们带着“专家”的想法加入讨论。团队的燃尽图看起来像桌面一样平，因为他们没有更新剩余工作量，因此我们“唠叨着”让他们及时更新任务卡。这些并不意味着世界末日，如果不是频繁地这么做，这些错误模式没有哪个会导致毁灭性的结果。但是如果持续地（且无意识地）这样做，就会逐渐侵蚀团队的自组织能力，这将是毁灭性的。

拿“轴心”模式来说，即使你怀着最好的意图，你的指导活动或许会变成一种持续的侵扰，最终的结果就是团队逐渐依赖事无巨细的微观管理。或者，也许形成习惯性的逃避。再如“蝴蝶”模式，会使团队产生被抛弃的感觉，不管他们，由他们自己去摸索敏捷方法。在这两种情况下，教练的行为自然就会成为团队运作的中心，一个由失败模式招致损害的信号就可能开始出现了。如果习惯性地执行其他的失败模式也会出现同样的结果。请记住，任何活动的中心都不是敏捷教练应在的位置。

失败模式从哪里来

失败模式起因于教练的自负或持续的局部关注（或两者都有）。

将判断力、智力、计划性、感知及对现实的认知旋绕在复杂的自我表演中，这就会让你有足够的自信，去冒险说出自己的观点。这样自我就能以正常、有用和自然的方式表达出来。我们都有一个自我，我们也知道它那种聚焦于“我”的声音，因此会在头脑中听到：我怎么想？我该怎么做？我必须提供什么样的想法？大家会如何看待我？等等。

当以“我”为主的想法无节制地蔓延时，这就会很容易地转化为以“我”为中心的状况：为何他们不能理解我所理解的？如果他们做得不好我会怎么样？大家对我的团队有什么看法？大家如何评价作为他们的敏捷教练的我？

在所有这些以“我”为主的想法后面潜伏着各种担心：担心团队真的不知道正确的前进道路，担心他们会失败或不够好，担心这种情况会对你自己不利，并且担心逐渐增强。这些担心会相互叠加累积，最终达到极点，以至于你可能没有给团队留出足够的空间来领会可能发生的变化、提出的新观点，让他们意识到能够真正做到多好。

前面提到的“轴心”“行政人员”“武断者”“专家”及“唠叨者”都是在以“我”为主的想法无节制地蔓延时，会对团队造成损害。这几种失败模式将教练强加到团队的运作过程中，试图确保团队不会偏离正轨太远而失败，结果是，这使教练看起来很差，尽管教练付出了很大的努力。处于中心位置的教练也不可避免地抑制了团队去产生令人惊异的结果。

失败模式的另一种征兆来自并发任务和持续的局部关注。这两种形式类似，而且都是新近衍生出来的说法，他们是基于科学家以下这种观点，即人的神经系统可能天生就不能处理并发任务和持续进行局部关注（Kabet-Zinn，2006）。大家或许对多任务已经相当熟悉了——在同一时间做一件以上的事情，但通常多出的那个任务都是较为简单的任务，可以被“自航式”地执行。持续的局部关注虽然是个较新的术语，你可能也已经熟悉了这种状态。比如，你可能经历这种情况：“你给我说你的问题时我得看着我的手机/即时通信工具/邮件工具，因为来了个邮件，它正在朝我鸣叫。请稍等，有人正在给我说些重要的事情。请你重复一下刚才的话好吗？”

这和并发任务相似，但稍有变形，即那种 7×24“在线”的压力，不断地对环境进行扫描，以确定谁或什么事需要你稍后关注。

请尝试

如果你很适应，并且你指导的团队足够敏捷，可以直接指导两个或更多的团队。有时你有意识地指导多个团队也会是很健康的。

为了确保你不会陷入因持续局部关注导致的失败模式，可对自己采用你在指导产品负责人时所用的技巧："商业价值驱动"的思考方式。自己维护一个团队改进事项列表，并根据商业价值对这些事项排优先级。当你不知道如何在团队之间分配时间时，让这个列表来告诉你。也就是以商业价值的顺序与各个团队工作。把最多的时间花在改进正在进行的、最有商业价值的团队上，而花较少的时间在另一个团队上，不花时间在第三个团队上（至少今天）。当你在一个团队中时，就应把你的时间完全给这个团队，不要分散注意力。

当敏捷教练指导多个团队或因为其他情况分散精力时，通常就会出现持续局部关注的现象，教练忙于从一个团队奔向另一个团队，最终导致"海鸥""间谍"和"蝴蝶"这些失败模式的发生。它们都是同一种现象的不同版本，即使你的到场使大家感觉到你看起来是在指导他们，但事实上你只是仅仅"在"那里而已。

从失败模式中恢复

避免失败模式，或至少从失败中恢复的方法很简单，也很困难：用信任替代担心。

要对团队成员寄予信任。相信他们真正知道去做正确的事情，即使和你希望他们做的事情不一样。相信他们能够也愿意从死胡同和无效的方法中退回来，而不必去解救他们。相信他们会提出最好的想法来取悦他们的客户（及你）。相信他们如果失败了，也会从中吸取教训并变得更强大。

达到信任别人的境界是一个不小的成就。所幸你能获得许多帮助来达到这种境界。敏捷方法的框架有各种内置的机制来帮助你拥有信任感，因为它们鼓励和容许犯错误。敏捷团队的战斗口号可以是："如果我们会失败，那就让失败来得快些。”他们（和你）可以对失败采取骑士般的态度，因为固定时长的迭代确保大家不会失利得太远或造成影响深远的后果。并且，如果失利能揭示相关的努力注定会失败，那我们现在就知道岂不更好？这种走向信任的步伐，敏捷方法本身就提供给你了。

现在可以进入下一步，为信任提供更多的空间。这需要特别关注团队中当前真正发生的事情及试图发生的事情。

信任 + 关注=好的教练方法（或者，至少是一个基础，使好的教练方法成为可能）

没有单一的正确路径使人能够达到信任他人和提供关注的状态，但这里还是可以列出几个可供考虑的方法：培养觉知、保持好奇、拓展视角、结对合作及练习成功。

培养觉知

任何能够帮助你培养觉知的事情都有助于避免失败模式。在练习这个方法的过程中，你可能学会完全与团队融合，你也可能发现自己的自我意识增强了。心智觉知及自我意识这两项会让你在失败模式开始占据上风的时候，及时地注意到它。

对我来说，心智觉知意味着让我头脑中的噪声沉寂，以便我可以思考，并且，更重要的是可以进行清楚的观察。要培养心智觉知的习惯，不需做任何其他事情，只需关注呼吸。安静地坐下，观察你的呼吸进入和离开你的身体。如有必要，可不断地从 1 到 4 地数呼吸的次数。当思绪或杂念开始占据头脑时，只需简单地观察它们，并重新开始计算呼吸的次数。聚焦在呼吸上，当你的思绪徘徊时，把它带回到呼吸上。坚持这样做，你的头脑只做它习惯做的事情，现在你教它一个新的心智觉知的技能。坚持下去，你的技能就会发展，练习也就更容易了。

请参阅　可以在第 3 章中找到一些有兴趣的挑战和练习建议，帮助你培养敏捷指导过程中所需要的心智感知能力。

一段时间后，你就会注意到自己的头脑中腾出了一些空间，因此你可以有意识地对自己进行调整，以了解团队所需要的东西而不是你内心发生的东西。拥有这种额外的能量，你就能更清楚地了解团队和自己。你的失败模式也随之变得明显了，因此每次你都能越来越快地发觉自己陷入失败模式陷阱。这意味着每次你都能越来越快地从失败模式中恢复。

保持好奇

在观察一个团队工作时，要对他们正进行的事产生好奇。可以自问这类问题：将要发生的是什么？团队正走向哪个方向？团队可能找到什么有用的东西吗？然后，再注意往下进行的情况。

请参阅

信任别人，并不意味着你可以给自己的大脑放假。你仍然需要注意团队和团队周围发生的每件事情。运用本书提供的所有技巧来使团队拥有一个信任的基础，甚至你可能必须完全由自己构建这个信任基础。构建信任的一个办法来自好奇，这也正是解决问题的关键方法，在第 8 章中对此有深入的讨论。

当信任和关注回到身上，并且好奇心带来了对团队和自身正在发生的事情的清晰理解时，失败模式就没有立足的机会了。

拓展视角

如果把团队的生活看成一片巨大的风景，那么今天的景象会是怎样的？或许你今天会把他们想象成一座贫瘠的小山，你感觉中的一个“物体”消失在地平线上，并自言自语道：“我不知道我该怎么做。他们一点也不在乎，他们懒惰到不愿意做任何特别的事情的地步。”这种看待他们的视角很可能使你变成“唠叨者”。

现在后退回去。在一个更大的时间轴和更宽的框架内看看团队的当前状况。想象你正在和团队一起飞过团队的生活领地。从这个视角，你看到了下面那座贫瘠的小山，但它现在只是一片有趣多变的风景中闪现的一个略带瑕疵的小点。你看到了他们先前的东西，即他们早年生活中的这些岩石和陷坑。你也可看到将要到来的东西，或许是一条流动的大河有力地穿行在大地上。前面会有缺陷，但别曲解它。这风景本身从整体来看是美的。

现在回到团队的共享愿景宣言：共饮同甘共苦之水。精神振奋，让不良片刻远离。对于敏捷教练自己而言，则让“唠叨者”或其他任何失败模式远离。

请参阅　创建和运用共享愿景宣言的方法在第 7 章中介绍。

拓展视角是一种标准化的教练技巧，称为“元视角”。它可以用于你自己，也可用于团队成员，特别是在团队某天处于一团糟的状况时（Whitworth 等，2007）。

结对合作

我们教团队成员相互结对是因为“两个脑袋强于一个”这个道理。敏捷教练也能从结对中受益。培养一组同事，这样，在你感觉某种失败模式开始控制你的时候，你可以求助于他们。这些人是在你处于困境时同情你的人。他们了解你的感受，因为他们以前有过同样的感受。他们也提醒你，你是在为一个高效率、自我监控、自我调整的团队工作。即刻，这种目标得以重申，并牢记于心，你便可以把“以我为中心”的想法抛到一边，聚焦于你的关注，并准备用信任的心态进行指导。

练习成功

在失败模式恢复的路途中，尚未认识到的成功模式便开始显现。你会发现这些成功模式具化在你做得特别好的事情中，你会注意到这些事情提高了团队的自组织能力，并帮助团队顺利完成任务。寻找这种东西。在你自己身上发现这些东西，并给它们命名，把他们转变为习惯。注意这些东西，并且从中得到喜悦。它们是你的教练呼叫卡，是你独特的作为一个好教练和作为团队宝贵而有益的一分子的符号。

同时，再留意其他教练，厚着脸皮“窃走”他们的成功模式。不断地练习这些模式，直到你对它们的感觉比失败模式还要自然。这样，它们就成为对你最有帮助的、自动的反应。

敏捷教练的成功模式

成功模式不会大声地宣告它们的到来，因此要在观察自己或他人的成功指导过程中寻找这些细小的但又强大的东西。看看下面哪些模式会使你的敏捷指导有所改观。

“魔术师”：问这样的问题——瞧！看看什么东西在那里，但刚才看不见。

“儿童型”：诚恳又惊讶地问“为什么”，并被对生活和其中的一切有永不满足的好奇心所驱使。

“长耳朵”：听所有的东西，但并不响应所有听到的，以给别人发展的空间。

“好质问者”：以轻松、有趣和稍微失衡的方式，把别人从自满中摇醒。

“大智若愚者”：提出粗浅的问题来启发大家。

“蔓延的葡萄藤”：通过团队基本感觉不到的小步移动，无情地将团队一点一点拉回敏捷的核心。

"梦想家"：勇敢地说出未来可能创造出的东西。

"扩音器"：确保所有的声音都被听到，特别是被压抑者的声音。

要培养这些及其他成功模式，需要从提问开始。首先给自己提这个问题：什么时候我能自如地运用这些成功模式？然后向他人提问题，问团队，并帮助团队对他们周围的现状提出问题。表 11.1 提供了一些可以用来具体化各种成功模式的问题。

表 11.1　指导团队时用于将成功模式通用化的提问

成功模式	可用的问话
魔术师	"另一个真实情况是什么？"
儿童型	"我对……很好奇。"
好质问者	"嘿，乔，告诉他们你真正的想法。" "既然这样，我们是坐在这里，还是做点什么？"
大智若愚者	"为什么它会这样子呢？" "哪个对呢？""那是怎么回事呢？"
梦想家	"如果和我们想象中完全一样那会怎么样呢？" "现在正在发生什么？" "什么东西正挣扎着要冒出来呢？"
扩音器	"另一个要说的想法是什么？" "谁要最先发言？"

有些成功模式也是悄无声息的。"长耳朵"和"蔓延的葡萄藤"都会无声地

工作。当它们起作用时，团队成员认识到发生了某种变化，但不能明察变化的原因。随着时间的推移，要被聆听到的想法、引发启示的无声交谈，以及来自教练的切入核心、完全正确的评价就导致了这种变化，但不是由任何单个原因导致的。然而在这些过程中，教练一直在起作用。

这其中的哪些成功模式你会采纳而成为你自己的呢？哪些成功模式你会自己认识到并重视起来呢？你会注意到别人的哪些成功模式并给它们命名呢？

实践、再实践

要成为好的敏捷教练意味着不断的实践。失败了，站起来再做更多的实践。你不需要要求自己或者安慰自己立即从一个失败的模式中快速逃离。你不需要为了成功而自己发明 10 个新的成功模式。只需要采取下一步行动，而不论什么行动，并不断地做得更好。你实践什么就会收获什么。

从现在开始注意你的指导过程中的失败模式，对你来说或许就是一个不错的转变。开始认识到什么东西使你陷入失败模式，或许就意味着一个向前的跳跃。往前走，保持清醒的意识，耐心地对待自己。信任感和注意力可能就会成为你的新的力量——当然它们以前本应属于你。

可以预见，压力一旦出现，你又可能回到旧的习惯中。然而，如果你多留意，那么一个新的声音可能对你说出一条新的道理：不要把压力下的行为变成你的日常行为。通过实践，最终，甚至在有压力的情况下，你也能避免错误的模式。但当务之急是需要知道自己正处于什么状态。

> 要成功，你对成功的渴望就必须高于对失败的恐惧。
>
> ——比尔·考斯比

只需要暂停一下来留意。当你感觉可以开始恢复时，就实践、再实践。同时要记住习惯和态度是相互影响的。团队成员会将你指导给他们的任何东西传播得很远、很广。在考虑指导过程中的失败和成功模式时，想想这个问题：哪种模式是你希望他们学到并传播的？“梦想家”还是“唠叨者”？“魔术师”还是“间谍”？“扩音器”还是“独裁者”？这是你的选择。

内容回顾

下面总结一下本章中提到的观点。

- 失败模式会出现，但不要让它们占据你的指导过程。
- 要与失败模式做斗争，必须增强信任感和注意力。
- 了解你现在的处境，并采取下一步行动，实践、再实践。

延伸阅读

Kabat-Zinn J. 2005. *Wherever You Go, There You Are：Mindfulness Meditation in Everyday Life*. New York：Hyperion. Kabat-Zinn. 关于心智冥想的任何著作或录音资料都是用来开始实践心智觉知的好办法。这本书是我在 1995 年刚出版时就先尝试过的。十多年后，它仍然在我的书架上占据一个便利的位置。

Stone L. 2008. *Continuous Partial Attention—Not the Same as Multitasking*. Business Week. www.businessweek.com/business_at_work/time_management/archives/2008/07/continuous_part.html.

第 12 章 成为合格教练的时机

“千里之行，始于足下”（老子），但也一定会终止于某地，谁也不愿意永远走在成为敏捷教练的路上。就像其他许多导致我们成长变化的事情一样，没有一条终止线在远处闪现，也没有具体的时间或技能来界定并大声宣告“你到了”敏捷教练的王国。敏捷教练只是不断地学习并把各种新的技能汇集到我们的指导过程中，为我们团队的辉煌而努力。当然，我们也会经历平台期，这时我们可以喘口气，躺在我们已经掌握的技能和表现上休息一会儿，享受这个赢得的休息。我们环顾四周，就会看到周围的团队通过我们的工作产生的效果。是的，我们已经为他们做得相当不错了。

然而，更高的顶峰又在向我们招手了。我们怎么能停在这里欣赏风景呢？还有如此多的东西需要学习，还有更多的事情需要我们帮助团队完成。因此，我们再看一眼自己的成就，之后就要激励自己继续前进，朝着下一个层次的指导境界努力，然后是再下一个，再下一个。

本章学习结束后，你将能够回答如下问题：

- 何时我会有足够的经验，获得了足够的技能，从而能够公正地冠以敏捷教练的头衔？
- 我能用什么标准来衡量我作为敏捷教练的效率？
- 当公司对我的绩效度量的方法与敏捷方法的工作方式或与敏捷教练应尽职责不一致时，我该如何应付？
- 我如何认识到自己作为敏捷教练的真实价值，并帮助他人了解它？

你的敏捷教练之旅有你唯一的独特踪迹。没有两个敏捷教练用相同的方法完成他们的工作，也没有两个敏捷教练有相同的修炼喜悦和痛苦。

本章提供一些路线标志符来帮助你在敏捷教练之旅中确定方位。这些标志符即敏捷指导的技能和行为，可标明你仍然处于通向好的敏捷教练的诸多途径之一。在此也会要求你在理当休息时停下来欣赏风景。

敏捷教练技能

在我指导敏捷教练学徒时，只有到最后阶段才会向他们传述在这里给大家提供的内容。事实上，我不愿意在开始指导学徒时采用一个“指导清单”来作为好的教练的某种处方。因此，请不要把本章的内容用作此目的，不要让它限制你。相反，要让你的指导思路大得像湛蓝晴朗的天空一样。让你作为教练的话语在成功和失败的场景中同样掷地有声。不要让任何关于敏捷教练是什么、想什么和做什么的观点误导你，甚至包括我的观点，从而将你引向一种低于你原有能力和弱于团队预期的处境。

以上表达了我对使用和滥用敏捷教练清单的想法，接下来再谈一些基本的敏捷指导技能，特别是当你已经做过敏捷教练并形成了自己独特的指导见解后，这些技能会对你更加有用。以此为基础，这个清单可以临时回答你这样几个问题：下一步要加强哪些技能？当你很好地完成了下面的这些任务后，就会知道你已经获得了敏捷教练的基本技能。

- 缓慢地给团队灌输敏捷实践。
- 启动敏捷团队。
- 一对一地指导团队成员。
- 指导整个团队。
- 指导产品负责人。
- 指导外部涉众。
- 在变革中指导团队。
- 激发高效率工作的方法。

- 接受团队成员比你更好的想法。
- 自我掌控。
- 成为敏捷价值观和原则的楷模。
- 驾驭冲突。
- 将自己置于不断学习和成长的道路上。
- 开始回馈。

尽管更高的顶峰在等着你，能将完成这些任务所需的指导经验和技能自信地汇集于自身，你便获得了一段应得的平缓道路，并且能看到美妙的风景。那么，就享受它吧。

缓慢地灌输敏捷实践

当你把下面这种愿望灌输到团队中时，就可以自称为敏捷教练了，即团队怀有坚持敏捷实践并确保敏捷宣言倡导的价值观真实、强烈和实用的愿望。你知道这种情况的发生是由于团队会做如下事情。

- 从敏捷实践中收到了预期的效益。
- 在考虑产品构造方案，决定其如何相互协作时，团队能够坚持从敏捷宣言及敏捷 12 条原则出发（Beck 等，2001）。
- 在改变敏捷实践时，确保敏捷宣言和“检查—改进”环路完整无缺，并视为团队至关重要的法宝。

表 12.1 提供了主要敏捷实践的纲要和它们的预期收益。要确保你在敏捷团队中完成灌输敏捷实践的任务，可参考这个清单。

表 12.1　敏捷实践和它们的期望收益

项　　目	描　　述
待处理事项	包含特定时刻所有已知的用户故事 产品负责人已经把业务需求“切片”，即已将故事按商业价值排定优先级 确定优先级的一个主要驱动力是尽快交付商业价值，特别是首要的商业价值

续表

项　目	描　述
待处理事项	待处理事项处于活动的、变化的、经常更新的、不断调整优先级的状态 产品负责人确保开发工作与领导者的指示与产品愿景一致
Sprint计划	按照故事优先级进行计划 所用的工作都是透明的 团队只去完成达成一致的工作
Sprint工作项/燃尽图	当前Sprint的所用工作都在Sprint 待处理事项中体现 燃尽图要每天更新 团队用燃尽图来激发交谈，当它显示任务不能按计划“燃到 0”或在Sprint结束之前任务就燃尽了，团队就需要讨论应对办法
故事/任务板	团队积极地用它来指示整体状况并传达每个人的当前承诺 团队积极用它来促进协调与次序
站立例会	展示有效的、支持性的、建设性的同伴压力 产生细粒度的协调 团队成员提出障碍并确保它们被排除
清除障碍	障碍是现在就要解决的问题，不要让它留下
时间盒式的Sprint	有始有终的感觉 团队可控的周期 时间压力感 给领导者改变优先级和方向的机会，而又不会让他们拽着团队转来转去（因为改变只发生在Sprint之间）
回顾	用良好设计和运行的会议，来确保全队持续改进 团队把他们自己当成一个“灵活运作的生态系统”，因此他们愿意及时调整自己
Sprint评审	轻在技术，重在影响 向产品负责人和外部人员（客户、发起人、相关方、经理等）“坦白承认”Sprint结果

续表

项　　目	描　　述
发布计划	每人都清楚地理解每个发布要交付发布增量价值 每人都可以通过发布计划谈论未来 通过发布而不是一个一个地迭代来向客户做出承诺 客户交互由进度驱动转为价值驱动 制订的发布计划可以根据团队的当前状态进行频繁调整，如团队速率和新的功能

启动敏捷团队

如果你成功地启动过敏捷团队，你就可以自称为敏捷教练了。要做到这点，你必定懂得启动团队的各项目标，并尝试用各种方法和活动来达到这些目标。这些目标包括计划和执行启动活动，并且根据这些活动的结果调整后续活动的执行方法。你需要知道如何实施团队启动过程才能既符合敏捷特征又对团队有价值。

请参阅　关于如何启动敏捷团队的细节，包括具体的指导目标和活动，参见第 7 章。

一对一地指导团队成员

当你能够流畅地运用一对一指导所需的技巧时，当你能轻松自如地进行一对一的指导交谈时，当被指导的成员在接受指导后感觉自己有所变化时，就可以称自己为敏捷教练了。当你能认识到每个团队成员个人处于敏捷转型的什么阶段，并且能激发每个人为了成为优秀的敏捷开发者而愿意采取行动时，你就知道自己正在做敏捷指导了。

指导整个团队

当你完全生活在敏捷指导的世界中，把自己想象成清道夫、领头羊、管家、质量和绩效的看护者，就可以称自己为敏捷教练了。

其中一种表现就是，能够确保团队在一段时间内只专注于一个 Sprint。或者密切关注团队的日常交流，以确保他们是在真正协作并朝最简单的方向努力。或者指出某个破坏性行为，使得这种行为下次出现时，其他人也会有勇气指出来。或者当团队忘记他们的共享愿景时，进行提醒。或者是其他上千种要你不断去做的甚至是微不足道的事情，通过这些事情你帮助他们朝健康的敏捷团队方向前进，最终产生他们引以为荣的绝妙结果。

请参阅

第 5 章介绍了指导整个团队、团队成员、产品负责人和外围人员所需的技能。

把敏捷教练想象成领头羊、清道夫、管家、质量和绩效的看护者的说法在第 7 章中进行了更深入的阐述。

指导产品负责人

当你积极地指导产品负责人，使他们完全能履行其重要职责时，就可以称自己为敏捷教练了。要做到这样，你可能需在以下这些方面对产品负责人进行指导。

（1）与团队交互。产品负责人能够界定出一条是挑战团队还是欺压团队的清晰界线，当他们快要跨过这个界线时就要后退回来。你会鼓励产品负责人以正面的方式与团队交互，也会指导团队负责人约束那些损害团队自组织的行为，因为这会直接影响他们的交付能力。

（2）实践商业价值驱动的思维方法。产品负责人每次做决定的时候都要采用商业价值驱动的思考方法，需要不断地询问“现在什么东西能给我们带来最大的商业价值？”所用不满足商业价值标准的事情，如不必要或不重要的会议、决定或细节都会被推开或排除。产品负责人要保持像激光一样的聚集，以确保团队只做那些用来创建优秀产品的事情，并总能牢记长远的价值，同时不破坏短期决策，反之亦然。

（3）创建、整理和使用产品待处理事项。产品待处理事项是一个生动的有机体，产品负责人通过它来适应新的想法和外部力量。产品待处理事项越来越成为一种确切的需要，确保了团队交付明显的最有价值的成果。所有涉众都知道从哪看到产品待处理事项，了解他们所期望的功能与其他的功能相比在商业价值上的优劣，也因此可以了解这些功能被实现的可能性。

（4）排除障碍。产品负责人乐于参与进来，与团队和敏捷教练一起排除任何威胁团队动力或产品质量的障碍。

（5）管理涉众。产品负责人采用公开与透明的产品待处理事项来管理不同涉众对产品的的期望。产品负责人会不断地与涉众一起工作来理解他们的需求，因为这些需求与产品的远景紧密相关。产品负责人收拢所有涉众的声音，将它们转化为唯一的、明确的声音，以便团队能够知道后续要做的事情，并且知道这些事情如何与产品开发的总体愿景相适应。

当团队把产品负责人看成一种正面的力量来推动他们朝引人注目的愿景努力，希望他们成就伟大的产品，同时又坚强地维持对现实的把握的时候，这就意味着你很好地指导了产品负责人。团队往往会给这种产品负责人以极高的评价。

超出团队和产品负责人之间的关系，当你被邀请到产品负责人的内部圈子时，你就会知道你创建了一种正面的、可行的同产品负责人的指导关系。当产品负责人要求你加入他们的关键谈话，讨论可能影响团队的业务情形和决定时，你便知道这种情况发生了。

指导外部涉众

当你与许多同项目发起人、经理及团队之外的涉众进行过指导性交谈后，就可以称自己为敏捷教练了。这也意味着，你已经为团队可能发生的各种有用的和有害的交互“制定了法规”，并且你已经帮助外部涉众了解了他们如何能够最好地支持团队的动力和结果。你也教会了他们如何利用敏捷来构造最本质和最有价值的东西以实现竞争优势，并且前进到下一个更高价值的工作中。

通过产品负责人，所有的外部涉众都很好地了解了团队的计划、进度和走向高效绩的过程。你已经指导了产品负责人以这种方式展示团队和产品，通过这种方式，外部涉众已经习惯地认为产品负责人确实提供了这方面的有用信息。

在变化中指导团队

当你看到团队因变化或处境艰难而产生深度失望，并帮助他们走出失望，提出新的计划来恢复团队技能和活力时，就可以称自己为敏捷教练了。可以肯定的是，当团队不断前进时，总会有些事情发生并把他们击退回来。比如，他们会决定给团队添加一个新的技能包，或一个新的方向会“从天而降”，或产品负责人要离开。如果不是这些事情，那也会是其他某种事情。

成功的敏捷教练懂得如何在当前的开发阶段中对团队进行指导，以避免当前阶段在多次的剧变中倒推。通过运用敏捷原则、实践、价值观，敏捷教练能够给团队指明重新站稳脚跟的方法，而这些方法既可针对整个团队也可针对个人。

请参阅

第 4 章教你如何确定团队的熟练程度，并找到对应的有效指导风格。

要把团队推向高效运作之路，始于你把他们设定为他们完全会成为一个高效运作的团队的期望。从第 2 章可以学到如何设定这种期望值。

第 6 章讨论了如何在交谈中指导团队产生想法并促成决策（和行动）。

当问题出现时，参见第 8 章，会帮助你分析问题并指导团队解决问题。冲突也会出现，请参见第 9 章，其中提供了有用的方法来处理冲突、缓和冲突。

激发通往高绩效的途径

当你指导的团队正在积极地取得越来越高的绩效时，就可以称自己为敏捷教练了。他们已经把通往高绩效的旅途掌握在自己手上，这也表明你已经在团队中激发出了一条通道，这条通道为团队中的每个人、团队整体、他们构造的产品，以及他们的公司带来了成果。

接受团队比你更好的想法

当你愿意让你的观点和决定屈从于团队的观点和决定时，就可以称自己为敏捷教练了。不管你的观点或决定是不是稍微好于团队的决定。要走向自我管理，让他们掌握产生想法和决定的方法具有最重要的意义，因为只有他们自主选择的、激发他们灵感的决定，他们才会全心地实行。

自我掌控

当你完全意识到自己的行动是为了给团队带来当前所需要的东西，而不是为了自己的需要或者是无意识的“膝跳反射”时，就可以称自己为敏捷教练了，你是为他们而存在的。

成为敏捷价值观和原则的楷模

当团队把你看成称职和成功的敏捷人员的楷模，他们能从你在各种情况下处事方法和与他们相处的方式中看到敏捷的价值，他们通过你的示范学会了如何很好地运用敏捷，他们获得了新的或更深入的技能来使自己能更完全地协作，产生令人惊异的结果时，就可以称自己为敏捷教练了。这些情况可以证明你很好地示范了敏捷的价值和原则。

驾驭冲突

当你学会并运用了至少一种冲突导航模式来帮助团队跨越冲突，并且在冲突未解决时友善地相处时，就可以称自己为敏捷教练了。当你有意识地选择时机和方式介入团队冲突，包括有意识地选择让冲突存在而不加干涉时，你就知道自己在驾驭冲突时做得不错。当你注意到团队能完全由他们自己驾驭冲突时，很可以为自己的指导成就而自豪。

将自己置于不断学习和成长的道路上

当你潜移默化地给自己灌输了一种永不知足的学习渴望，以及一种难以平息的见证团队和公司蓬勃发展的愿望时，就可以称自己为敏捷教练了。有许多原则都有助于提升敏捷教练效率。选择其中的任何一条，浸泡其中，把你新发现的知识融入你的指导过程中，并在所指导的团队提升的过程中注意自己技能的增长。

当你腾出时间来学习新的技能，并体验新的观念时，你就已经将自己置于不断学习和成长的道路上。这种神圣的学习时间不应该在事情多时被搁置一边。事情总会很多！你是知道这点的。一定要保留必要的时间来查看与敏捷相关的主题，阅读博客，通过链接找到新的知识领域，查阅最新的敏捷书籍，或浏览即将召开的敏捷大会的演讲提纲并深入学习那些主题。

> 要像你明天就会死去一样活着，要像你会永远活着一样去学习。
>
> ——甘地

随着你不断反思自己的指导能力，随着你不断遇到新的观点，你需要花些时间定期考量自己敏捷指导的熟悉程度。你诚实地、频繁地考量自己，做你指导团队所做的事情——从而不断达到越来越高的绩效。

开始回馈

当你开始分享自己在尝试和折磨过程中所获得的宝贵教训，以及分享你刚读到的新的方法时，就可以称自己为敏捷教练。参加敏捷社区，本地的或网上的都可以。如果没有本地敏捷小组，就创建一个。参与敏捷大会，至少可以出席敏捷会议，并在你周围的各种讨论中贡献自己的观点。如果你有东西要分享，就提交一份演讲稿。走出去吧！参加到其他敏捷主义者的阵列，一起为提升到敏捷的最高水平而努力。如果你曾经做过敏捷教练，你就可以为此做出贡献。

技能列表之外

这个技能列表是关于敏捷指导的“是什么”，换句话说，是敏捷教练日常指导工作的具体内容。敏捷指导的“怎么做”，即指导风格和表达方式，同样也是很重要的，并且大家会在判断一个敏捷教练的绩效时，总是把它的分量看成与技能一样重。

以教练而不是以经理来度量

“以结果导向”“指挥他人的工作”，你可能在管理者的招聘要求或在公司的绩效考核标准中看到这些短语。在成为敏捷教练之前，在我曾经从事的一份工作的职责中，就包括这样一条：“看好这些猫。”

控制的欲望来自高调明确的价值度量方法，大多数人的价值都是根据公司的绩效管理过程进行度量的。每当绩效考核时间到来时，这些控制式的短语就会重新出现。许多成功的敏捷教练都曾经很沮丧地了解这点，尽管团队创造了惊人的成就，尽管新的、清晰的目标遍及工作场所，敏捷教练的成果考核中仍然包括如“看好这些猫”这种语句。

好的敏捷指导不可能从团队之外看出来，甚至连团队成员也觉察不到。很难让你指导的人知道你为他们做的事情如何有助于他们的成功。很难让团队了解你的指导如何转化为他们创造更多更好的结果的能力。几乎不可能让管理者了解这点，即你的指导是敏捷团队获得目前令人满意的成就的关键。

这意味着敏捷教练很可能从她的经理那里听到：“是的，我知道团队表现得远远超过任何人的期望，但是你做了什么？你对他们的成功有哪些具体的贡献？”

如果教练的工作做得好，这个问题应该是难以具体回答的。事实上，如果敏捷团队中的任何一个成员其工作做得好，针对他们自己的绩效，这个问题也会很难回答，即使他们可以指着所有的制品说：“看到吗？这是我的东西。”因为这些制品本身——软件代码、新流程、市场计划，很大程度都是共同创造的，以至于团队成员不能轻易地把它们分为“我的”和“你的”。

因为其工作产品不可见，做一个敏捷教练甚至更困难。要将它们从团队的整体成功中分离出来是不现实的，但是绩效考核经常会驱使教练试图这样做。即使考核经理和团队领导的方法不能用来考核好的（或不好的）敏捷教练，这种模式还是存在的，并且经常用于这种目的。尽管是可悲的误导，把敏捷教练定义为“领导”来做考核还是最容易的和最接近的。

要将公司用来考核主管和经理的绩效考核指标改变为适合敏捷教练的考核指标，必须从你自己开始。当你对考核敏捷指导所使用的这些新方法采取接受态度，并能清晰、明确地说出这些方法时，事情就会发生变化。当你拒绝用“命令式指导他人的工作”来度量自己，而是保证“创建一个没有人需要命令式指导的环境”时，你就能引发改变。

考量自己作为敏捷教练的能力、风格和影响，并采用表 12.2 中的观点来度量自己，看你是如何不断接近成为一个优秀敏捷教练的。

表 12.2　敏捷教练绩效度量标准

要远离的	要走向的
驱使团队得到结果 命令式指导他人的工作	含蓄地领导，创建一个自然的环境让团队交付好的结果，而不需要任何人来“驱使”他们
控制团队的工作来保证预测的准确性	放开手脚让团队来完成他们选择的工作，并且支持他们对自己承诺的结果负责
遵从公司的规则	每当公司的规则限制了价值交付时，就挑战公司的规则
立即把问题提升到管理层	与相关的人员一起研究问题，直到问题完全解决，并继续向前进
偏爱已经验证的并且安全的选择	给团队营造安全感来试验、失败并吸取教训
按计划交付产品	允许团队根据他们的变化和逐步精确的计划来交付产品 把交付商业价值作为唯一的度量
遵从经受了时间考验的策略和过程	培养创造性和提高团队能力，把每种情形当成全新的情形并提高产生全新结果的可能性，即使在熟悉的领域里
照本宣科地实施敏捷	知道在什么时候“照本宣科”是最好的方法，什么时候需要舍弃最强有力的敏捷表述来换取在困境下至少一点点的改善

当你根据这些适用于敏捷的度量标准来评估自己时，其他人也会这样做。在开始一个新任务时，使用这些度量标准来设定对敏捷指导的期望值，由此，明确在良好指导下大家会看到和不会看到的现象。这样做，你就会帮助大家了解什么是可期望的，大家对你的度量方式也就会随之发生改变。

如果你的公司有着一个根深蒂固的绩效管理过程，那么要认同优秀教练的标准，就要花一些时间。然而，在这种等待过程中，你可以对自己进行度量，并认可团队的真正成就（及你对他们的真实贡献）。当面对“你还不是十分（填入你喜欢的控制式形容词）”的评判时，只需重述团队产生的结果，并且说明如果没有你的工作他们不会实现这些结果。

只有你不放弃，情况才会发生改变。

宣告胜利

别人不能看到你的影响力，有时你自己也不能。如果你不养成定期把自己的成就提到台面上的习惯，你的个人成就和价值感会很容易垂直下降。

每周一次，坐下来写出你交付的价值——只是一个小清单就可以，包括：你帮助浮现的东西、因为你的工作而给大家带来的成功、你彻底摇动的地方！把这些当成你的个人记录。假设没有人能够读到它，这样你就可以毫无约束地写下要写的东西。

图 12.1 给出了敏捷教练常见的价值列表的例子。通过这样做，你可以诚恳地宣称自己的成功。这样做，既重申了你个人交付的价值，又帮助你在遇到不合理的绩效期望时保持理智。这样，当别人问“你这周做了什么”时，你头脑里也就会有一个全新的成就列表。

我这周交付的价值：

* 帮助产品负责人与产品发起人保持一致。她没有注意到她给团队的指示与产品愿景相悖。
* 开始做项目级的多层图，它展示了敏捷团队所交付的东西对软件操作的影响。每个人都进行了补充，因此我们在一天之内就得到了一个完整的视图。项目组之前花了一个多月来尝试得到这个视图。
* 帮助 PMO 主管采用敏捷团队的发布计划来创建她的总体“进度表”。她不用再压缩团队的时间了。
* 指导产品负责人和敏捷教练学徒如何开始创建新产品待处理事项，他们现在可以自己创建了。
* 启动了一个新的小组，他们有一个好的开端。
* 说服项目级变更管理团队与敏捷团队一起工作，而不是下发他们的最后期限单，这对他们有根本的变化。
* 敏捷经理（自己）意识到自己以前太强势，这说明敏捷方法在起作用。

图 12.1　一个敏捷教练的每周价值清单

通过一周接一周地制作这种清单，一方面可以展示你的指导所带来的价值，另一方面可以指出你需要继续成长和前进的地方。你也可从你的价值列表中抽取一些片段给你的经理看。这会有助于转变绩效管理的方法。

不管别人度量你的方式是否改变，你一定要给自己做度量。当你离开一个团队或小组时，可以由此回头看看你和他们在一起的所有时间。这也是有益的个人回顾，是你个人的"检查—改进"环。诚实地对待自己，写下体现你的影响力的条目。图 12.2 显示了一个敏捷教练的个人回顾样例，这是在一个敏捷指导项目接近尾声时的回顾。

我知道我起到的重要作用，因为：

* 团队发生了重大的变化并被公司级领导所认可。经理们说，如果没有敏捷，他们可能交付不了任何东西。
* 三个强有力的敏捷教练从我的指导过程中崭露出来。其中一个原来有可能被公司的政治因素变得很平庸，所幸她发现了自己指导敏捷团队的天赋。
* 两个团队成功地完成了产品负责人的更替。
* 团队不断地认识到浪费，而以前他们习惯于视而不见。
* 我是影响那个新的大项目决定采用敏捷方法的关键人物，他们通过很轻量级的项目管理团队来开展敏捷开发。
* 一个运营团队现在知道如何运用敏捷来使操作性工作更快地完成，以获得更多的有意义的项目的机会。
* 我离开两个月后，听到以前一个其所有成员都憎恨敏捷开发的团队决定在运营阶段继续采用敏捷方法。其中三个人愿意尝试敏捷指导工作。哇，我从来没有想到!

我知道我还做得不够，因为：

* 高层领导不知道如何发掘敏捷团队的能力来更好地交付和更快地变化。他们仍然把敏捷仅仅看成一种不同的项目管理方法。
* 新培养的敏捷教练和产品负责人被遗留在一边，独自与高深的组织墙抗争，没有人给他们一个梯子。
* 高层领导不愿意被指导或把敏捷带到"下一个高度"。相反，他们忙于定义他们定制的敏捷版本，来掩盖组织的不足。

我知道我成长了：

* 我正向地影响了至少四个人的生活（三个敏捷教练学徒，一个产品负责人）。
* 我选用了许多新的工具来执行回顾会议，并帮助他们协作。
* 我收到许多肯定我是好教练的信息。
* 我现在有能力来指导敏捷团队"之上"的管理层。

图 12.2　一个敏捷教练对一次指导经历的个人回顾

请尝试

要关注你的价值，可把它分成小的片段来考虑。在每天结束时，只要问自己："我今天给任何人带来了什么好处？"之后写下头脑中出现的任何东西。此时，你很可能发现自己交付了许多但看不到的价值。

你不必等待指导过程结束才做个人回顾。任何时候都可以做，并且定期做特别有启发意义。

教练绩效考评

有一个错不了的方法可以知道你是否"达到了"作为一个敏捷教练的条件，只需要你做一件简单的事情：注意你的影响力。在与团队交互时，当你提出一个有洞察力的或强有力的问题时，注意接下来会发生什么？他们会提出更好的或更简单的想法吗？他们会明白地转向行动吗？他们会提出他们所需要的东西并要求"高层"提高它吗？

当你一对一地指导他人时，注意你的谈话对被指导者的影响。注意在当前的和在几天或几周后的影响。也要鼓起勇气去问他们你的指导对他们产生了什么样的影响。这样问：你对这个工作的看法有何改变？有什么新的想法出现？你的行动力如何变化？

通过考虑你作为敏捷教练的影响来开展对你自己的绩效考评，为你做得好的事情而欢欣鼓舞，客观地面对使你或他人失望的地方。没有其他人会更苛刻或更公平地对你做出判断。只有你自己知道什么时候"到了"合格教练的时机。

内容回顾

下面总结一下本章中提到的观点。

- 敏捷教练技能清单是你自己敏捷指导征途上的标志。用他们来自我定位并确保你是在自己选定的道路上前进。
- 作为敏捷教练而不是经理来度量你自己。鼓励他人也这样做，以适用于敏捷用的度量标准来代替管理上的度量标准。

- 宣告你的胜利，以便你能完全认识到自己给敏捷团队提增的可观的价值。
- 频繁并诚恳地评估你的指导能力和不断地到达下一个技能级别。

延伸阅读

Strachan D. 2006. *Making Questions Work: A Guide to How and What to Ask for Facilitators, Consultants, Managers, Coaches, and Educators*. San Francisco: Jossey-Bass. 个人回顾专家安斯雷・尼斯说，她的工作的结果帮助了人们发现用来问他们自己的问题，由此引发自我发现和提升的过程。她推荐这本书来帮助发现这些相关的问题。

第 13 章 教练之旅

每个敏捷教练都是沿着自己设计的旅途在前行。尽管除了敏捷框架本身，不同人的旅途可能没有太多共同之处，但看起来还是有一个共同的东西，即对每个敏捷教练而言，他们都会有那么一个绽放敏捷指导的力量和美丽的瞬间。对有些人，这意味着是发现自己的情商并意识到他们以前忽视了他们整个职业生涯光辉中的这一部分。对有些人，这意味着通过多年的累积，他们最终理解了人际关系如何巧妙运作。对其他人，这意味着他们知道了如何无须强令而能启发和引导别人。对另一些人，这则意味着一种必要性，一种对他们多年来以结果驱动为名，指挥和压制创新的“过失”进行补偿的必要性。

本章给出了来自六个不同的敏捷教练的六个故事。他们的背景、经验和视角迥异，但他们仍然共同得到这样一个观点——他们热爱敏捷指导是因为敏捷方法既体现了天然的工作方式，又能交付切实的商业结果。当每个人走完他们的敏捷旅途后，他们都形成了自己作为敏捷教练的独一无二的声音——他们自己的用来接近团队和组织以帮助他们释放敏捷的全部潜力的方法。

跟我一起来探索这几位敏捷教练的旅途吧。

本章学习结束后，你将能够回答如下问题：

- 其他敏捷教练成为教练的旅途是怎样的？
- 他们“释放了”敏捷的什么东西？
- 我如何运用从这些旅途中学到的东西来充实自己的旅途？

敏捷教练之旅

在这些故事中可能你会发现一些具有指导性或启发性的东西，一些帮助你顺利进行敏捷指导的东西。或许你会从别人的语言中发现自己的影子，或许你会意识到为何自己的故事会与这些故事有所不同。

当你有了自己的敏捷指导旅程故事时，也请与他人分享。告诉其他的敏捷教练（热心的敏捷教练）你如何让敏捷服务于你，为何它很重要。

雷切尔的旅途：发现与倡导

雷切尔·戴维斯从 2000 年就开始应用敏捷方法，并且是行业大会上知名的演讲者。她已担任非营利的敏捷联盟主管多年。她和利兹·赛德利是 *Agile Coaching* 一书的合著者。图 13.1 刻画了雷切尔的敏捷指导之旅。

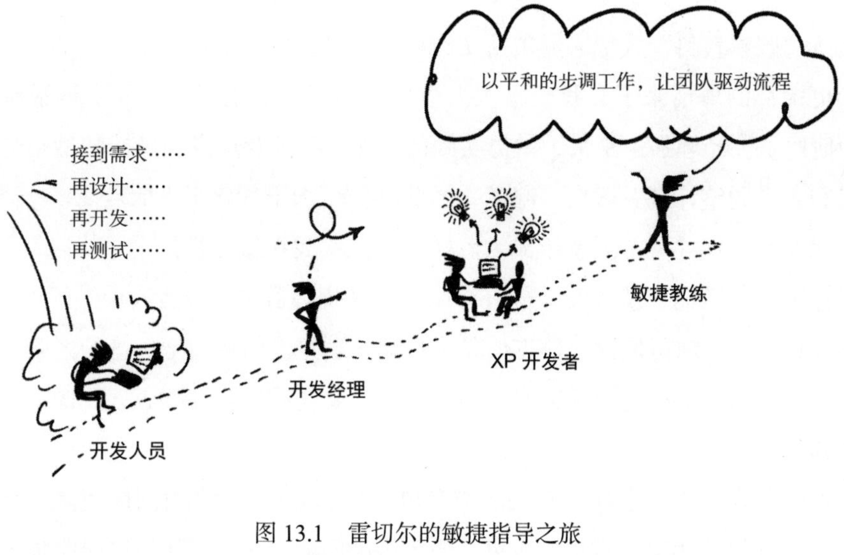

图 13.1　雷切尔的敏捷指导之旅

这是雷切尔用自己的语言写的故事。

我鼓励人们采用敏捷方法的动力起源于 20 世纪 90 年代。那时，我看见一些团队在瀑布流程下工作了很长时间，但当项目没有按时交付时，每个人的辛苦工作成果就被丢弃了。由此我开始了寻求一种尊重人同时能使他们交付产品的方法之旅。

在快进入新世纪时，我遇到了极限编程方法。我被这种方法深深地吸引，因此阅读了所有能找到的材料去理解这种和常规不同的方法。当时我在开发经理的岗位做得还算成功，但还是决定离开它，以开发人员的身份加入一个 XP 团队。我学到了如何结队编程、如何运用测试驱动的开发。尽管有一段时间我觉得自己似乎是在参与一个奇怪的社会实践，但我热衷于它的原因是我每天都在学习，并且我是每周都能交付软件的业务部门的一分子。

于是，我对敏捷方法如何运作、为何有效产生了更有深度的兴趣。我参与各种用户组和交流会，去向专家和实践者学习。我也分享了我所学到的东西，并自豪地在这种场合展示我自己的经验。

在 2003 年的一次大会演讲之后，我得到了第一个作为敏捷教练的任务。尽管我有丰富的实施敏捷实践的理论和经历，但我很快就意识到我对敏捷指导懂得很少。我感觉自己黔驴技穷了。我见到知名的敏捷教练被赶出组织，因为他们迫使团队“照本宣科”式地采用敏捷实践而没有花时间去了解当前的环境。

更糟糕的事情来了，我被分派去指导的一个一点也不关心要变得敏捷的团队。他们是被经理强迫来采纳敏捷实践的，并且我惊骇地发现敏捷转型是与一个裁员和人员调整计划关联在一起的，团队的信任和士气处于极低点。

我如何能指导一个无意于成为敏捷的团队？我在敏捷社区中寻找启发。我参加了盐湖城的敏捷开发大会，很兴奋地与许多我心目中的敏捷英雄进行了交谈：沃德·坎宁安、阿里斯泰·科克伯恩和琳达·瑞星。但詹姆士·肖的经验报告拨动了我的心弦。他帮助我理解变化需要时间，敏捷教练需要耐心，要像呵护婴儿一样地开展工作。

我决定专注于一个基于 Scrum 但简单得多的方法。我花时间向团队分享我所知道的所有关于如何编写用户故事，如何协助回顾会议，如何使进展明晰可见的事情。我鼓励开发团队与业务人员和呼叫中心的最终用户见面，帮助他们把自己的工作结果与用户所关心的东西更强地关联在一起。逐渐地，他们开始吸收我介绍给他们的技巧，并把它们转化成自己的东西。

第二年，我开始在不同的团队间转换，帮助每个团队了解敏捷的基本知识——我甚至指导了不在现场的供应商团队。在这个过程中，我发现人们真正感激我能花时间去听他们的想法并帮助他们找出可能采取的行动，而不是指挥他们去做什么。我经常能让他们与其他团队建立联系，分享他人经验。实践社区就这样开始运转了。

数月过去之后，我开始懂得这种一对一的互动和团队的回顾是敏捷教练播下变化的种子的时候。我不奢望每粒种子都能发芽。我知道每粒种子在变成绿芽之前都需要时间，也需要在结果之前不断施肥。对我来说，这正是我的敏捷指导风格的本质——以平和的步调工作，让团队驱动流程。

丹的旅途："守破离"进阶的反思

丹·麦兹克常为那些能让敏捷运转起来的事情激动不已，这些事情就是敏捷的企业精神和他从结盟小组中所学到的敏捷规程。丹在作为一个技术培训师和敏捷教练期间，还维护着"敏捷康涅狄格"和"敏捷波士顿"用户组，把最新的敏捷思潮带给新英格兰地区（该地区美国东北部的六个州，包括康涅狄格州、马萨诸塞州、罗德岛、佛蒙特州、新罕布什尔州、缅因州。——译者注）的听众。作为一个真正的技术人员，丹学习了几乎每种现有的编程技术。与驱使他真正了解各种编程方法一样，好奇心使他专注于真正理解 Scrum，以回答下面这个火热的问题：为何 Scrum 工作得这么好，到底什么原因？做任何事情从不姑息的丹甚至把敏捷带到少年曲棍球指导过程中，在那里他的"父母—教练暂停时间"（Parent-Coach Timout，PCT）方法使得父母、教练和球员可以从少年运动中获得更多的满足和乐趣。图 13.2 描绘了丹·麦兹克的敏捷教练之旅。

这是丹用自己的语言写的故事。

在讲述我的敏捷故事之前，首先介绍一下自己：我拥有计算机学位，同时辅修了商业课程。我在软件开发领域担任过不同的工作角色，包括 9 年的专业程序员。我拥有一些软件专利，也有直接管理多个项目的经历，包括大约 50 位程序员和 5 位直接汇报者。我也有过指导专业开发人员如何适应最新的软件工具的许多经历。最后，我一直对个人和团队心理学很感兴趣。

图 13.2　丹·麦兹克的敏捷教练之旅

在 2006 年，我带着这些经历，参加了洛厄尔·林德斯强举办的 ScrumMaster 认证（Certified Scrum Master，CSM）课程。像其他所有学习 Scrum 的人一样，我开始着手把它所有的东西都弄清楚。一段时间过去后，我获得了一些经验，但我意识到我并没有真正理解 Scrum。这种情况不断地循环重复，直到今天。在这个过程中，我有一些“啊哈”明白了的片刻。下面就是其中的几个例子。

作为一个处于“守”阶段的新人，在洛厄尔·林德斯强的 CSM 课堂上，我建议将 Scrum 用来解决我们当时正在讨论的一个问题。洛厄尔问我是否有一些直接的（经验主义的）Scrum 经验。我说“没有”，并开始思考这个非常有实用价值的问题：“直接”经验。

请参阅　关于“守”-“破”-“离”的精通阶段和它们对指导敏捷团队的意义，在第 4 章中做过描述。

当我有一些直接的 Scrum 经历后，我意识到许多敏捷的想法确实和企业家的想法有共同之处，相同的部分就是对工作采用经验主义的方法——通过观察来学习。

通过吸收这条经验并达到“破”的模式后，我在一个会议上遇到 Scrum 的联合创造者——杰夫·萨瑟兰，并对他说：“敏捷思维是企业家的思维，这是正确的还是错误的？”杰夫沉思了一下，低头看着地毯至少有 7 秒钟。然后，他抬头回答道：“是的。在塔克齐和诺纳卡的《哈佛商业评论》(*Harvard Business Review*)文章中，作者说到团队在以这种方式工作时，实际上‘就像创业一样去行动’。”这确实证实了我的想法并让我继续往前走。在敏捷 2007 大会上，我做了这方面的一个演讲，名为“敏捷和企业家的思维模式”。

稍后，仍然处于“破”阶段的学习时，我获得了一个在一家大型保险公司做指导的机会。在这次指导过程中，我观察到小组层面有一些奇怪的行为，因此我真正开始研究小组和小组过程。我懂些“小组关系”理论，其中提到这个观点，即小组的首要的并且是未明确说明的任务就是“确保小组的存在”。我参加了 2009 年的一个 GR 大会，并意识到 Scrum 中对边界、授权、角色和任务（BART）属性的清晰定义是 Scrum 动力的一部分。之后我在 2008 年和 2009 年的敏捷大会上分享了对于 Scrum 和 BART 的联系的看法。

现在，我想我已达到“离”阶段。我知道只要我这样说，我就会得到更多新的经历，并意识到有更多的东西要学习，因此关于敏捷和 Scrum 最终我并不真正懂得太多。

丽萨的旅途：弥补过失

丽萨·阿金斯，就是我。在过去的 5 年里，我的工作时间都花在指导敏捷团队和教授敏捷上。在此之前我有大约 15 年从事计划驱动的项目经历。如果你已经读了本书的部分章节，那你就已经了解了我在敏捷旅途上的一些事情。你下面读到的故事是把所有这些包装在一起，按顺序排列，并告诉你，在旅途当中的每一步，以及当时我内心都发生了些什么。

图 13.3 展现了丽萨·阿金斯的敏捷教练之旅。

我成为一个敏捷教练的旅途充满欣喜、痛苦及更多的“启示”。我的旅途始于项目经理，那时项目管理协会（Project Management Institute，PMI）正处于鼎盛时期，全球刚开始正式化项目管理，并把它转化为可重复的过程。我跳上了那辆花车成为一名不错的计划驱动的项目经理，最终成为项目集经理和项目管理办公室负责人。

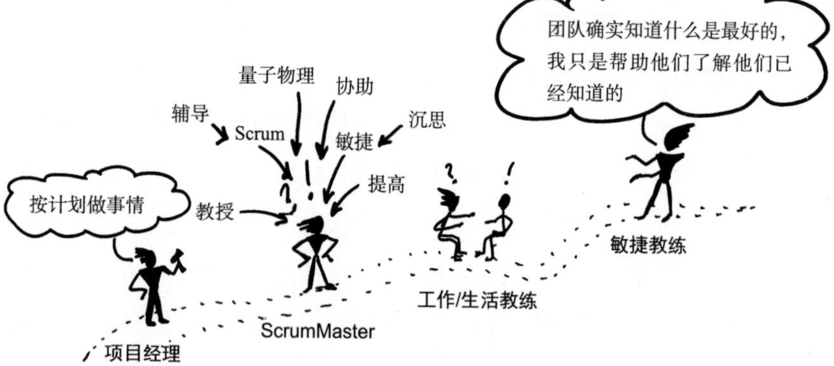

图 13.3　丽萨·阿金斯的敏捷教练之旅

作为计划驱动的项目经理，我是被驱动的——被驱动去充当“使所有的事情受控”的人。尽管我从那些经历中没有留下任何永久的身体疾病，那种被驱动的感觉经久难忘。我们总是凶多吉少，刚开始的“第一天”就已经晚了，经常受到各自约束，从来就不够好。大家受到来自多个项目的持续的压倒性的压力。这些项目都是业务成功的关键。至少那时我们都是被这样告知的，而我也只能将压力下放，并驱动他们去拼命工作。我使劲地驱动大家。毫无疑问，我自己觉得没有什么不对，可是别人描述我的方式说明了所有的问题。“她好像一条看见骨头的可怜的狗。她不会放过你的。”“她挥着一个绒毛锤子，外面是软的但里面是铁的。”他们当着我的面这样说，而我像收到赞扬一样接收它——把强硬、驱使、严厉当成荣誉的勋章。在我职业生涯的那个年代，我的口号是：“计划工作，再工作在计划上。”

现在回过头看它，我看到了成功，项目一个接一个地按时、按量、按预算交付（至少根据最后的变更请求），但没有一个交付能够使客户很满意（尽管那不是当时的成功标准）。此外，我看到一长串的人们为这些项目伤害了他们的生活。他们错过了球赛、生日聚会和慵懒的周日下午，因为他们工作的时间远远超过任何人的正常期望。尽管他们决定“自愿”这样做出牺牲，我知道，深层的原因是我作为其中的一部分也是我支持的这个系统迫使他们做出这种选择。离婚案例（每年大约三个）在我的团队中出现了，由于失去与家人聚会的机会而唠叨的感觉增加了，客户和公司经理用不现实的期望和更高的要求来驱使我——所有这些似乎都浓缩为一个观点：更辛苦的工作而忽视个人的付出。

我也曾将自己驱动到筋疲力尽，甚至不止一次，我把小女儿放到床上，随即就在她身边倒头入睡——仍然穿着工作服，晚餐的盘碟还在水槽里，房间里所有的灯还亮着。往回看，我想我们都会感到自己当时掉入了一种工作方法的陷阱，这样的工作方法不“认可”我们的最大努力，甚至不“关心”我们的最大努力，只是为了带出下一个项目，这就是这架机器关心的所有东西。

整个这段时间里，作为如此优秀的项目经理，我收到了来自不仅是管理层、客户，还有团队成员的诸多赞赏。回头看，在我以计划驱动的方式工作时，我如何对待团队成员，我会奇怪为什么这些人还愿意和我这样的项目经理一起工作。但他们的确愿意（即使现在），因此我只能猜测，尽管我的行动是残忍的，他们肯定是同比我更残忍的项目经理一起工作过。这些项目经理，以及他们项目中的成员或许认为他们的工作方法是“正常的”。由于从来没有经历过其他方式，他们或许不会把“残忍”一词与他们的工作方式联系起来，但事实上正是这样。

一次意外的决定，我被告知下一个项目会采用 Scrum 方式进行，而我将是该项目的 ScrumMaster。经过 Scrum 导师的帮助，我用刚学到的仅仅够用的东西启动了团队的工作。这对我来说是很艰难，几乎是痛苦的，但是很值得。我惊讶于大家在工作中是何等专业、快速、具有质量头脑。我不敢相信我的眼睛，当我发现团队真的知道如何正确地做要做的事情——完全没有我的“驱使”也完全不要他们再三地做出个人牺牲时，我感到了一种巨大的放松。

作为两个不同团队的 ScrumMaster，在我有事离开时，他们都说：“即使你有激光手术般的发布日期进度表，也不是什么大不了的事情。走吧!我们会控制好的。”对此我感到敬畏有加。他们确实做到了。直到两天后我回来，我甚至没有打电话或查看发生了什么事情，一切井然有序。两个发布都很成功，团队转移到下一个最高价值的工作——所有这些都不需要我告诉他们做什么，或让我在那里组织协调每个人在发布过程中的活动。

我很敬畏，一个 Scrum 团队中最羞怯的成员开始大声说话，并因为她的（当时尚未被看到的）才气而被认可，并在随后，成为团队内的一个小组负责人，获得了她在其他小组负责人或团队成员之中的正确位置。我很敬畏，看看她在贡献她所有的天赋时发光的笑脸，我自己也感受到她给团队带来的那股能够使生活焕然一新的能量。

我很敬畏，当一位以前总是强制指挥的经理开始后退一步，并创造一些空间来让团队发挥时，因为在很多的“驱使他们”的声音下，这对她是一个不小的壮举。当团队走进那个空旷的空间，并用他们的想法、目标和足够强的领导力填满时，她得到了丰富的回报。同样是这些人，她以前觉得很难管理、产出仅仅过得去而已，而现在他们正创造顶尖质量的重要产品。她对他们敬畏，我对她也很敬畏。

所有这些令人敬畏的经历让我相信，在 Scrum 中有一些更深的东西在起作用，而不仅仅是一种新的项目管理过程。为了捕获其中的本质，我开始在头脑中填充许多新的想法。我读各种各样敏捷主义者的博客，并对多个主题提出新的想法，以激发他们并引起他们的好奇。结果我一定程度上学到了许多东西：协助、剧场、冲突调解、即席创作、讲授、决策科学、量子物理、领导力、非暴力交流、沉思、做导师、仆人式领导等。我沉浸在所有这些东西之中，让每个新的想法结合进我担当 ScrumMaster（现在被称为敏捷教练）的团队的日常经验之中。当我开始要把这些想法带给团队时，突然停了下来，我担心这种来自不同领域的技巧和观念是不是一种新的团队控制方法。如果不小心，我可能把他们湮没在许多新的想法中，使他们因为他人指定方向而重新瘫痪。就在此时，一位同事对我说：“你自称是教练，但你并不真正是教练。”

认识到其中的真理，我首次接受了工作/生活指导课程，并发现了一个新的领域，它能提供 100%适用于指导敏捷团队的技能。这是多么幸运啊!并且，我学到了如何让团队对他们的日程负责，这样我就可以把所有这些新的观点提供给他们，而不会冲击团队，使他们偏离自己的路径。从此，我给他们分享我学到的所有敏捷的深层东西，带给他们新的思考方法，以帮助他们将敏捷用起来，并给他们的生活带来令人欣喜的变化。现在，我能清楚地看到团队真正知道什么是最好的。我作为敏捷教练的任务就是帮助他们知道他们所知道的东西。

马丁的旅途：个人回顾

马丁・科恩斯是最早三个获得认证的 Scrum 教练之一，他现在也是认证的 Scrum 培训师。我在 2009 年春天的 Scrum 聚会中遇到马丁，并立即意识到，我一定要找机会和他一起工作。此后，我们通过视频聊天来相互分享培训和指导的技巧和教训，我们要跨很大的距离和时区，因为他在澳大利亚而我在美国。我发现马丁是一个非常正直的人，这种品质使他成为一个永恒的模范，在指导团队时能够经受挑战，保持原则。

图 13.4 示意了马丁・科恩斯的敏捷教练之旅。

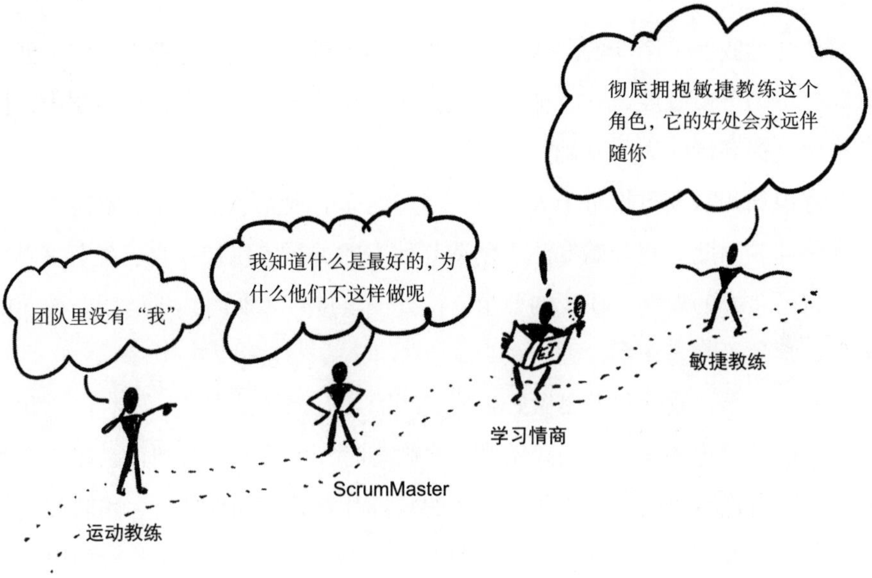

图 13.4　马丁・科恩斯的敏捷教练之旅

这是马丁用自己的语言写的故事。

我的敏捷教练旅途是很感情化的。我第一步就是想通过“教练”的头衔把自己提升到其他人之上，而不是首先停下来评估自己的能力如何。我还是一名真正的教练吗？

如果要说的话，我给自己敏捷教练的头衔只是为了抚慰我的自我，通过这个头衔所包含的尊重，来说明我在敏捷领域比别人懂得更多。在以前经历的层级化结构中，我的角色就是简单地让直接下属相信我的方案有效，并使他们满意于我的解释，由此得到他们的支持。我把这种观念带到了敏捷中，只是把我的直接下属替换为团队成员，但在行动上是一样的。

我用了两年时间才意识到，我真正影响他人来按照敏捷方法思考的能力被自己的态度所限制。大家会这样效仿我："我知道最好的方法，听我的，接受我的至高无上的敏捷知识。"毫无疑问，我无法对他们产生我所期望的影响力。

我意识到自己需要学习更多的东西。通过几小时对人类行为和组织能动性的研究，我最终在戈德曼有关情商的著述（Goleman 等，2003）中找到了支持我的敏捷之旅的答案。

情商帮助我在一个新的层次上理解人们的动机、表达和能动性。作为创建有效人际关系的重要维度，它已被广泛地接受。我明显觉得，在敏捷转型中，提高情商指数是提高影响力的基础。

我意识到我需要重视每个人自身，尊重他们的观点，更多地了解他们的个人目标和信仰。因此，我开始专注于创造与他人的关系，以便在自己发起变革时，能产生自己希望的影响。在我的整个"检查—改进"周期内，我运用戈德曼的情商模型，学到了许多东西。

其中之一是，我学到了要做好敏捷教练需要有内省的习惯，要有信心和意愿去检查自己的思想和态度。当我做第一次内省时，我并没有看到什么印象深刻的东西。我以前就给他们讲授过面向团队的软件开发方法如何伟大，团队被授权去决定如何解决复杂问题会多么高效（和令人愉快）。我意识到我的行为更像一种由自我为中心的渴望所激励的个人行为，而不考虑我正在传授和协助的敏捷团队成员想变成什么样。

我对自己很苦恼，我必须实践自己所教的东西。此时我发现了问题的核心：我更多的是在做讲授而不是指导。两者间有巨大的区别。要指导，你必须和团队的情感一致，并完全与他们的问题和想法共鸣。听的艺术变得特别重要。我提醒自己在这方面要下功夫，并开始聆听和理解大家的感觉和想法，之后再通过提问题来帮助所有人理解事情的缘由。

作为敏捷教练，我们总是需要敏锐地意识到，变化总是会带来令人苦恼的影响。我们必须提醒自己，当我们进入一个团队的领地，并发现大家对变革产生抗拒时，这与我们自己无关。不要把这个当成针对自己个人。我们必须尊重团队成员过去的经验，并帮助他们开发他们的优势，建立起敏捷团队的观念和意识。

每个敏捷教练都会问这样一个问题："在一个人身上，我需要投入多长时间？"我认为这不是我要回答的问题。教练培养大家关于敏捷的概念，比如面向结果的方法，对成果的共有权，好还是坏，等等。通过这种方法，大家可以根据教练提供的信息，来自己决定敏捷方法是否适用于他们个人的需要和信仰。要激发别人改变他们的行为和观念，这从来就不是一件容易的事情，但这就是我们教练要做的事情。我发现达到这个目标的最好方法就是以身作则。例如，作为第一人去观察我们采用的实践所产生的结果，去尊重每个个人的观点。

如我前面所说，做一个敏捷教练是一种情感之旅，但这很值得。做敏捷教练有着很好的回报。你可以帮助建立一个环境让每个团队成员充分发挥自己的才干，并创建非凡的方案来真正满足业务的需要。没有什么比这更好了。

然而，即使在庆祝团队的成功的时刻，你也要知道，此时你要做的就是坐在后排，而绝不能宣称他们的成功是你给予的。对于一个真正的教练，成功的感觉来自团队不断提高的能力和你对他们的影响。至于出色完成工作的事实则全是他们关注的了。相反，通过他们的成功将他们结合成一个强大的单元，有能力去更好地完成新的任务，这是你要为之高兴的。

敏捷教练的角色是我真正珍爱的角色。在我成为敏捷教练之前，我曾经在一个田径队指导运动员去参加一个国家级比赛。这是一件大事情。我们彼此训练了好几年，每日每夜从不间断。看到队员获胜后洋溢在脸上的欣喜，我感觉到辛苦的工作无疑得到了回报，这样的经历我会永远珍藏。这种胜利需要整个团队的努力，每个人都要全力付出，最终取得成就，共同分享。现在，和敏捷团队在一起，这种取得巨大成就的机会每天都会发生。我真的很感激做敏捷教练的机会，在这个角色上我获得了新生，不断地获得令人愉悦的、真正的成就感。

我的一点建议：彻底拥抱敏捷教练这一角色，它的好处会永远伴随你。

凯西的旅途：学会指导

当凯西·哈曼和我首次相遇时，她以“你可能见到的最佳织补业务分析员”而知名。失去联系几年后，我们又相遇了，但这次是因专业指导的原因。在这期间，我们分别看上了指导这一工作，并被一位在指导领域相互的同事给我们彼此“介绍”。此后，在敏捷教练这个角色上，我们并肩工作，致力于帮助个人、团队和组织探讨如何利用敏捷来实现他们渴望的最大成果。图 13.5 描绘了凯西·哈曼的敏捷教练之旅。

图 13.5　凯西·哈曼的敏捷教练之旅

这是凯西用自己的语言写的故事。

我走向敏捷指导之路和许多其他人一样：我做了多年的项目经理，是一些非常成功的敏捷团队的一部分，然后，参加敏捷培训，成为认证的 ScrumMaster。到这个时候，我感觉自己已经就绪了，可以“带领团队走向成功”。毕竟，我很擅长动员团队，与管理层沟通，并使管理层满意，我会让 Microsoft Project 软件唱歌，我也经历过敏捷方法。难道我还需要其他东西吗？

我指导了几个团队，发现他们难于管理，超过想象。他们一点也不像我以前工作过的团队那样顺从！他们特别不愿意遵从所有的敏捷实践，也总不愿意做我让他们做的事情。我只会不断地唠叨，让他们去开站立例会，他们也对 Sprint 评审和回顾没有任何兴趣。为了确保工作的完成，我不得不承担越来越多的责任。敏捷指导真是个苦差事！

幸运的是，因为对生活指导的强烈兴趣，我暂时从敏捷指导中转移开视线。我注册了“成功无限网络”（Success Unlimited Network）指导项目，并花了一年多的时间深入学习，以期获得指导能力。我跟着导师指导客户，并慢慢地吸收了那些构成生活指导支柱的实践，如主动倾听、强有力地提问、增强意识、管理进度及责任感。我很快就意识到为何我会在那些敏捷团队遇到那么多麻烦：我是在管理他们而不是在指导他们。

在培训期间，我收到了一个请求，问我是否考虑一个敏捷教练的职位。一开始我倾向于拒绝它，因为我真的热衷于面向个人的指导了。但是后来我的好奇心来了：如果我运用传统指导的原则来指导敏捷环境下的团队会有什么结果呢？我接受了那个职位，幸运的是，我发现在那个组织中有过一位有经验的敏捷和生活教练，他已经成功地播下了用专业指导技术进行敏捷指导的种子。这样，我就可以轻易地进入一个成熟的环境来按照我的想法进行指导。

我马上感觉到自己敏捷指导能力的变化。经过生活教练的培训，我更了解敏捷意义上的指导，了解如何帮助团队实现自管理。我很轻松地把个体指导技术转用到团队指导中：多提问而不是多给建议，承认团队具有成功所需的知识，维持积极的前景和方法。我看见团队在何时怎样自己想出办法，并记住教训。我帮助团队理解是团队活力使他们获得成功（或给他们造成问题），并达成共识来帮助他们想出如何庆祝他们的与众不同，并创建独特的团队实体标志来使他们高效工作。

没有像一个复仇的“敏捷天使”那样猛然飞向团队，喷出许多规则和专制，而是观察团队成员如何行动、说话和交互，我让他们发现哪种方法可行。有的团队想进行团队建设活动，有的团队对这种活动一点也不感兴趣，我想通过具体的流程来帮助他们成为更好的团队。对前者，我引入了游戏和练习，并帮助他们理解所学到的东西。对后者，我指导他们创建流程，帮助他们想成为的高绩效团队。是他们创建的流程，不是我。我介绍工具和技术来帮助他们，但每次我会问他们是否愿意采用这种技术，并遵从他们的决定。这是他们的事情，不是我的！这种方法帮助形成了很不一样的团队，每个都有自己独特的风格，都是高绩效的敏捷团队。他们都信奉敏捷并忠于团队的成功。沟通开放了，信任度高涨，聚集点像激光束一样明确。

在这个过程中，我和团队一样也学到许多东西。并不是我尝试的每种方法都是成功的，不成功的方法与成功的方法一样让我得到了学习。对指导团队成功要有一个公正的判断，某种意义上就像指挥一部交响乐。每个团队成员都起到了重要的作用，但真正的美在于整个团队作为一个成功的实体进行运作。渐去的强行控制、敏捷框架下的强大信任感及无条件地接受团队成员的能力混合成一个和谐的整体，这怎能不让人高兴。由此我发现了这个个人指导之外的令人激动的全新世界，它同样使人富足和满意。但什么是最好的部分呢？那就是做敏捷教练根本不是一件苦差事。

你的旅途

我们的六个敏捷教练之旅的故事的最后一个就看你的了。你曾经做过什么？学到什么？什么样的东西被你发现并融入了你的敏捷指导方法中？指导敏捷团队对你来说，有什么样的重要意义？

我为你准备了图 13.6，等待你去填充和刻画自己的敏捷指导之旅。花一些时间仔细考虑你以前在哪里，你准备去哪里，并列出那些让你走到今天的重要指导事件。动手吧，把它画出来，把你前面的路也展示出来。你下一个要到达的顶峰是什么？你的敏捷指导座右铭是什么？

然后，把你的旅途示意图分享给其他人，以便他们能够在你的行程上支持你。你也可能发现，你的故事将启发他们达到更高的高度。那该是多好的一个礼物啊！

最后，也让我知道一下你的旅途中所发生的事情。我迫不及待地想听到你的旅途故事。

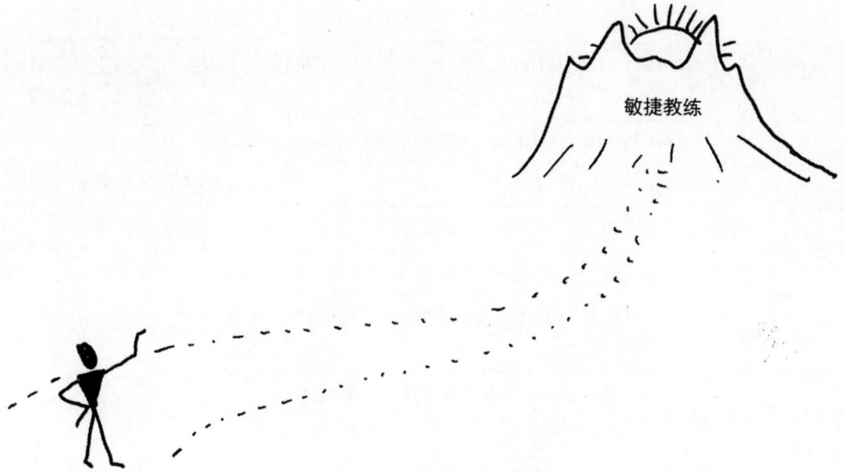

图 13.6　你的敏捷教练之旅

内容回顾

本章只有一个重要观点需要我们总结：这是你的旅途，让它值得你去做，要敢于去做一个出色的敏捷教练。

延伸阅读

Sliger M. *Light Bulb Moments*. www.sligerconsulting.com/lightbulb-moments.作为敏捷教练、讲师和 *The Project Manager's Bridge to Agility* 一书的合著者，米歇尔·斯利格把那些让成功运用敏捷的事情称为闪光的瞬间，并在她的网站中收集了许多人的故事。

电子工业出版社世纪波公司项目管理系列丛书

序号	ISBN	书　名	定价(元)	作[译]者	出版年月
		PMI（美国项目管理协会）授权系列标准			
1	978-7-121-34107-6	敏捷实践指南	68	[美]项目管理协会	2018.10
2	978-7-121-34106-9	敏捷实践指南（英文版）	68	[美]项目管理协会	2018.05
3	978-7-121-33637-0	项目管理知识体系指南（第6版）	228	[美]项目管理协会	2018.05
4	978-7-121-33644-7	项目管理知识体系指南（第6版）（英文版）	228	[美]项目管理协会	2018.05
5	978-7-121-30037-0	项目组合、项目集和项目治理实践指南	58	[美]项目管理协会	2016.10
6	978-7-121-30124-7	进度管理实践标准（第2版）	68	[美]项目管理协会	2016.10
7	978-7-121-28539-4	项目估算实践标准	58	[美]项目管理协会	2016.05
8	978-7-121-27835-8	项目风险管理实践标准	58	[美]项目管理协会	2015.12
9	978-7-121-27067-3	工作分解结构（WBS）实施标准（第2版）	38	[美]项目管理协会	2015.10
10	978-7-121-26443-6	组织级项目管理成熟度模型（OPM3）（第3版）	68	[美]项目管理协会	2015.10
11	978-7-121-27068-0	项目管理知识体系指南——软件分册	68	[美]项目管理协会	2015.10
12	978-7-121-27130-4	项目组合管理标准（第3版）	65	[美]项目管理协会	2015.09
13	978-7-121-24285-4	项目集管理标准（第3版）	58	[美]项目管理协会	2014.09
		PMI-ACP考试指定教材			
14	978-7-121-28511-0	精益－敏捷项目管理：实现企业级敏捷	48	艾伦·沙洛维等	2016.05
15	978-7-121-16966-3	如何构建敏捷项目管理团队：ScrumMaster、敏捷教练与项目经理的实用指南	49	[美]丽萨·阿金斯	2012.07
		项目管理核心资源库			
16	978-7-121-35208-9	项目管理案例集（第3版）	108	哈罗德•科兹纳	2018.11
17	978-7-121-34831-0	活用PMBOK指南：项目管理实战工具（第3版）	78	[美]辛西娅•斯塔克波尔•斯奈德	2018.09
18	978-7-121-34948-5	活用PMBOK指南：项目管理实战技术	59	[美]项目管理协会	2018.09

序号	ISBN	书　　名	定价（元）	作[译]者	出版年月
19	978-7-121-34013-0	项目管理：计划、进度和控制的系统方法（第12版）	168	[美]哈罗德•科兹纳	2018.05
20	978-7-12134731-3	轻松通关PMP考试——模拟题及解析	56	邱平华	2018.08
21	978-7-121-33321-7	汪博士解读PMP考试（第5版）	59	汪小金	2018.02
22	978-7-121-32951-7	项目管理工具箱（第2版）	88	拉斯•J.马蒂内利	2017.11
23	978-7-121-32998-2	项目管理思维：节本增效的工作方法	49	[美]弗格斯•奥康奈	2017.12
24	978-7-121-32654-7	识别和管理项目风险：预防项目失败的基本方法（第3版）	85	汤姆•肯德里克	2017.09
25	978-7-121-32399-7	如客户般管理干系人（第2版）	48	马里奥•恩里克•特伦蒂姆	2017.08
26	978-7-121-30088-2	项目管理难题即效解决方案：93个良方解除项目管理痛点	68	戴夫•加勒特	2016.10
27	978-7-121-30046-2	业务驱动的PMO最佳实践	56	马克•普锐斯•佩里	2016.11
28	978-7-121-30037-0	项目组合、项目集和项目治理实践指南	58	项目管理协会	2016.10
29	978-7-121-30036-3	项目管理中的领导力——从项目管理者到领导者成功转型的七要素	49	苏珊娜•马德森	2016.10
30	978-7-121-29984-1	网易一千零一夜	46	网易杭研项目管理部	2016.09
31	978-7-121-30009-7	微权力下的项目管理	48	肖杨	2016.09
32	978-7-121-28636-0	项目管理2.0：利用工具、分布式协作和度量指标助力项目成功	78	哈罗德•科兹纳	2016.05
33	978-7-121-28553-0	业务流程改进（BPI）项目管理最佳实践——六步成功实施跟进法	58	[美]吉娜•阿比戴等	2016.05
34	978-7-121-29126-5	项目集管理推动业务转型：全面整合战略、人员、流程、技术、结构和测评	58	[美]萨迪什•P.萨勃拉曼尼亚	2016.01
35	978-7-121-27613-2	项目管理最佳实践方法——达成全球卓越表现（第3版）	108	哈罗德•科兹纳	2016.01
36	978-7-121-30036-3	项目管理中的领导力	49	[美]苏珊娜•马德森	2016.10
37	978-7-121-26429-0	有效的项目管理——面向传统、敏捷、极限项目（第7版）	78	罗伯特•K.威索基	2015.04

反侵权盗版声明